肥後藩参百石
米良家
堀部弥兵衛の介錯人
米良市右衛門とその族譜

近藤 健 *Kondo Ken*・佐藤 誠 *Sato Makoto*

花乱社

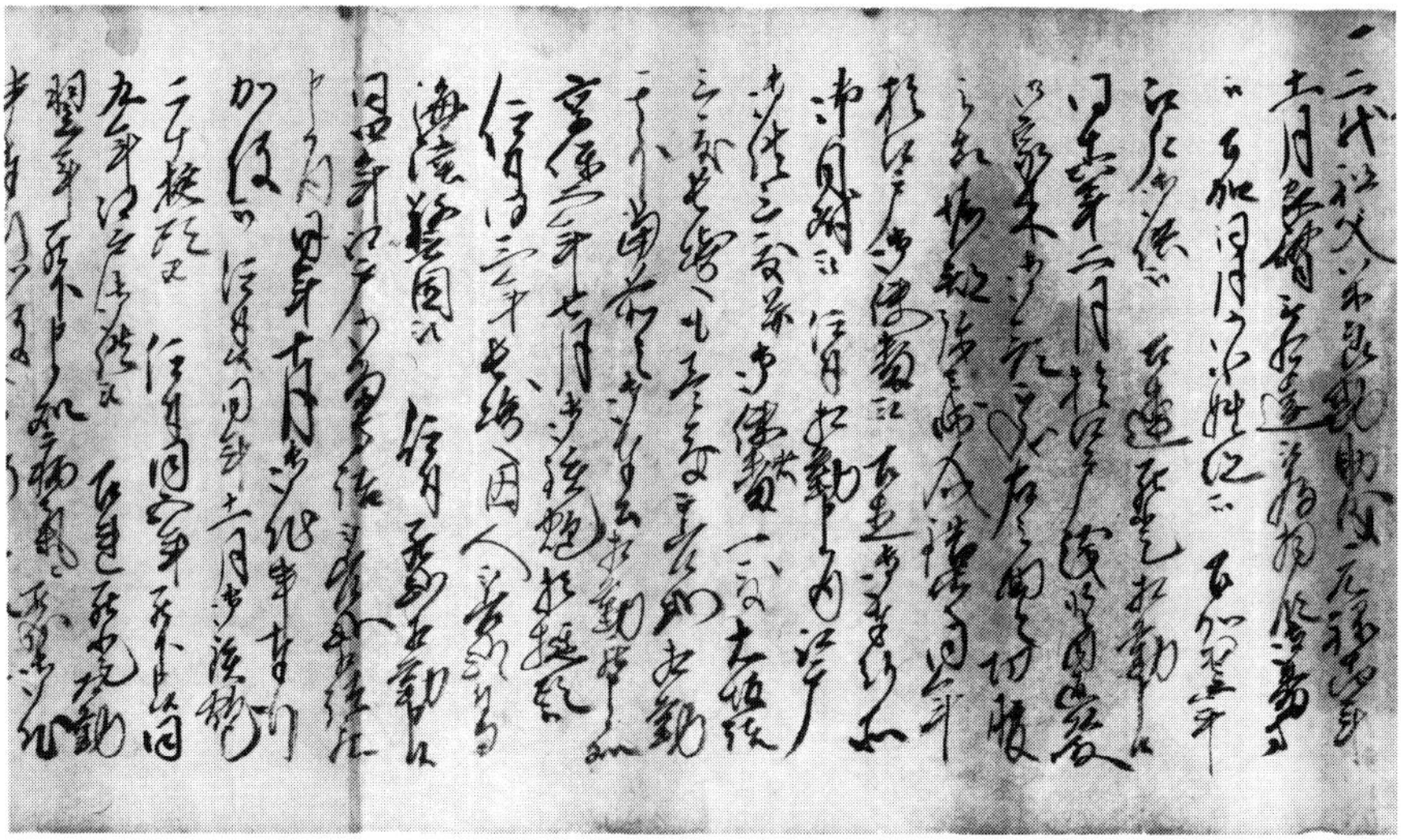

米良家先祖附写。米良家が熊本藩庁に提出した先祖附の写し（米良周策氏蔵）

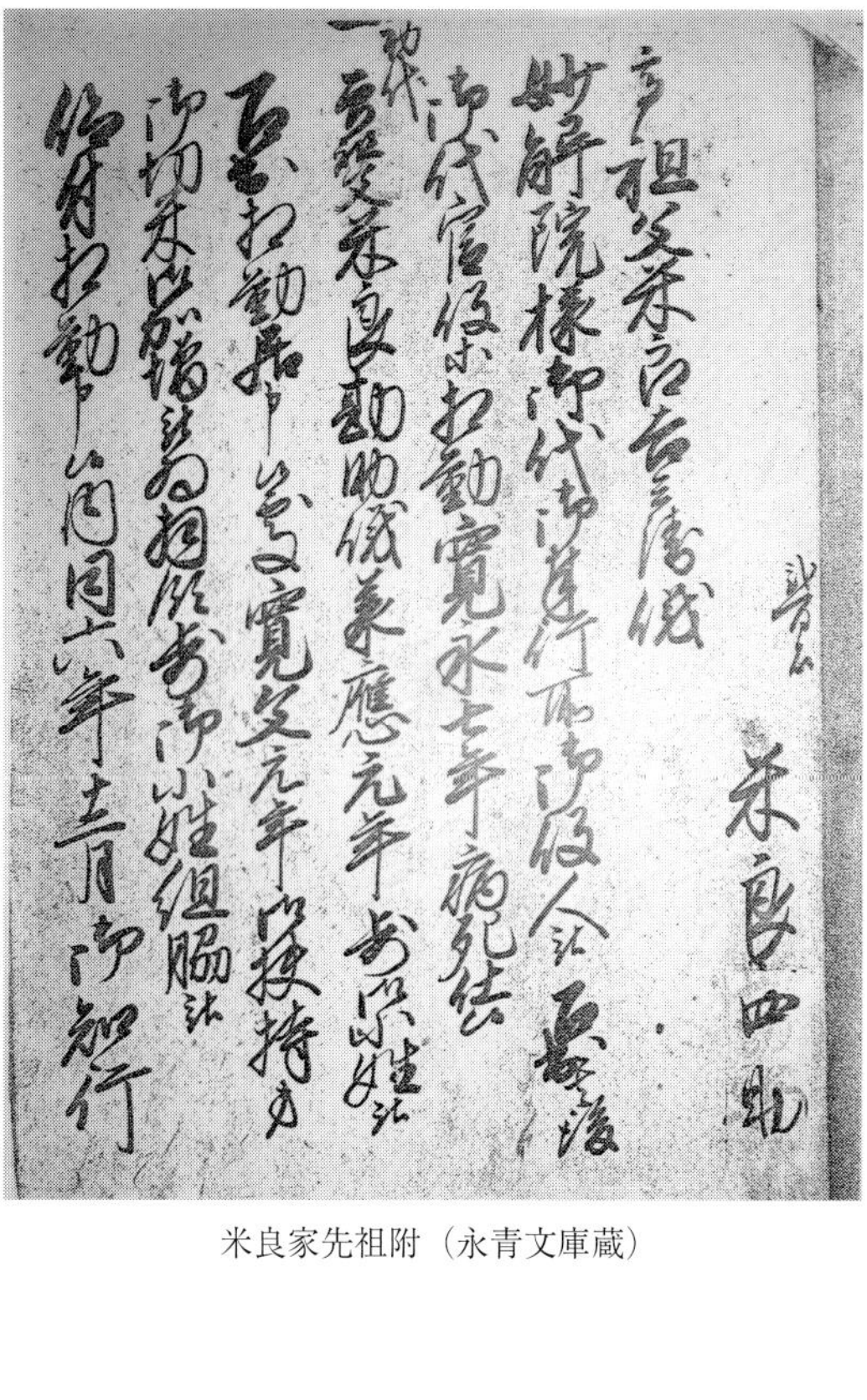

米良家先祖附（永青文庫蔵）

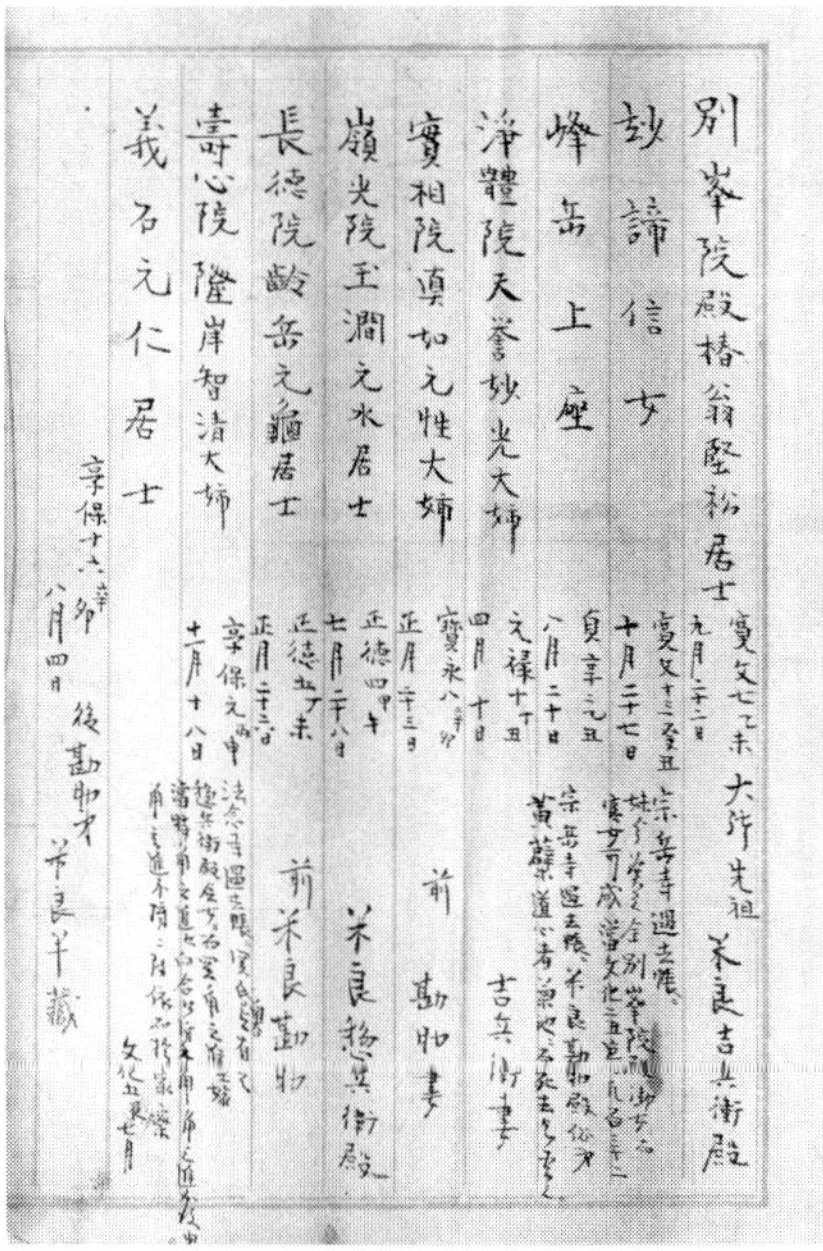

米良家法名抜書。明治22年に米良四郎次が屯田兵として渡道する際、菩提寺である宗岳寺の過去帳を写し取ったもの（米良周策氏蔵）

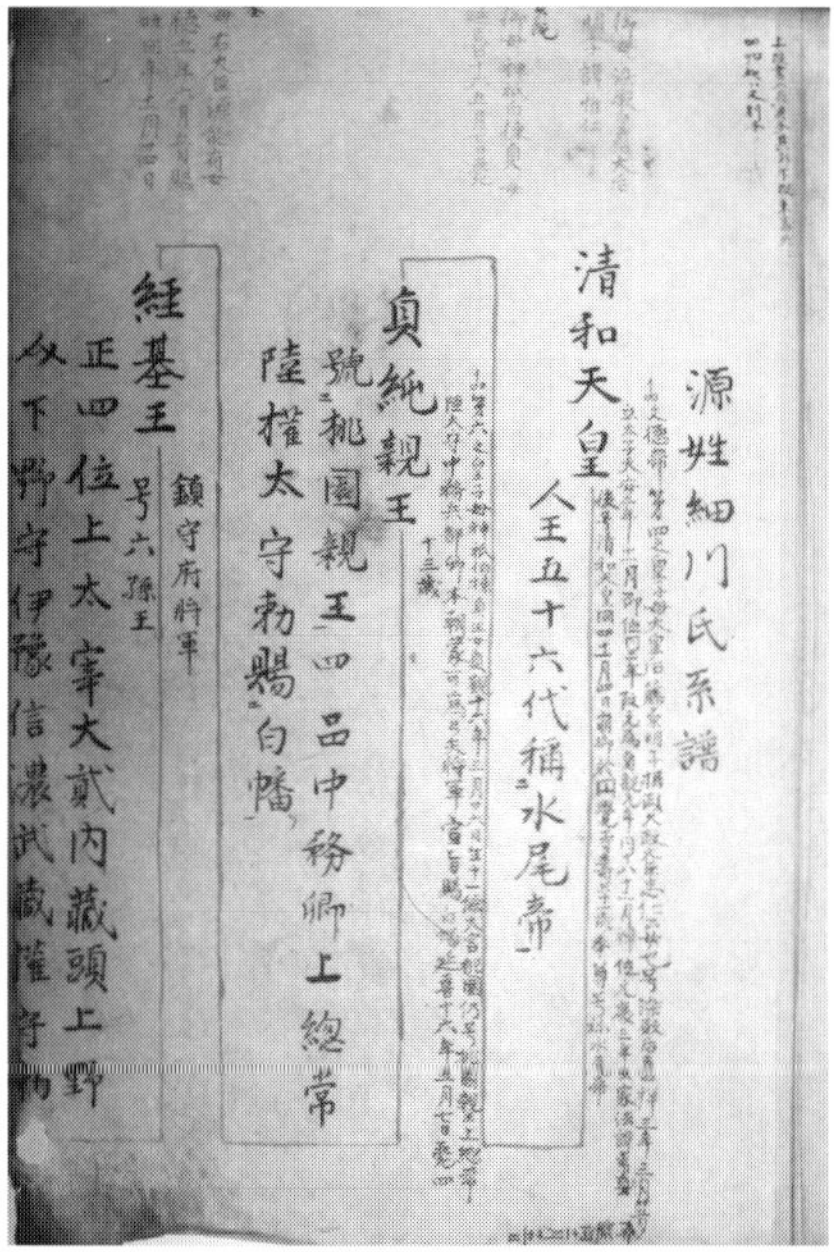

源姓細川氏系譜。藩主細川家ならびに家老ら重臣の系譜（米良周策氏蔵）

米良周策家過去帳。米良四郎次後妻チナの代に作成したもの。北海道様似町の等澍院先代住職智行和尚の筆による（米良周策家蔵）

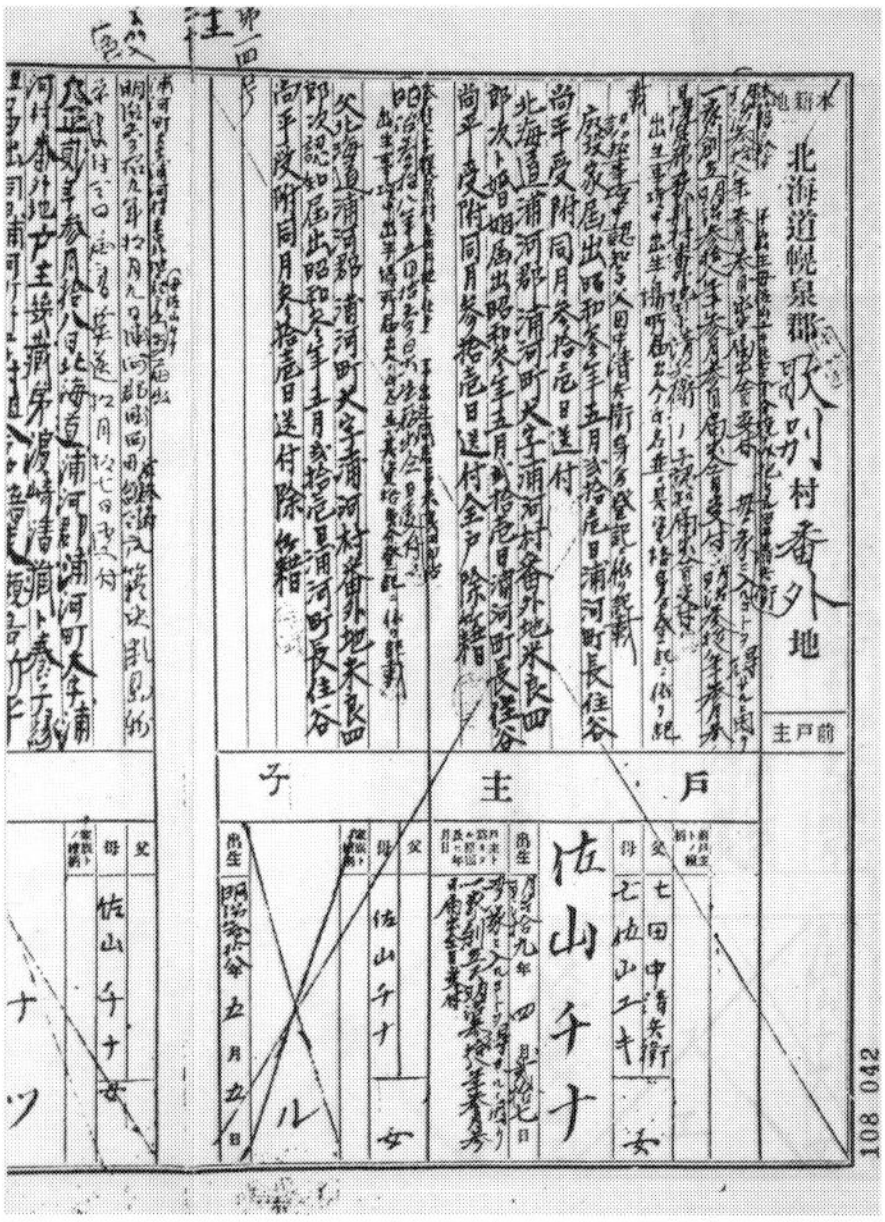
北海道幌泉郡歌別村番外地
戸主
佐山チナ
108 042

米良四郎次後妻佐山チナの北海道幌泉郡歌別村（現在のえりも町歌別）の除籍謄本（近藤健蔵）

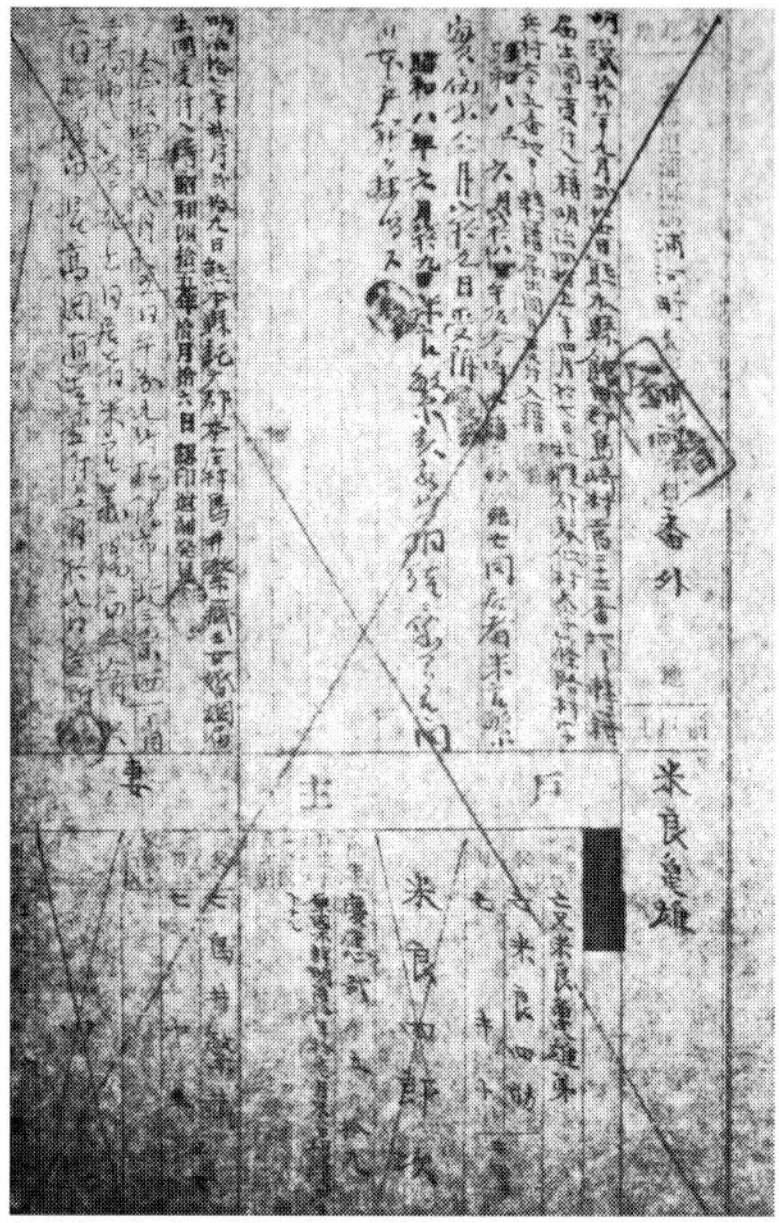
浦河町番外地
米良亀雄
米良四郎次

米良四郎次の北海道浦河町の除籍謄本（米良周策氏蔵）

細川家が融禅翁に贈った茶碗。箱書に「二碗之内一碗　贈融禅翁　細川家」と記されている（米良周策氏蔵）

序文

平成十七年に姪の子（姉アキの孫）である近藤健から、家系図が送り届けられました。健から求められるままに、我が家にあった古文書と除籍謄本を渡していたところ、佐藤誠氏によって作成された家系図であると聞いております。

私は八十五歳にして初めて自分の家系図を目にしたのであります。また、熊本の墓まで見つけてもらいました。全く思いもかけぬことで、大変な驚きでした。

平成の御世において、こんなことを申しても誰も相手にはしてくれないのですが、私の父四郎次（しろうじ）は武士でありました。生き方が単に武士らしいとか、武士道精神の持ち主であったというのではありません。父は慶応二年（一八六六）に武門の家に生まれ、幕末の混乱期を生きた侍の子でした。私は父が、五十九歳のときの子であります。

幼いころ、父から堀部弥兵衛の介錯をした勘助（市右衛門）のことは聞いておりました。勘助が長崎に囚人を護送した話など、いまだに口伝（くでん）として語ることができます。ですが、その前後のことは全くわかりませんでした。ましてや神風連（しんぷうれん）の乱で自刃した伯父亀雄や西南戦争で戦死した大叔父左七郎の存在など、今回初めて知ったことであります。私が幼かったこともあって、父四郎次は一切を語っておりませんでした。父の屯田兵時代のことも全くわからなかったのです。

先の大戦では、兄繁実(しげみ)は樺太で戦い(陸軍)、その後抑留先のシベリアで死んでおります。私は海軍航空隊の第十六嵐特別攻撃隊に所属していたのですが、幸運にも命を拾って戻ってまいりました。

こう見てまいりますと、我が家系は、親の代から様々な戦乱に巻き込まれながらも、何とか血脈を繋いできたことになります。

今まで全く判読できなかった古文書が、こうして平易な文章に直され、子々孫々に伝えられることは、このうえもない大きな喜びです。ご先祖様もさぞや驚き、喜んでいることでしょう。

末筆となりましたが、佐藤誠氏、眞藤國雄氏、高久直広氏など数多くの方々のご協力を得て本書が完成したことに、心よりお礼申し上げる次第です。そして近藤健には、よくぞここまでやってくれた、と感謝しております。

米良家当主　米良周策

肥後藩参百石　米良家❖目次

序　文……［米良周策］5

【歴史編】［近藤　健］

はじめに　米良家の発見……5

第一章　米良家の源流を求めて……9
一　二つの米良氏……9
二　肥後の名家菊池氏……10
三　日向米良氏……13

第二章　肥後熊本藩士米良家……18
一　熊本藩の侍……18
二　初祖米良吉兵衛……27
三　初代米良勘助元亀……31

第三章　堀部弥兵衛の介錯人米良市右衛門……34
一　二代米良勘助実専……34
二　その後の市右衛門（勘助）……37
第四章　その後の米良家……42
一　三代米良市右衛門実高……42
二　四代米良勘兵衛……48
三　五代米良茂十郎……50
四　六代米良四助実俊……51
五　七代米良亀之進……57
第五章　幕末維新……59
一　八代米良四助実明……60
二　九代米良左七郎……66

第六章　神風連の乱と米良亀雄……71
一　十代米良亀雄実光……71
二　神風連の乱とは……71
三　亀雄と第三隊の襲撃……73
四　亀雄の素顔……78
第七章　北海道移住……83
一　十一代米良四郎次……83
二　熊本から北海道へ……84
三　篠路兵村の生活……90
四　除隊後の生活と四郎次の家族……93
1　本妻ツルとその子供たちおよび妾チナ……94
2　チナの除籍謄本……98
3　浦河での四郎次……100
4　春道院とは……101

第八章　太平洋戦争から現在へ　105
一　十二代米良繁実　105
1　繁実の応召　106
2　繁実の抑留先　108
3　繁実の発見　110
4　無念の死　115
5　シベリア抑留帰還者の証言　118
二　十三代米良周策（現当主）　125
1　レイテ沖海戦　125
2　戦後から現在まで　133
第九章　米良家の墓と菩提寺　137
一　熊本の墓と菩提寺　137
1　熊本における米良家の墓　137
2　岳林寺墓碑の発見　141
3　墓碑移転の経緯　153
二　様似の墓　156

三　菩提寺の変遷……159

【史料編】

〔佐藤　誠〕

凡例　164／1　米良家先祖附写　165／2　米良家法名抜書　170／3　米良周策家過去帳　174
4「米良家法名抜書」〔史料2〕と菩提寺の記録「宗岳寺人別帳」との相違（法名のみ）　179
5　熊本藩の侍帳にみる米良家1　181／6　熊本藩の侍帳にみる米良家2　182
7　初代勘助　187／8　二代勘助（はじめ市右衛門）、堀部弥兵衛を介錯す　187
9　二代勘助の長崎勤役　196／10　斎藤芝山　197／11　細川重賢御書出写　198
12　細川斉護御書出写　198／13　米良左源次手討一件　199／14　米良左源次の勇猛　201
15　八代米良勘助　202／16　明治初年の米良家　204／17　米良亀雄の武者振　205
18　米良亀雄の自刃　206／19　米良左七郎、西南戦争に従軍す　207
20　米良左七郎の戦死1　208／21　米良左七郎の戦死2　209
22　米良左七郎、賊徒となる　210／23　米良家墓碑銘　210
24　米良亀雄らの顕彰・供養　213／25　熊本県からの屯田兵入植者一覧　215
26　米良家除籍謄本（戸主 米良四郎次）　217／27　米良家除籍謄本（戸主 佐山チナ）　225
28　米良家除籍謄本（戸主 米良繁実）　229／29　米良家除籍謄本（筆頭者 米良周策）　233

30　米良繁実軍歴　235／31　ソ連邦抑留中死亡者名簿（米良繁実）　238
32　平成17年提供ソ連邦抑留中死亡者「個人資料」翻訳文　239／33　米良周策軍歴　256

米良家年譜……［佐藤　誠・近藤　健］　259
米良家系譜……［佐藤　誠・近藤　健］　286
米良家歴代当主概略……［佐藤　誠・近藤　健］　290
米良家歴代事跡……［佐藤　誠・近藤　健］　299

【付録】エッセイ「介錯人の末裔」……［近藤　健］　331
参考文献・協力者……　337
あとがき……［近藤　健］　343

装丁／design POOL

肥後藩参百石　米良家

堀部弥兵衛の介錯人
米良市右衛門とその族譜

【歴史編】

［近藤　健］

はじめに　米良家の発見

祖母の父、米良四郎次（めらしろうじ）が墳墓の地熊本を発って北海道に足を踏み入れたのは、明治二十二年（一八八九）七月のことである。以来米良家は、北海道に生活の基盤を置いて今日に至っている。筆者は、米良四郎次五女アキの孫にあたり、現当主米良周策は祖母アキの弟、つまり大叔父になる。

昭和三十八年（一九六三）、四郎次亡きあと三十年近く閉ざされていた周策家の神棚を開けたところ、三点の文書が出てきた。後に佐藤誠氏により命名される「米良家先祖附写（せんぞづけうつし）」、「米良家法名抜書（ほうみょうばっしょ）」、「源姓細川氏系譜」である。

昭和八年に四郎次が亡くなり、その後周策の兄繁実も太平洋戦争で戦病死した。この時点で六男周策が米良家唯一の男子となる。米良家には、「女は神棚に触ってはいけない」という家訓があり、神棚は数十年放置されていた。

昭和三十三年、周策の母チナ（四郎次の妻）が死亡した。続いて姉アキの夫三橋嘉朗（みつはしよしろう）（筆者の祖父）が脳溢血で倒れ、その介護をしていたアキがこれまた急死。周策にとっては、母親と姉を相次いで亡くしたことになる。立て続けに起こった不幸に、これは何かあるに違いないと、山の神様の神託を仰いだ。

お告げは、謎めいていた。

「獣を殺（あや）める者がいる。倒れている。それは壁にくっついている。だから悪いことが起きたのだ」

何とも要領を得ない神託に、みな頭を抱えた。家中を探したが見当がつかない。そうこうしているうちに、周策家に何年も開かれていない神棚があることに気がついた。恐る恐る開けてみると、中から真白い雌雄一対のキツネの置き物と三通の古文書が出てきた。

神棚は壁にくっついている。中から出てきた一対のキツネのうち、雌が倒れていた。周策は、町役場に勤めるかたわら、狩猟を行う。お告げが解けた。

神棚といえば社（やしろ）を模した型が一般的だが、米良家の神棚はみかん箱形の立方体で、扉は観音開きではなく引き戸で、常に閉じられていた。全体的に赤黒く古色然とし、光沢こそなかったが、漆塗りを思わせるものであった。筆者が最後にこの神棚を目にしたのは平成七、八年ごろである。周策が平成十一年に札幌に転居する際、神棚は宮城県岩沼市の竹駒神社（竹駒稲荷）に納められ、現在の米良家には伝えられていない。竹駒神社に奉納した経緯は、竹駒神社が日本三大稲荷の一つといわれ（異説あり）、北海道から最も近い大きな稲荷神社であったことによる。

この神棚は四郎次が熊本から渡道する際に持ってきたもので、明治九年に熊本で勃発した神風連（しんぷうれん）の乱で、熊本敬神党にかかわった兄亀雄の代からのものではないか、と筆者は推測している。米良家の神棚は、そんな思いを抱かせるほど星霜（せいそう）を感じさせるものであり、異彩を放っていた。

昭和三十八年に神棚の古文書が初めて読みくだされ、赤穂義士堀部弥兵衛金丸（あきざね）の介錯にかかわる記述があり、北海道の片田舎に大きな騒ぎが巻き起こった。このとき筆者はまだ三歳で、この騒動の記憶はない。その後、米良家の文書は再び埋もれてしまった。

平成十七年、米良家の文書は再度目覚めることになる。きっかけは、かつて筆者が米良家と赤穂事件のかかわりをエッセイ（本書収録「介錯人の末裔（まつえい）」の前身「メラ爺」）にしており、それが佐藤誠氏の目に留まったことに始まる。こうして熊本藩の研究家眞藤國雄氏と佐藤氏の力強い後ろ盾を得た筆者は、母方の祖、米良家の調査を開始したのである。

五年にわたる調査の結果、それまで全く不明だった家系の事跡が日の目を見ることになる。「先祖附写」と「法名抜書」から延びる一本の線が「除籍謄本」に繋がり、初祖を含めた現当主周策までの十四代、四百年に及ぶ米良家の歴史が、にわかに浮かび上がったのである。

米良家は初祖吉兵衛が藩主細川忠利の代に召し出され、初代元亀（名前の読み方は不詳だが、一般的呼称は「もとひさ」）のとき、三百石を拝領する。

二代実専（同、「さねたか」）は、参勤交代の御供で上京してほどなく赤穂事件に遭遇し、堀部弥兵衛の介錯を務める。三代実高（同、「さねたか」）は養子であったが、このときに三十日間の閉門を命ぜられ、これにより四代勘兵衛に許された知行は二百石となった。さらに五代茂十郎の「不本心」により知行が返上される。茂十郎、二十二歳の大事件で、この茂十郎もまた養子であった。

この知行の返上を受けて、隠居の勘兵衛に五人扶持（ぶち）が与えられる。だが、甚だしい心労のためか、勘兵衛はその一カ月後に死亡。茂十郎もまた、三十四歳という若さで亡くなっている。

不甲斐ない家系が続く中、六代実俊（同、「さねとし」）がにわかに奮起した。実俊は四代勘兵衛の弟左五之丞の子で、勘兵衛の娘志保と結婚している。いとこ同士の結婚である。この実俊により、米良家の禄高は一五〇石にまで回復される。

七代亀之進以降、藩庁からの武術奨励のお達しもあり、犬追物（いぬおうもの）、剣術、射術、槍術、居合、小具足、兵法などの相伝に関する細かな記述が見られる。

八代実明（同、「さねあき」または「さねあきら」）は、相続すべき子亀雄（実光）が幼かったこともあり、弟左七郎に九代目の家督を相続させている。幕末の動乱期である。実明は弟左七郎を帯同しながら、ペリーの浦賀来航を受けての相模沿岸警備や第一次長州征討に赴いている。第二次長州征討では小倉口（こくらぐち）の戦いに加わり、その後の京都警備の中で、明治新政府の誕生と王政復古の大号令を目の当たりにしている。

九代左七郎のとき、明治三年の藩政改革を受け、禄高が一五〇石から二十八石七斗となる。先代実明の長男亀雄が長じたのを機に、左七郎は家督を本家に戻す。家督を譲り受けた十代亀雄は、そのわずか一カ月後、明治九年の神風連の乱（熊本で起こった不平士族の反乱）に参加し、自刃。隠居中の左七郎も、その九カ月後の西南戦争で西郷軍に合流し、戦死している。

亀雄の自刃により、十二歳の弟四郎次が十一代目を相続し、明治二十二年に屯田兵を志願して北海道へ渡る。四郎次には十四人の子供がいた。六人目以降は妾（めかけ）チナとの間の子で、筆者の祖母アキは八番目の子に当たる。四郎次の家督を継いだ十二代繁実は、太平洋戦争で陸軍に応召し、樺太からシベリアに抑留され、そこで戦病死している。この時点で唯一の男子となった繁実の弟周策が十三代目を相続したが、兄繁実同様召集され海軍航空隊に入隊し、九死に一生を得て生還している。

平成二十五年現在、周策は八十九歳で、四郎次の子の中で唯一米良姓を受け継いでいる。四郎次の子で存命なのは、周策とその姉山本キク（九十三歳）だけである。

後世に家系を繋いだ周策には、優樹、優二の二人の子と五人の孫、さらに平成二十四年十二月には曾孫が一人加わった。平成元年生まれの孫直人（優樹長男）と、平成六年生まれの健太郎（優二長男）は、後世に米良姓を伝える男子である。

幕末を一五〇石で迎えた米良家は、最大でも三百石であった。千石、万石という重臣、大名家の歴史ではないところに、本書の特徴がある。

第一章　米良家の源流を求めて

一　二つの米良氏

米良家の祖先については不明である。ただ、藤原姓を名乗っていたことは「米良家法名抜書」（史料2）で判明している。平成十七年（二〇〇五）、米良家の系譜を作成すべく、曾祖父米良四郎次の子供たちの消息を調べていたころ、北海道上川郡標茶町（しべちゃちょう）の米良孝毅氏より、次のような手紙が到来した。米良孝毅氏は、北海道の電話帳のデータベースから拾い上げた米良姓の一人で、筆者の問いかけに答えてくれた方である。

「私は、米良一族の本家、熊野別当家、実報院の直系です。先祖の姓は昔から米良ですが、呼び名は熊野別当某（なにがし）あるいは法印某と呼ばれておりました。私どもの古文書では、米良、妻良、目良はいずれも一族なり、と記されています。

九州の米良につきましては、過去に宮崎の西米良で調査したことがありますが、詳細は不明でした。ただ、熊野水軍の一部が九州に住みついた経緯や、島津家との家紋争いの後、監視役として一族の中より九州に住みついた者もおり、その流れの中に九州の米良姓が存在するのではないかと考えております」

この米良氏は、紀伊国熊野地方の豪族米良氏の流れを汲（く）む方だろうと思われる。紀伊米良氏は、代々那智山の神職・社僧・御師（おし）を勤め、歴代幕府や諸大名の御用の任に就いていた家系である。

熊野那智山の社家文書一五〇〇点を網羅した集成に、『熊野那智大社文書』全六巻がある。その大部分は「米良文書」といわれるもので、その解題に、

「熊野山は本宮・新宮および那智山の三山から成り、熊野三山と通称せられる。それぞれ、社僧（衆徒）が一山の実権を握り、『社中』を構成して山内の社寺を支配した。なかんずく、那智山においては、『社中』一臈が執行職として一山の支配に当った。この執行職には尊勝院（潮崎八百主）と実報院（米良十方主）の両家が執行家としてこれに当ることになり、執行職二人制もとられるに至った」

とある。鎌倉時代初期においてこの実報院は独走的勢力を誇ったといわれる。

一方、日向・肥後の国境付近の山間部（明治以降、宮崎県に属する）に、米良（米良山、米良ノ荘）と呼ばれる地域がある。江戸初期、相良氏の属領となるこの地を支配した肥後国豪族が米良氏である。米良氏は肥後守護職を世襲した菊池氏の後裔で、菊池能運の子重次に始まるといわれる日向米良氏である。

二　肥後の名家菊池氏

肥後の名家である菊池氏は、古代末から中世にかけて肥後菊池郡を本拠として栄えた一族である。

菊池には大宰府管轄下の鞠智城があり、天智二年（六六三）に、大和政権が唐・新羅の連合軍に白村江の戦で破れて以降、その来寇に備えるための軍事拠点を担っていた。

菊池氏の出自については、関白藤原道隆の子大宰権帥藤原隆家の孫大宰少監則隆が、菊池に土着して菊池氏を称したことに始まるといわれている。隆家は、鎌足から数えて十三代の後に位置する。だが、隆家との血

縁関係はなく、則隆・蔵隆（政隆）父子が、隆家の郎党であったという主従関係説が近年の通説になっている（『菊池一族』など）。また、則隆の家督は蔵隆の弟経隆に継がれ、蔵隆は西郷氏の祖となっている。いずれにせよ菊池氏の祖は則隆ということになる。

菊池氏と米良氏の関係を示す系譜はいくつかあるが、『菊池氏を中心とせる米良史』の系譜を簡略化し当主だけを抜粋すると、おおよそ次のようになる。

（藤原北家）藤原道隆――隆家……政則――1 菊池則隆（肥後菊池氏）――2 経隆――3 経頼――4 経宗――5 経直――6 隆直――7 隆定

8 能隆――9 隆泰――10 武房――11 時隆――12 武時――13 武重――14 武士――15 武光――16 武政――17 武朝――18 兼朝

19 持朝――20 為邦――21 重朝――22 能運（武運）――23 政隆――24 武経――25 武包――26 義武（菊池宗家断絶）

（21 重朝より）1 米良重次（日向米良氏）――2 重種――3 重治――4 重鑑――5 重良――6 重隆――7 重直

8 重季――9 則隆――10 則重――11 則信――12 則元――13 則純――14 則敦――15 則順

16 栄敍――17 菊池則忠（菊池に復姓）――18 武臣――19 武夫――

寛仁三年（一〇一九）、満州民族の海賊船団である女真族が、対馬、壱岐、博多を襲った刀伊入寇の際、大宰府の長官であった藤原隆家および則隆の父とされる藤原蔵規（政則）が活躍し、その侵攻を撃退している。

源平争乱期、六代菊池隆直は平家方に属し、壇ノ浦の戦い（一一八五年）で源氏方に寝返り、鎌倉幕府の鎮(ちん)西(ぜい)御家人に名を連ねる。

承久の変（一二二一年）では、後鳥羽上皇の朝廷側につき、反幕府の動きをとる。朝廷方の敗北後は幕府に従い、十代武房は蒙古襲来（一二七四年）の際に活躍している。

鎌倉時代後期、後醍醐天皇の討幕運動から元弘の乱（一三三一年）が起こると、菊池氏は後醍醐天皇側の柱として九州反幕府勢力の中心となる。その後足利氏の巻き返しにより京都に武家政権が成立（北朝）すると、後醍醐天皇は吉野に逃れて南朝を成立させ、南北朝時代となる。

貞和四年〈北朝〉・正平三年〈南朝〉（一三四八）、南朝は後醍醐天皇の皇子・懐良(かねなが)親王を征西将軍として九州へ派遣する。このとき懐良親王は、海賊集団である倭寇(わこう)の取り締まりを条件に中国明朝から冊封(さくほう)（中国王朝との君臣関係）を得ていた。

懐良親王を肥後で迎え入れた菊池氏は、一家一門を挙げて尊皇の大義に殉じた。このとき、征西将軍に従った者、またその後を慕って数多くの南朝側の人々が肥後に入っている。この流れの中で紀伊米良氏が肥後に土着したといわれている。先に挙げた北海道上川郡の米良孝毅氏の手紙の内容と符合するところである。

延文四年・正平十四年（一三五九）、懐良親王を奉じた菊池武時の子武光は、筑後川の戦いに勝ち大宰府を制圧する。だが、永和元年・文中四年（一三七五）には、室町幕府管領の細川頼之が九州探題として派遣した今川了俊によって大宰府を追われる。

南北朝統一後の菊池氏は、足利幕府の守護大名として勢力を再建する。戦国初期に筑後守護も兼ねた持朝の代に全盛を迎える。

また今日、菊池氏を伝える事柄として、槍を用いた奇抜な攻めと、本城を固めた堅固な守りが挙げられ、

「攻めの千本槍と守りの十八外城」といわれるが、これは南北朝内乱期における菊池氏を象徴するものである。

戦国時代（一四九三年ころから一五七三年ころまで）になると、豊後大友氏、また菊池一族である肥後の阿蘇氏、相良氏、名和氏といった勢力が台頭し、重朝のとき一族の宇土為光が相良氏と組んで反乱を起こす。これら重臣が次第に菊池氏を凌ぐようになり、菊池氏の勢力は衰退し始める。

文亀元年（一五〇一）、重朝の跡を継いだ二十二代能運のとき、再び宇土為光が重臣と謀って反乱を起こし、隈府（菊池）城が陥落する。このとき能運は妻子を弟重房に託し、米良の山中に落としている。

肥後の国人諸氏の応援を得た能運は、宇土為光を討ち本拠地隈府を回復するが、この高瀬の戦いにおける戦傷により死亡。一族の菊池政隆が跡を継ぐが、その後菊池氏の家督はめまぐるしく廃立され、天文二十三年（一五五四）二十六代義武のとき、甥の大友義鎮（宗麟）に攻められ自刃。ここに肥後菊池宗家は断絶する。菊池諸家も菊池姓を名乗ることなく、その後の争乱などで四散し、また豊臣・徳川体制の下、他家の家臣へと流れていった。

なお、能運死後の菊池氏は、興盛と衰微を繰り返し、衰微の時期に菊池の「池」を「地」に変えたり米良を名乗ったわけだが、今日「菊池」と「菊地」が混在するのはこの時期の事情によるものである。

三　日向米良氏

宇土為光の乱によって、日向米良山へ落ち延びた菊池重房は、すでに米良に住していた叔父武照を頼り、西郷・赤星ら菊池系一族とともにこの地に落ち着く。米良に拠点を構えた幼主重次は、成長の後菊池姓を隠し、米良石見守重次と称した。これが日向米良氏の始まりといわれている。古くから米良山は菊池氏の安住の隠れ地となっており、数々の敗軍のときはこの地に入山していたといわれ、隠れ城の役割を果たしていた。

重次入山以前に重為、国重らがすでに米良に入っており、重次は三代目という説もあるが、この三人が年代的に同一人物であるという見方もあり、この時期の米良氏は曖昧である。また、幕末に登場する薩摩の下級藩士西郷隆盛は菊池系一族の西郷氏の末裔で、西郷隆盛の変名「菊池源吾」は、祖先の菊池氏に由来しているといわれる。

幼い重次を擁した重房は、米良山中の統一と外征の任に当たる。その後、当主として活躍するようになった重次は、先住菊池米良一族を指揮下において、相良・伊東・島津氏らと対峙（たいじ）した。

重次は、永正十五年（一五一八）伊東氏と和睦を結び、連合して島津氏に当たることを約した。このとき米良家の領土を明確にし、その独立を認めさせている。重次には六人の男子があり、それぞれに国境を固めさせ、天文二年（一五三三）の伊東氏の内乱の後は、伊東氏を左右する勢力にまでのし上がり、日向一帯で重要な地位を占めるようになる。

重次は山中の民を全て武士とする屯田兵の制を敷き、平素は農事に当たり、事あるときは武装蜂起するという独自の領内支配を行った。

天文二十年（一五五一）、重次の家督を継承した重種の代になると、世は戦国時代である。九州は豊後の大友氏、日向の伊東氏、肥前の龍造寺氏、薩摩では島津氏が互いに覇（は）を競い合っていた。

永禄二年（一五五九）、重種の跡を継いだ弟の重治（三代）は、肥後相良氏で起こった獺野原（うそのばる）合戦で相良義陽（よしひ）方に協力し、一族の米良半左衛門および家臣を相良家に送り込み、肥後に影響力を持つようになる。

九州統一の戦いを推し進める島津氏の勢力に、伊東氏・大友氏が衰退してゆく中、米良氏は重治の後、重鑑（しげかね）（四代）、重良（五代）と存続してゆく。

そのころ中央では、天下統一に邁進（まいしん）していた織田信長が天正十年（一五八二）の本能寺の変で横死。天正十五年、大友宗麟からの支援依頼を受けた羽柴（豊臣）秀吉が、弟秀長を総大将として九州征伐の大軍を送り込む。このとき米良氏は、重良の弟重秀が千騎の軍を率いて秀長軍に加わって活躍する。この九州出兵で島津氏は降伏し、重秀は兄重良の嫡男（ちゃくなん）重隆（六代）とともに博多にあった秀吉に拝謁し、米良一円を安堵（あんど）される。

九州の役後、肥後は佐々成政（さっさなりまさ）が支配していたが、国人一揆（こくじんいっき）の引責により改易となり、その後は加藤清正と小西行長に二分されていた。

文禄元年（一五九二）の朝鮮出兵に際しては、重隆が加藤清正に属して出陣し、文禄三年まで朝鮮に滞在した。

慶長元年（一五九六）重隆は、延岡城主高橋元種の米良領侵略の抗争を経、翌慶長二年に、相良氏とともに二百騎を率いて再び朝鮮へ出兵。このとき黒田長政の部隊に属し、各地で戦功をあげたが、翌年の秀吉の死を受けて帰国する。

慶長四年重隆は、島津家で起こった家老伊集院氏の謀反（むほん）に千騎を率いて鎮圧。島津方より千石の場食料（ばしょくりょう）を与えられ、重隆の弟重朝は禄千石をもって島津家に召し抱えられる。

慶長五年の関ケ原の戦いに重隆は、徳川家康に味方して所領を保全される。その後、元和元年（一六一五）に上洛した重隆は家康に拝謁し、米良家が菊池氏の直系に当たることを認められ、米良を旧来のように安堵された。

徳川幕藩体制が固まる中で、一万石に満たない米良氏は隣国肥後人吉（ひとよし）藩相良家の付庸（ふよう）（従属国）となり、この重隆の代より、交代寄合（こうたいよりあい）格として五年に一度江戸へ参勤することになる。

交代寄合とは、知行地を持つ幕臣のことで、大名に準じる石高の旗本に与えられるのを通例とした。だが、幕臣ではない外様の米良氏が、同等の格式を与えられたのは奇異なことであり、一説によると、米良氏が勤王で由緒ある菊池氏末裔であったため、これを取り立てることにより、幕府の権威に利用した政策、との見方もあるようである。

幕末の米良氏は、当主則忠（十七代）を中心に勤王討幕運動に参加し、維新後は再び菊池氏を名乗ることを許される。西南戦争後、則忠は家督を子の武臣に譲り、米良神社の宮司となる。武臣はその後、勤王の名族菊池氏の末裔ということで男爵を授けられ、華族に列している。

日向米良氏は、深山幽谷の米良の地に根を下ろし、無高のままに明治を迎えている。この地がいかに秘境であったかを示唆する逸話が、民俗学者宮本常一氏の『宮本常一著作集　二十二』に紹介されている。

近世初期に行われた検地の折、米良に向かう役人を山中の武士が峠で待ち受け、

「ごらんの通りの山国で、山は嶮しく谷は深い。その谷には橋らしい橋もない。たまにあれば葛蔓（くずづる）の橋か丸木橋、それを渡りこれを渡り、山また山を越えての御検地は容易ではあるまい。そしてもしみなさまの身の上に異変があってもわれわれには責任が持てない。むしろ、ここからお引き返しになるほうがよろしくはなかろうか。見らるるとおりこの峠の上からは家一軒も見えぬ。しかし家一軒もなしとも報告もできまいから、牛三匹猫三匹とでも報告しておかれたらよかろう。もし強いて御入国とあらば、土地の者は気があらいから、どういうことをいたすかわからぬ。それでも――というのであればお入りなさい」

この話に、さすがの役人も引き下がったという。また、宮本氏は、「米良氏の隠然たる勢力は容易に他の人々を近づけなかったし、しかもこの勢力を保持させるために、この山険はきわめて有利であった」とし、「生活のすべてが峻厳なる試練であり、苛酷なる試練であった。しかもその中にあって、人々は黙々としてこのき

びしさに甘んじ、お互いにその心をあたため合って代々を重ねて行ったのである」と米良氏の結束の固さを記している。

また、米良氏の名の由来を伝えるものとして、『西米良村史』に日向の神話伝説「イワナガヒメの神話」の記述がある。

「（略）これよりイワナガヒメは一ツ瀬川をさかのぼって米良山中へ向われ今の穂北の笹の元から龍房山（りゅうふさやま）を経て、それから小川に出られ、田を自らつくり、稔りゆたかな収穫を見て、ヨネニシ（米良し）、ヨネニシと喜ばれた。これが米良の、名の起りである。（略）なお、宮崎県下の大将軍（でしょごん）と称する神社にこの神をまつるのがあるという」

『菊池氏を中心とせる米良史』にもイワナガヒメについての同様な記述がある。

「かつて征西将軍宮御入山の時、今の元米良に人家を尋ねて食を請われた時、老夫婦の差し出した夕食の芋がゆの中の米の味がとてもよく、この山中に米が出来るを知り、米良（こめよし）と申され地名米良と称されたとも伝える」

ここに記されている征西将軍とは、後醍醐天皇の皇子懐良（かねなが）親王である。

また、名字では米良を「めら」と呼ぶのが一般的だが、「まいら」と呼称する場合もあるようである。

第二章　肥後熊本藩士米良家

一　熊本藩の侍

この章の本題に入る前に、細川家が熊本藩主となるまでの概要を『藩史大事典』から説明しておく。

熊本藩は、肥後国（熊本県）のうち天草郡・球磨郡を除いた地域と豊後国（大分県）の一部（鶴崎、佐賀関など）を領有した藩で、肥後藩とも称された。

九州を統一した豊臣秀吉は、天正十五年（一五八七）に球磨郡を除く肥後一国を佐々成政に与えた。成政は秀吉から禁じられていた検地を強行し、そのために翌年切腹を命ぜられる。次いで加藤清正と小西行長が肥後を南北に二分して支配した。

慶長五年（一六〇〇）、肥後南部の宇土城主小西行長が、関ケ原の戦いで西軍の敗将となり、斬首、改易となる。一方の肥後北部を領していた清正が、関ケ原の戦いの戦功により行長の旧領を得て、五十四万石の大名となる。清正は「隈本城」の築城に取りかかり、慶長十二年に完成後、「熊本城」と改めた。

清正の跡を継いだのは忠広だが、その子光広が寛永九年（一六三二）、謀反の嫌疑を受け改易。忠広は出羽国庄内に、光広は飛騨国高山に配流され、加藤家は断絶した。

代わって同年十月、小倉城主細川忠利が肥後転封を命ぜられ、五十四万石で入封し、以後廃藩置県まで細川家が藩主として存続した。

さらに熊本藩における「侍」について、米良家に関係する部分を中心に『熊本藩侍帳集成』によりながら、その概要を記しておく。

武士を禄高で分類すると、三万石から五ー石程度までの知行取、いわゆる「御侍」と呼ばれる一群と、蔵米・擬作・寸志・寸志蔵米および大多数に上る扶持方取とに大別される。また、時代が下るにつれ、扶持方以上を知行取と称するようになる。

熊本城（佐藤誠撮影，平成22年）

時代によりばらつきはあるが、熊本藩における知行取（地方知行）の数は、おおむね九百人前後である。中でも百石から三百石までの知行取が、全体の約八〇%を占めていた。

知行取は、知行地から年貢を徴収し、知行地を支配する。だが実際は、城下町に住んで城勤めをしていたので、知行地の庄屋に年貢を集めて持参させるという方法がとられていた。また、賦役が必要なときは、その知行地から人を集めさせてそれを使っており、地方を支配するという意味で、地方知行とも呼ばれていた。

知行取は時代が下るにつれ、蔵米以下の多様な給与形態へと変化していく。蔵米知行とは、地方知行の代わりに蔵庫から知行分を受け取る知行形態である。それは、重臣や知行取の次男以下の男子、または嫡子でも部屋住といわれる家

【細川家歴代当主一覧】

代		当主名	生没年
初代		藤孝（幽斎）	一五三三～一六一〇
二代		忠興（三斎）	一五六三～一六四六
三代	（初代熊本藩主）	忠利	一五八五～一六四一
四代	（二代熊本藩主）	光尚	一六一九～五〇
五代	（三代熊本藩主）	綱利	一六四二～一七一四
六代	（四代熊本藩主）	宣紀	一六七五～一七三二
七代	（五代熊本藩主）	宗孝	一七一五～四七
八代	（六代熊本藩主）	重賢	一七一七～八五
九代	（七代熊本藩主）	治年	一七五七～八七
一〇代	（八代熊本藩主）	斉茲	一七五四～一八三五
一一代	（九代熊本藩主）	斉樹	一七八七～一八二六
一二代	（一〇代熊本藩主）	斉護	一八〇三～六〇
一三代	（一一代熊本藩主）	韶邦	一八三四～七六
一四代	（一二代熊本藩主）	護久	一八三七～九二
一五代		護成	一八六八～一九一四
一六代		護立	一八八三～一九七〇
一七代		護貞	一九一二～二〇〇五
一八代		護熙	一九三八～（第七九代内閣総理大臣）

督相続前の身分の者に支給された例外的な措置であった。

　また擬作は、土地の確定はないけれど知行取に準じており、知行取の一部として取り扱われていた。この擬作が増えるのは、六代藩主重賢が宝暦二年（一七五二）に行った宝暦の改革の柱である「世減の規矩」により、新知百石の子弟が擬作に落席したためである。この世禄制度については後述する。

　これら知行取のほかに、扶持方と切米取がある。これらは知行地（地方知行）をもらうのではなく、現物支給である。例えば、御中小姓（小姓組と徒士衆との間の身分）以下の身分では、「五人扶持二十石」、「三人扶持拾石」といった表現が見られるが、この「五人扶持」、「三人扶持」というのが扶持米・扶持方といわれるもので、「二十石」、「拾石」が切米である。

　扶持米は、一人一日五合と規定されている。一年（三六〇日）に換算すると一石八斗となり、三人扶持だと年間五石四斗の支給を受けることになる。

切米は、年に四回、季節ごとの支給となる。ただし、ここでいう十石は、十石からあがる税額を意味するので、実際にはその四割の四石が手取りとなる。熊本藩には、この切米取・扶持方の家臣が三千から四千人程度いた。ほかにも地侍（郷士）や御惣庄屋（ごそうじょうや）などがいるが、ここでは割愛する。

また、御中小姓以下の身分は世禄ではなく、原則として一代限りであった。ただ、親が御中小姓の家の子は、親が健在のときに諸役人などを勤めており、親が亡くなるころには御中小姓の仕事ができるようになっている。それで親が亡くなったときには、遺跡相続という形式ではなく、御中小姓に採用という形で存続していった。また、その家の功績により例外措置もあったようである。

細川家の家臣は、藩主に仕えた時代によって「青龍寺（しょうりゅうじ）以来」、「豊前（ぶぜん）以来」などの区分があるが、さらにもっと大きな区分として、「旧地」と「新地」があった。二代藩主光尚（みつなお）まで（慶安二年〔一六四九〕）の家臣を旧地といい、慶安三年に綱利が藩主を継いでからの家臣を新地と呼ぶ。

細川家が家禄制（世禄制）を採用するのは、寛永十年（一六三三）からである。当時熊本藩は、表高（おもてだか）（軍役高）は五十四万石であったが、実際の高（実高）は七十五万石ほどであった。そのうち知行地として家臣に与えるのが四十万石である。

宝暦二年（一七五二）に行われた藩政改革は、「世減の規矩」、つまり世禄を減ずる規則であった。旧地については全禄相続を認めるが、新地については親の特段の功績、または子供の才能（免状や目録の数）がない場合は、知行高に応じた率で禄高を削減するという制度である。例えば、五五〇〇石から四五〇〇石の者が家督を相続した場合は五百石を、一五〇石から五五〇石までの者が家督を相続した場合は五十石が削減されるといった仕組みである。

当時の武士の職務には、通常の勤役のほかに軍役、普請役、知行役があった。江戸時代を通じての熊本藩の軍役は、寛永十五年（一六三八）の島原の乱、正保四年（一六四七）に長崎にポルトガル船が来航した際に九州の大名に出兵要請があった二度だけで、それ以降、元治元年（一八六四）の第一次長州征討（小倉戦争）まで軍役はなかった。軍役の代わりに平常的にあったのが、江戸城や関東川筋などの普請役である。

武士の勤役には、軍事機構である「番方」と行政機構である「役方」の二つがある。細川家の家臣の全ては、この番方と呼ばれる軍事組織の中にそれぞれ位置づけられ、行政機構の方は、軍事組織の一員としての身分のまま政治的役職についている。

宝暦以降の番方組織図を『熊本藩の法と政治』から引用する。

番方は、主戦部隊である備組六組、親衛部隊の側組が二組、留守部隊の留守居組二組の三つに分かれ、都合十組の構成になっている。なお、括弧内は人員で、数字の記載のないものは不明のものである。

■御備組

備頭（6）
- 番頭（12）――組脇（24）――番方（300）
- 着座――大組
- 鉄炮頭（30）――副頭（12）――小頭（60）――足軽（720）
- 物頭列
- 物奉行（6）――一領一疋

■御側組

- 側大頭（2）
  - 御小姓頭（4）―組脇（8）
    - 小姓組（60）
    - 両役（16）
      - 小頭―手廻之者
      - 小頭―駕之者
  - 中小姓頭（2）―組脇（4）―中小姓組（50）
  - 御次組脇（2）―取次（5）
    - 御小姓（12）―下横目
    - 目附（12）
  - 御目附（9）―附横目（10）
  - 御使番（17）
  - 側物頭（8）―小頭（8）―足軽（100）
  - 鉄炮頭（22）―副役（2）―小頭（26）―足軽（300）
  - 歩使番頭（2）―組脇（1）―歩使番（20）
  - 歩頭（4）―組脇（4）―歩小姓（60）

■御留守居組

- 御城代（2）
  - 大頭（2）
    - 番頭（2）―組脇（4）
      - 番方（50）
      - 知行取―支配
      - 櫓番（12）―鍵番（4）
    - 着座―大組―物頭列
  - 組外
  - 鉄炮頭（1）
    - 小頭（1）―留守居鉄炮（30）
    - 小頭―地筒（430）
    - 小頭（1）―掃除人（30）
    - 小頭―頭支配―方支配
  - 中小姓触頭（2）―組脇（2）
    - 中小姓組
    - 列―格―支配―席

- 御昇副頭（2）―小頭（2）―昇之者（30）
- 御持筒頭（1）―小頭（1）―持筒（15）
- 長柄頭（2）―小頭―長柄（400）

切米取触頭（2）――組脇（2）――触組
郡代（11）――惣庄屋――地士――札筒
町奉行（3）――川口番――町廻
口屋番（9）――下番（23）

一方、役方は、家老、中老、備頭、佐敷、番頭と続き、十番目くらいに奉行がある。実際の役では奉行が事務の総括を行っていた。

奉行の中には、寺社方、刑法方、類族方、道方などの職分があるが、役方ではそれぞれの事務所の最高位だけが知行取で、書記に当たる仕事をする者のほとんどが御中小姓以下の身分、給料でいうと扶持方、切米取クラスがその任に当たっていた。

最後に、文化八年（一八一一）時点での役職名と役高、ならびに宝暦六年（一七五六）の奉行所の分職を、『熊本藩侍帳集成』より列記しておく。

まず、役職名と役高は次の表のようになっている。

【奉行所の役職と役高】（『熊本藩侍帳集成』による）

役職名	役高	役職名	役高
家老	三五〇〇	鉄炮三十挺頭	三〇〇
中老	三〇〇〇	普請作事頭	三〇〇
備頭	三〇〇〇	目附	三〇〇
佐敷番頭	二〇〇〇	近習次組脇	三〇〇
留守居大頭・大奉行・大目附	一五〇〇	郡目附	二五〇
小姓頭	一〇〇〇	鉄炮二十挺頭・十挺頭・使番・歩頭・昇副頭・歩使番・側物頭	二五〇
番頭・留守居番頭	一〇〇〇	郡代・近習取次	二〇〇
八代番頭	一〇〇〇（九〇〇）	右筆頭	二〇〇
用人	一〇〇〇（七〇〇）	高瀬・高橋町奉行	二〇〇
奉行	八〇〇（七〇〇）	持筒頭	一五〇
中小姓頭	七〇〇	勘定頭	一〇〇＋三〇（現米）
奉行副役・鉄炮五十挺頭	五〇〇	算用頭	一〇〇
長柄頭・留守居切米取触頭	五〇〇	穿鑿頭	一〇〇
川尻町奉行	五〇〇	天守支配頭・掃除頭	一〇〇
留守居中小姓触頭	五〇〇	次番	一〇〇
惣奉行	五〇〇		

奉行所の分職は、役人選挙方学校兼帯、御勘定方、御普請御作事御掃除方、御城内方、御船方、屋敷方、御郡方、寺社方、御町方、御客屋方、類族方、御刑法方、役人考績方、機密間となっている。

以上の予備知識を踏まえ、「米良家先祖附写」（史料1）に沿って熊本藩の米良家をたどってみる。

二　初祖米良吉兵衛

熊本藩士米良家は、寛永七年（一六三〇）に死去した米良吉兵衛を初祖とし、現当主米良周策までの十四代に至る流れである。「米良家先祖附写」では吉兵衛を「高祖父」、「米良家法名抜書」では「大御先祖」や「初代目」と表現しているが、本書では「初祖」に統一した。この吉兵衛以前の出自は不明である。「米良家法名抜書」によると、米良家が藤原姓を名乗っていることから、日向米良（菊池）氏の流れを汲むものとの推測も成り立つが、現在のところその関係を示す史料は現れていない。

米良吉兵衛は妙解院殿（みょうげいんでん）（初代熊本藩主細川忠利）のときに初めて仕官したとあるが、吉兵衛の死去が寛永七年であることから、忠利熊本転封（寛永九年）以前に御奉行所御役人や御代官役などを勤めていたことになる。法名は、別峯院殿椿翁堅松居士（椿翁堅松居士「宗岳寺過去帳」）、寛永七年九月二十二日没。年齢不詳。吉兵衛の妻浄体院は元禄十年（一六九七）年四月一日没。法名は浄体院天誉妙光大姉。

初祖吉兵衛および二代市右衛門の法名に院殿号（いんでんごう）が付されている。院殿号の使用は、歴代将軍や大名家に限られており、米良家の家格から院殿号は考えられない。後の追号とも考え難く、近代になってから米良家の近親者（米良四郎次）によって意図的に加筆されたものではないかと推測される。

初祖吉兵衛の院殿号は、宗岳寺過去帳の法名に付されてないが、二代市右衛門については「米良家法名抜書」、宗岳寺過去帳のいずれにも付されている（平成二十一年四月、宗岳寺住職堀田雪心氏ご報告）。

ここで吉兵衛の時代の藩主家について触れておく。

【米良家歴代当主一覧】

代	当主名	法名	生年	没年
初祖	吉兵衛	別峯院殿椿翁堅松居士	?	一六三〇年九月二二日（一六六七年九月二一日）
初代	勘助元亀	長徳院齢岳元亀居士	?	一七一五年一月二六日
二代	市右衛門重但（のち勘助実専）	浄徳院殿要道宗賢居士	一六六二年	一七三五年四月一四日（七四歳）
三代	市右衛門実高（はじめ実寿カ）	香林院瑞翁怡泉居士	?	一七八〇年五月二四日
四代	勘兵衛	本清院霜屋真了居士	一七三四年	一七八六年一〇月一六日（五三歳）
五代	茂十郎	大林院椿翁宗寿居士カ	一七六四年	一七九八年五月九日（三五歳）
六代	四助実俊	良忠院温山義恭居士	一七六八年	一八二八年七月四日（六一歳）
七代	四助（のち亀之進）	西渓院秀巌孤泉居士	一七九一年	一八五九年一一月二日（六九歳）
八代	勘助（のち四助）実明	泉渓院悟菴実明居士	一八二六年	一八七〇年四月五日（四五歳）
九代	市右衛門（のち左七郎）	儀俊院達道宗意居士	?	一八七七年六月一八日
一〇代	亀雄実光	大雄院守節義光居士	一八五六年	一八七六年一〇月二五日（二一歳）
一一代	四郎次	頓誉良田儀忠居士	一八六六年五月一九日	一九三三年六月二八日（六八歳）
一二代	繁実	至誠院実誉勇道居士	一九一一年三月一三日	一九四六年二月二一日（同年三月七日）（三六歳）
一三代	周策		一九二四年三月八日	

細川家は初代を藤孝（幽斎）とするが、二代忠興（三斎）は、正保二年（一六四五）十二月、八十三歳で波乱にみちた生涯を閉じている。肥後における細川家は、徳川家を無二の恩主とする佐幕に徹し、忠興は十四歳になる嫡子忠利を慶長五年（一六〇〇）以来質子として徳川氏のもとに送っていた。

寛永九年（一六三二）、初代熊本城主となった三代忠利は、寛永十五年に島原の乱が勃発すると出陣した。藩兵の延べ出征数は二万八六〇〇人であった。このときの死傷者は二千人に上り、一方の一揆勢は三万四〇〇〇人の戦死者を出すという大規模な反乱であった。忠利は、寛永十八年（一六四一）三月、父忠興に先立つこと五十六歳にて没している。

忠利の子二代藩主光尚は、慶安二年（一六四九）に三十一歳にて死去。光尚はその子六丸がわずか七歳ということもあり、領国返上を遺言した。細川家は外様であったこともあり、藩内は大きく動揺した。だが、幕府は忠興以来の忠誠を評し、本領安堵を申し渡す。六丸は将軍家綱の偏諱を賜り綱利と名づけられた。

細川家は、三代忠利の死に続き、忠興、光尚と四年ごとに当主が死亡し、お家の存亡にかかわる時期を過ごしていた。

最後に、米良吉兵衛の死亡年齢について言及しておく。

「米良家先祖附写」によると、吉兵衛の死は「寛永七年病死仕候」とあるが、「米良家法名抜書」では「寛文七乙未九月二十二日」と記されている。寛永七年は庚申で一六三〇年、寛文七年だと丁未で一六六七年になる。「法名抜書」の「乙未」だと明暦元年（一六五五）となってしまう。

明暦は明らかな誤りとして、寛永七年をとると、吉兵衛の死後初代勘助元亀の出仕年までに二十二年の空白ができ、妻死亡（元禄十年）は吉兵衛死亡より六十七年の後となる。寛文七年だと、吉兵衛の死亡は勘助元亀の出仕年の十五年後となり、妻は三十年後の死亡となる。明らかに寛文七年の方が自然である。「寛文」を「寛永」と誤記したものとの推論も十分に成り立つが、藩庁に提出している「先祖附」の原本および「米良家先祖附写」のいずれも「寛永」と記されており、現段階では明らかにし得ない。

左三つ巴

丸に並鷹羽

肥後米良家が、いつの時代に日向米良氏から分岐したのかは詳らかではない。熊本の史家眞藤國雄氏は、希望的推論に過ぎないとしながら、「日向米良一族は大変枝葉を広げましたが、そのほとんどが土着した中、一部の米良氏が伊東氏に従臣しています。その伊東氏は後に没落するわけですが、その臣であった稲津氏や荒武氏などは肥後熊本に入っています。強い絆を持つ米良氏が、どうして肥後に入っているのだろうかとの疑問がずっとあったのですが、この時期肥後入りされたと考えると辻褄が合うのです」と所見を述べられている。

筆者もまた、肥後米良家の祖先に繋がる者が、この菊池氏の流れを汲む日向米良氏にあるのではないかと考え、いくつかの史料に当たってみた。とりわけ米良山に入った初代米良重次の孫の代、つまり慶長年間における米良山民と椎葉山民の確執が激化した時代に注目したのだが、肥後米良家に繋がる成果は得られなかった。

また、『菊池氏を中心とせる米良史』の交代寄合に関する記述の脚注に、注目すべき記載がある。

肥後国米良主膳参勤交代（国会図書館武鑑）
寛永十五年～寛文五年、三千石を給い家紋桐
寛文五年から享保十九年の間二千石を給い肥後国米良と称し家紋左三つ巴を用う

という記述である。

日向米良氏の家紋は、「丸に並鷹羽」であるが、寛文五年（一六六五）から享保十九年（一七三四）までの六十九年間にわたって「左三つ巴」を使用していたことが記されている。熊本藩米良家の家紋は「左三つ巴」で

ある。初祖吉兵衛の没年が寛永七年（一六二〇）、もしくは寛文七年であることから、吉兵衛に続く熊本藩米良家の出自とも年代的に符合する。家紋が同じであることは、日向米良氏との関係性を示唆する有力な手がかりとなり得る可能性を秘めている。いずれにせよ、日向米良氏の諸家に伝わる詳細な系譜に当たってみる必要がある。

三　初代米良勘助元亀

三代藩主綱利が八歳にして遺領相続を許された二年後の承応元年（一六五二）、米良吉兵衛の子勘助元亀は、歩御小姓として召し出される。寛文元年（一六六一）には御扶持方御切米を加増され、歩御小姓組組脇となる。それまで切米であったのが知行に改められ、寛文六年十二月に百石を拝領する。翌寛文七年の春には新組に召し出され、その後もたびたび加増され、禄高は都合三百石となる。

勘助の加増について『熊本藩年表稿』には、「延宝三年（一六七五）九月　是月この月より御積書米良甚（勘カ）助、御近習にて段々取立、御勝手方御用専ら相勤由」（「度支年譜」永青文庫蔵）と記されている。『肥後細川家侍帳』に柏原要人（千石）組配属とある。このとき御使番が三組（続団右衛門組、堀次郎右衛門組、柏原要人組）あり、柏原要人組には三五〇石から五人扶持二十石まで二十四名が名を連ねる中、勘助は「三百石　米良勘丞（助カ）」と記されている（「御侍帳　元禄五年比カ」）。

この長安寺通りを数十メートル入った右手が，
米良家手取屋敷跡（筆者撮影，平成22年）

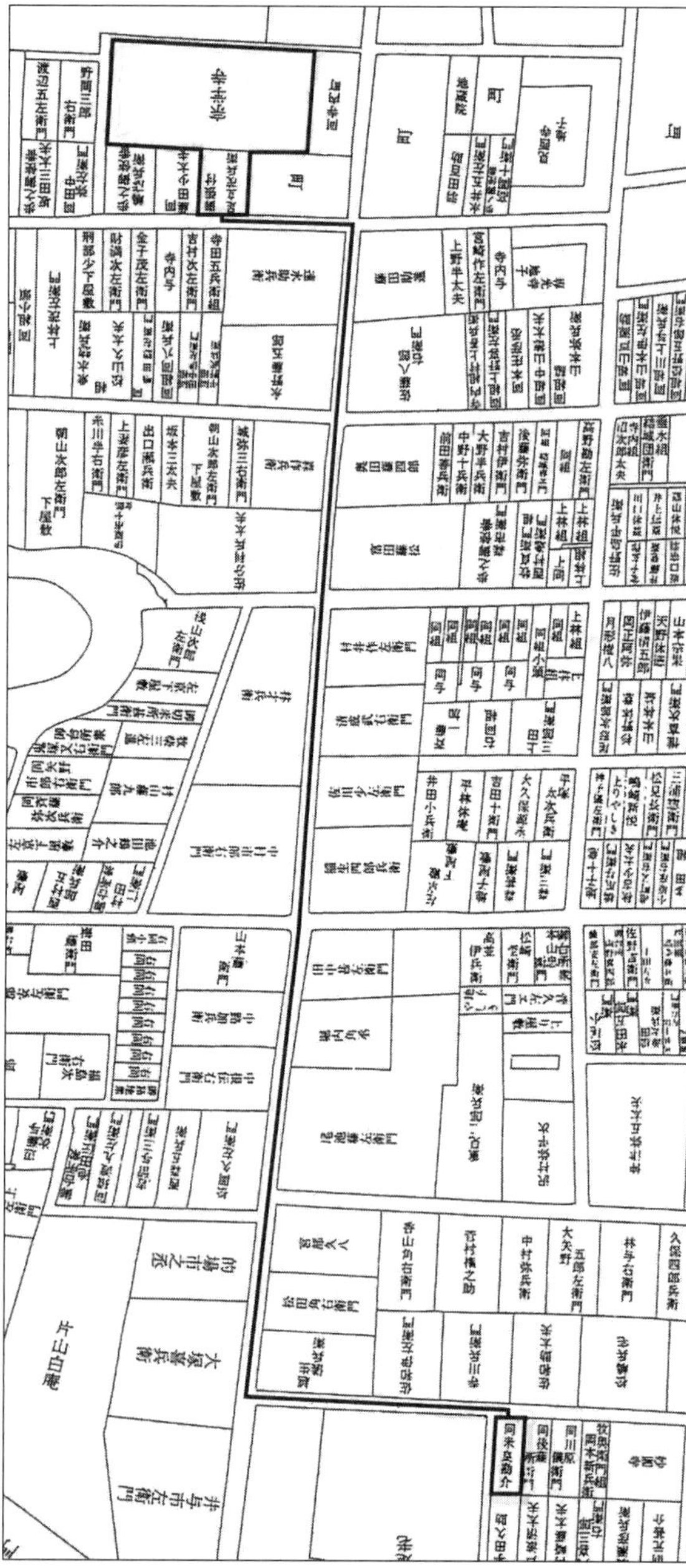

「手取屋敷図」米良家手取屋敷と宗岳寺。初代勘助元亀のころにはすでに手取に屋敷があった（『熊本市史　別編 第一巻 絵図・地図』部分，86ページ）

また、『新熊本市史 別編 第一巻 絵図・地図』の「手取・千反畑・向寺原・竹部之絵図」のページに、「同（=牧奥右衛門組。牧貞右衛門組ともある）米良勘介（助カ）」という書き込みがある。この絵図の作成年代が、明暦元年（一六五五）から寛文二年（一六六二）とされていることから、この勘助の代にはすでに屋敷が手取にあり、牧奥右衛門組（牧貞右衛門組）に属していたことが窺える。手取屋敷跡には、現在、ホテル日航熊本が建っている。厳密には、ホテル日航熊本の裏手、上通町のアーケード街から長安寺通りを数十メートル入った右手が手取屋敷跡であるという（眞藤國雄氏ご教示）。

勘助は、元禄九年（一六九六）二月に新組の組脇の任に就き、御次の間のご奉公や定御供を三十五年間勤めた後、元禄十四年十一月に隠居が許されている。正徳五年（一七一五）一月二十六日没。法名は長徳院齢岳元亀居士。年齢不詳。

妻実相院は小笠原旧臣麻生庄兵衛娘。寛永八年（一七一一）一月二十三日没。法名は実相院真如元性大姉（真如玄照大姉「宗岳寺過去帳」）。

第三章　堀部弥兵衛の介錯人米良市右衛門

一　二代米良勘助実専

二代米良市右衛門重但は寛文二年（一六六二）生まれで、通称の市右衛門は後に勘助と改め、諱（いみな）も重但（名前の読み方は不詳だが、「しげただ」か）を実専（同、「さねたか」）としている。『熊本藩侍帳集成』に「三百石米良勘助」（「御侍帳　享保八年写」）とある。

「米良家先祖附写」によると市右衛門は、元禄十四年（一七〇一）十一月、父勘助の家督三百石を相続し、御番方（ごばんかた）に列している。同月御小姓組となり、翌十五年、三代藩主綱利参勤の御供を命ぜられ、江戸へ上る。このとき綱利は、熊本を二月二十五日に発し、四月三日江戸に到着している（『熊本藩年表稿』）。

江戸着任ほどない元禄十五年十二月十四日、吉良邸討ち入り事件があり、主君浅野内匠頭（たくみのかみ）（長矩（ながのり））の仇を討った赤穂義士一党が、大名四家に分散し御預けとなる。大石内蔵助（くらのすけ）以下十七名は、細川家下屋敷に預けられた。綱利は討ち入り直後の義士引き渡しに際し、総勢八七五名の家臣と十七挺（ちょう）の駕籠（かご）と予備駕籠五挺を用意させた。一党が屋敷に到着したのは午前二時を過ぎていたが、綱利は即夜の引見を行う。一党の忠義に対し、礼をもって接したのである。その後も綱利は、大藩の威力と識見をもって義士たちを優遇した。また綱利は、自ら二度も義士の助命嘆願の訴えを老中衆に行っており、御預かりの間は、自らも精進料理しか口にしなかったといわれている。

翌十六年二月四日午後二時、幕命により切腹の申し渡しが行われ、即日執行された。

赤穂義士討ち入りの図。上：表門，下：裏門（長安雅山「赤穂義士真観」より，赤穂市立歴史博物館蔵）

「切腹仰せ付けられ候段、有り難き仕合せに存じ奉り候」とは、そのときの大石内蔵助の口上である。

切腹に際し綱利は「軽き者の介錯では義士たちに対して無礼である」として、十七人の切腹人に対し、十七名の介錯人を選定している。大石内蔵助に対しては重臣の安場一平を当て、それ以外の者たちにも小姓組から介錯人を選んだ。切腹は大書院舞台側の上の間の前庭で、この場所は現在の泉岳寺の裏、二本榎通りを挟んだ都営高輪一丁目住宅団地の奥まった一画に残っている（大石良雄外十六人忠烈の跡）。このとき市右衛門（四十二歳）は、赤穂義士最長老であった堀部弥兵衛金丸（あきざね）の介錯を命ぜられている。

義士切腹図。下は部分（熊本市，島田美術館蔵）

切腹の座には三枚の畳が敷かれ、畳の上には木綿の大風呂敷が延べられた。切腹終了後、「切腹の庭を清めましょうか」という伺いに対する藩主綱利の言葉を、当時細川家で義士の接待に当たっていた堀内伝右衛門が次のように伝えている。

「場所清めさせ申すべしと真蔵院へ御奉行所より内意申し遣わし候えども、其の儀にあたわず呼びに参らず候ゆえ、いな事と存じたるよし承り及び候、右の様子御耳に達し、さてさてそれに及び申す事になくそのまま召し置き候え、十七人の勇士どもは御屋敷のよき守り神と思し召し上げらるるの御意、皆ども承り候てさえ、さてさて有り難きことと存じ奉り候に、草場のかげにても何れも有り難く存ぜらるべしと皆感涙をながし申し候」（「堀内伝右衛門覚書」）

つまり、「清めるには及ばない。十七人はこの屋敷の守り神である」と言ったのである。

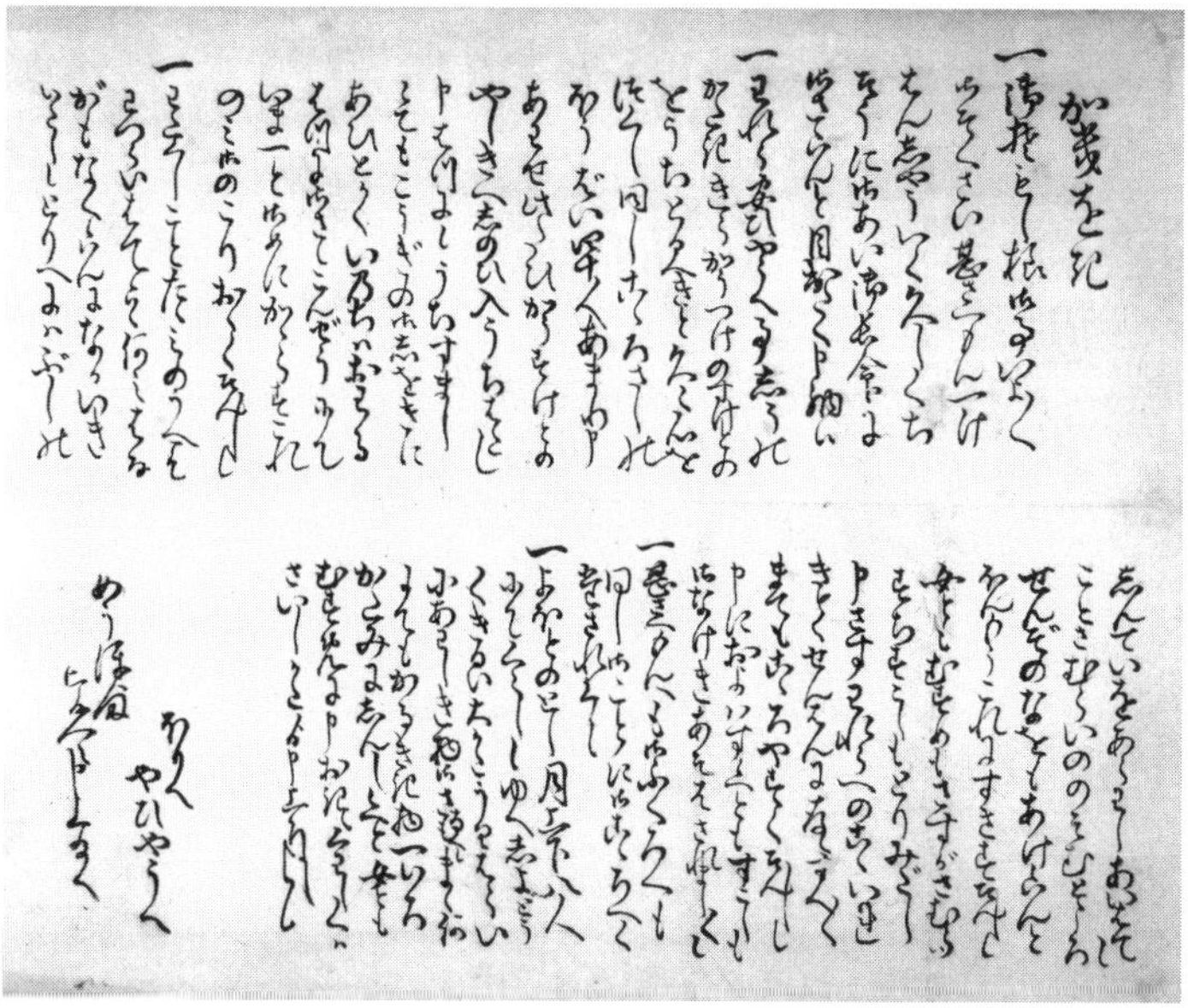

堀部弥兵衛書状，元禄15年，姉宛（赤穂大石神社蔵）

二　その後の市右衛門（勘助）

元禄十六年（一七〇三）、市右衛門は江戸において御使番に召され、御奉行所の御目附を命ぜられる。その後、江戸御供を三度、御使番一度、大坂詰を三度、長崎勤役を一度勤めている。

『肥後国誌』に「水道　白川金ヶ淵ノ上岸ニ穴多クアリ此内ニ一ノ水道アリ此処ヨリ往還ニ沿ヒ熊本子養千反畑水道丁ヲ通セシ用水ノ跡ナリト云」という記述がある。この水道普請に勘助（市右衛門）がかかわっている。

『熊本藩年表稿』には、「宝永五年（一七〇八）三月十日坪井竹屋町より出火、一二〇〇余軒類焼、死人怪我人が多く出たため、草葉町、広町が出来る。尚此節小磧より水をとり水道丁、声取坂に打ち出す。宣紀の時代にこの水道止めとなる（『肥後国誌』

堀部弥兵衛金丸画像（個人蔵）

に、佐々牛右衛門、米良勘助等之に当り、のち之を新屋敷水道端を経て世継神社附近より高田原、山崎町を経て御花畑へと改む）〔「本藩年表」、「官職制度考」、「肥後近世史年表」〕」という記述がある。

水道の絵図。二代勘助実専が普請の差配を行った（熊本県立図書館蔵）

また、『平成肥後国誌』には、「細川五代綱利の宝永四年（一七〇七）一月に佐々牛右衛門、米良勘助が担当して、三宮神社脇の水呑の水道口から立田山の南麓の小磧の横穴を貫き、白川の右岸を西に走って子飼（こかい）交叉点から水道は二手に分れて、一つは旧市電通りを通っていた。もう一つは、今の子飼商店街を通り、忍法寺の前から南へ藤崎宮参道を西へ57号線の大鳥居前で合流し、水道町を通って御廐（みくりや）（今の市役所）の後ろから坪井川に流れ込む水道が開かれた。水道町という町の名もその名残である」とある。

『新熊本市史』によると、水道とは飲料水用の水道ではなく、河川より堀を通して水を引いた消火用の水道であったことがわかる。「水道を設けた理由は、元禄年間の火事による大被害のためとされる。（略）元禄年間の火事とは、同二年（一六八九）一〇月に高田原で九三か所九三屋敷が焼失したことを指す」とある。

熊本市を貫流する白川の水を、五、六キロ上流から取り込んだ水道工事を、勘助（市右衛門）が差配（さはい）していたことを示す記述である。

勘助は、そのほかの役儀も含めしばらくご奉公をしていたところ、享保二年（一七一七）七月に御鉄炮拾挺頭を命ぜられる。同三年、長崎への囚人護送につき、その海陸警護を命ぜられ長崎へ赴く。『藩の文書管理』には、巡見使にかかわる記述がある。巡見使とは、江戸幕府が諸国の大名・旗本の監視と情勢調査のために派遣した上使である。その中に「年欠　御蔵入目録」として次のような勘助の記述がある。

六拾番

一、長崎より天草島原へ御渡海の御船差し出され、御目附米良勘助、御舟中御用奉行代役の趣に付差し越され候につきて、諸事覚書並びに書状控一冊外に写し一冊「十一（朱書）」

東京都・高輪にある大石良雄外十六人忠烈の跡（正面）。かつてここに細川家下屋敷があった

大石良雄外十六人忠烈の跡。切腹の座を前に。左：堀部安兵衛従弟後裔の佐藤紘氏，右：筆者（平成21年２月撮影）

一、長崎御船中、米良勘助勤の覚帳一冊「十二」(朱書)

この史料は熊本大学に寄託されている「細川家北岡文庫」（永青文庫）にある。

また勘助は、享保四年に江戸留守詰となり江戸へ上り勤めていたところ、同年十月に御作事奉行加役となり、翌十一月には御鉄炮二拾挺頭を命ぜられるも、翌五年に熊本へ下国する。

享保七年（一七二二）十二月、河方安右衛門（五百石）の弟（先代河方安右衛門次男）を養子とすることを願い出、許可される。同九年、四代藩主宣紀(のぶのり)の参勤の御供で江戸へ上る。このとき宣紀は、正月二十七日に熊本を発し、三月一日に江戸に到着している（『熊本藩年表稿』）。翌十年、熊本へ戻ったところ病気となり、勘助は御作事奉行加役の御免を願い出るが、宣紀の御意により慰留され、同十一年十一月御紋付の羽織を拝領する。

享保十二年四月、御鉄炮三拾挺頭を命ぜられて勤役していたが、健康が勝れず再び御作事奉行加役の御免を申し出、同十四年十二月に御免となる。その後、そのほかの役儀を勤めていたが、病がますます重くなり役儀の御免を申し出たところ、同二十年二月に御免となり、御番方となる。

享保二十年（一七三五）四月十四日没、享年七十四歳。法名は浄徳院殿要道宗賢居士。妻瑞岳院は吉村家より嫁(か)し、延享四年（一七四七）九月十六日没。法名は瑞岳院秋月涼江大姉。

余談になるが、筆者は佐藤誠氏の引き合わせにより、平成十九年（二〇〇七）に堀部安兵衛従弟のご子孫佐藤紘氏と東京で対面した。言うまでもないが安兵衛の父は弥兵衛で、親子そろって討ち入りに参加している。元禄十六年以来、三〇四年ぶりの顔合わせは、偶然にも市右衛門が介錯を行った二月四日のことであった。また平成二十一年二月には、佐藤紘氏と東京・高輪にある細川家下屋敷跡、切腹の座を訪ねる機会を得ている。

平成二十二年二月七日、忠臣蔵に造詣の深いイラストレーターのもりいくすお氏と、松山藩邸で堀部安兵衛および不破数右衛門両名の介錯を行った荒川十太夫の末裔池田元（はじめ）氏、佐藤誠氏の四名で、吉良上野介が埋葬されている東京都中野区の萬昌院功運寺を訪ねることができた。また、この年の五月には、佐藤紘氏を交えて高田馬場から早稲田、神楽坂と堀部安兵衛ゆかりの地を訪ね歩く機会があった。

第四章　その後の米良家

一　三代米良市右衛門実高

三代目以降、米良家は家運が振るわない。

享保七年（一七二二）、河方安右衛門弟（『熊本藩侍帳集成』所収「肥陽諸士鑑」では「河方安右衛門次男」と記されている）の養子願いが許され、三代目は米良市右衛門実高（はじめ実寿カ）を名乗る。実父は松下民部少輔述久の子・河方安右衛門である。民部少輔の内室は、旗本曾我丹波守古祐の妹である。丹波守は長崎奉行や大坂町奉行を勤め、忠興・忠利親子昵懇の旗本であった。

実高は享保二十年七月、跡目の知行三百石を拝領して御番方に配属され、組並の御奉公に出仕する。「肥陽諸士鑑」には、「御奉行目附御鉄炮頭、屋敷は手取」とあり、三百石の知行地の内訳が次のように記されている。

百石	飽田柿原
五拾石	合志住吉
五拾石	下玉名中村

八拾六石九斗七升四合弐勺八才　上益城古閑（かみましきこが）
拾三石弐升五合七勺弐才　同　上田口

また、「肥陽諸士鑑」には「左三つ巴」の家紋が記されている。

この時期、藩主細川家は多難であった。享保十七年（一七三二）、四代藩主宣紀の跡を継いだ宗孝（むねたか）は、宣紀のころより洪水、旱魃（かんばつ）、イナゴの大発生といった天災がしばしば起こり、同年の水害、虫害による損失は合わせて約四十七万石に及んだ。また享保十九年の大雨洪水では三十六万石の被害を出し、飢饉（ききん）、疫病（えきびょう）が蔓延（まんえん）する。さらに幕府から利根川の河川改修などの普請が重なり、十二万両を超える支出と一万両の上納を仰せつかり、藩財政は極めて逼迫（ひっぱく）した。

そんな中、米良市右衛門実高は元文四年（一七三九）三月、宗孝の参勤のとき（三月三日熊本発、四月九日江戸着（『熊本藩年表稿』））に、久住（くじゅう）の人馬奉行に任命され、そのほか御番御目附を命ぜられる。

延享四年（一七四七）、江戸城中において宗孝が板倉勝該（かつかね）に背後から斬りつけられ殺害されるという事件が起こる。同年、宗孝の弟重賢（しげかた）が遺領を相続する。

宝暦三年（一七五三）一月、実高は南関（みなみのせき）御番を命ぜられ、同年十一月には御番方組脇（くみわき）に配属されていたところ、同五年八月十九日に閉門を命ぜられ、その年の晦日（みそか）まで御番なしとなる。いかなる事情があったのかは不明だが、閉門日数は三十日に及んだ。同六年十月、願いにより組脇を免ぜられ、御留守居御番方に配属される。

熊本県立大学文学部日本語日本文学科編集・発行の書籍に『雑花錦語集（抄）第四編 巻二一～二三』がある。

これは、加々美紅星子撰「雑花錦語集二十一」（熊本県立図書館蔵）を翻刻したものである。その中に実高に関する記述がある。

宝暦七年二月二十五日に、木村豊平が願主となり「肥後国益城郡甲佐田口村　聖廟奉納百首之和歌」を納めている。「読人次第不同」と記され、冒頭木村氏関係者五名の和歌に続いて、実高の歌が記されている（以下、注記は引用者）。

米良市右衛門実寿

松梅も色香ぞそふる神がき（垣）の内外のどけき千代の春風

また「雑花錦語集三十八」には「4　米良実寿紅梅の詩の和の歌」と題された項目があり、次のように記されている。

ある人の訪む婦有感といふ題にて紅梅の詩を侍りけるを見て是を和して

米良実寿

吹とても匂ひもらすなあた（仇）なりしちきり（契）も今は梅の下風

この米良市右衛門実寿は、記された年代から実高と推定される。また、諱が実寿とあることから、実高を名乗る以前の諱である可能性を示唆するものである。

これらの情報は熊本の史家眞藤國雄氏からもたらされたものである。眞藤氏からはさらに、ここに記さている木村豊平については特定できていないが、細川綱利公の代に家老を勤め、引退を渋る綱利公の居間近くに三日間寝ずの番を張り、隠居を迫ったことで知られる木村豊持の一族であることは間違いないだろう、百首の人たちはそれぞれ高名な方々で、木村家と実高の間に何らかの親しい交流があったものと思われる、というご教示をいただいた。

実高、安永九年（一七八〇）五月二十四日没。年齢不詳。法名は香林院瑞翁怡泉居士。なお、「米良家法名抜書」に藤原実高との名乗りの記載がある。

妻清浄院は二代実専の実子で、明和八年（一七七一）六月二十五日没。法名は清浄院心蓮普香大姉。

ここで実高の子について触れておく。実高には六人の男子がいることが「米良家法名抜書」により確認できる。

長男は後の四代勘兵衛、次男は左五之丞で、この左五之丞の子が後の六代四助実俊である。三男源治は「終身家に在り」と記されている。四男権之助は斎藤家、五男左八良（郎カ）は道家（どうけ）家の養子となっている。「米良家法名抜書」では、この四男と五男に誤記が見られる。第六子は敦平（名前の読み方は不詳だが、一般的呼称は「あつへい」または「とんぺい」）で、早世している。実高の妻清浄院は、この敦平の死亡の翌月に没している。

三男源治は、左源次とも称していたようで、熊本県立図書館寄託の上妻（こうづま）文庫に二つの逸話が記されている。宝暦六年（一七五六）から文政四年（一八二一）の六十五年間の手討事件の詳細が記された「手討達之扣（ひかえ）」に、明和三年（一七六六）二月十日に起こした左源次の手討事件（史料13）がある。もう一つは、「宮村氏雑撰録巻四十二」（昭和十一年）を上妻博之氏が筆写した「風説秘記」にある山伏殺害一件（史料14）である。

また、他家の養子となった四男権之助、五男左八郎のその後の消息については、斎藤家、道家家のそれぞれの先祖附やその他の史料によって確認できる。

『肥後先哲偉蹟』の「芝山先生行状」には、権之助が市右衛門実高の第三子で、十五歳で斎藤家の養子になった旨が記されている。また、同書にある斎藤家の先祖附の記述として「六代権之助、実は米良市右衛門四男、宝暦七年跡目、天明元年二月河尻作事頭当分、同五年定役、同七年御免、同年二月騎射犬追物師役、御物頭列、寛政四年十一月差除らる、同六年十二月高橋町奉行、享和三年十月御作事頭、文化元年十二月御鉄炮十挺頭、権助と改め申し候」とある（史料10）。権之助（芝山）の死亡年齢から逆算した生年の寛保三年（一七四三）から見ると、権之助は実高の四男と推定できる。

さらにこの『肥後先哲偉蹟』には「斎藤芝山　名は高寿、権之助と称し、芝山と号す、世禄二百石、境野凌雲と共に、犬追物を興し、其師範となり、大に子弟を誘導して、一藩風靡せり、また河尻作事頭、高瀬(橋)町奉行を勤めて恵政ありき、文化五年（一八〇八）十月二十一日歿す、年六十六歳、蓮政寺に葬る」とある。この蓮政寺には「斎藤君墓誌」があり、その「助費者」の中には六代米良四助の名も認められる。だが、現在の蓮政寺には墓域が存在しておらず、墓誌も確認できない（眞藤國雄氏ご教示）。

この斎藤芝山には、上書を含め数多くの著書があり、『新訂肥後文献解題』には五十一点に上る文書が確認できる。『肥後先哲偉蹟』には、勤王家高山彦九郎（一七四七―九三）との親交の様子が記されている。また、吉村昭著『彦九郎山河』（文春文庫）にも斎藤権之助が登場している。

「米良家法名抜書」には、この権之助の末妹（娘カ）が、財津三左衛門の母であると記されている。財津三左衛門は、財津源之進（幕末・明治初年の当主）家の七代（一五〇石）である。

『肥後人名辞書』に「日田山左右、名は永晟、三左衛門と称す。元財津氏晩年日田山左右と改称す。藩に仕へ食禄百五十石。祖父以来八代御城附なりしが其孝心を賞せられ、番士となりて熊本に出さる。後天守方目附、同支配頭を勤む。又藩の旧記に精しく藩譜採要十三冊を撰す。安政二年（一八五五）八月十三日没す。享年七十五歳。墓は寺原寿昌寺」とある。

実高の五男米良左八良（郎カ）は、宝暦十二年（一七六二）に十六歳で道家家の養子となる。道家左八郎は、道家重三郎（幕末・明治初年の当主）家の五代である。

『熊本藩年表稿』によると、道家左八郎は、寛政元年（一七八九）八月から同四年二月まで八代（やつしろ）郡代、寛政四年二月から同六年六月まで上益城郡代を勤め、禄高は一五〇石であった。「道家家先祖附」には、左八郎の死亡が享和三年（一八〇三）二月と記され、享年五十七歳とある。死亡年齢から逆算すると、生年は延享四年（一七四七）となり、このことより権之助の弟と推定できる。

「米良家法名抜書」には、左八良（郎カ）が本清院（四代勘兵衛）の「四男」、権之助が「同五男」と記されている。勘兵衛の生年は享保十九年（一七三四）であることから、年齢的に両者の父親とはなり得ない。「米良家法名抜書」の前半には、歴代の法名抜書とその没年に加え、簡単なコメントが書き加えられている。後半には家族関係が記されているが、この「米良家法名抜書」は、十一代四郎次（しろうじ）が明治二十二年（一八八九）に屯田兵としての渡道を前に、過去帳を書き写したものと推定される。前半の記述は、菩提寺宗岳寺の過去帳を写したもの、後半の家族関係は、少ない親類縁者からの聞き書きと考えられる。そんな中で、誤記が生じたものと思われる。

道家家六代伊八（平蔵）は、「文化五年（一八〇八）三月　跡部（あとべ）喜善、道家平蔵を討果し自害（「本藩年表」）」、また、「文化九年三月二十日　跡部平蔵弟喜善、道家平蔵を討果し切腹（「肥後近世史年表」）」（『熊本藩年表稿』）

とある。

また、『熊本藩侍帳集成』所収「肥陽諸士鑑」によると、道家家三代平蔵氏一（御側鉄炮十五挺頭御番方御小姓組一番。二百石）は、「米良惣右衛門の子」とある。さらに、「御侍帳・元禄初年比カ」には、「松山三郎四郎組自分　五人扶持弐拾石　米良惣右衛門」とあり、『肥後細川家侍帳』所収「御侍帳・元禄五年比カ」では、「十二番津田治左衛門組　五人扶持二十石」となっている。

この米良惣右衛門は、年代的にも初代米良勘助元亀と同一人物ではないか、との推量も成り立つ。そう仮定すると、右の「五人扶持弐拾石」というのは、家督相続前に受けた別禄となる。また、初祖吉兵衛の男子米良惣兵衛との関係も気になるところだが、これらを立証する史料は今のところ現れていない。

この道家家の八代清熊（角左衛門）は、維新後、熊本藩権大参事に任じられている。

二　四代米良勘兵衛

宝暦七年（一七五七）二月二十二日、隠居した実高の跡を継いだ嫡子勘兵衛が許された知行は、二百石であった（明和六年（一七六九）二月一日御書出（おかきだし）発給、〔史料11〕）。父実高の知行三百石のうち、肥後国飽田（あきた）、益城、玉名において二百石である（『熊本藩御書出集成』）。勘兵衛は御番方に配属され、明和三年八月、八代城の御城附を命ぜられる。安永八年（一七七九）十二月、四十六歳にて隠居。

「御国中御侍以呂波寄」（享保二年から宝暦三年）の「ゆ（めカ）」の項に「二百石　一番与（くみ）　米良勘兵衛」とある。勘兵衛は、御番方の一番組に所属していたことが確認できる。当時、御番方は十二番まであった。

「米良家先祖附写」の記述が、初祖吉兵衛を「高祖父」、初代勘助を「初代曾祖父」、二代市右衛門を「二代祖父」としていることから、現在米良家にある「米良家先祖附写」を最初に記したのは、この勘兵衛であることが推定できる。

また藩庁へ提出した「先祖附」（永青文庫蔵）でも吉兵衛を「高祖父」としているが、これは後に貼紙をして訂正したもので、もとは「曾祖父」と記されていた。同様に初代勘助は「祖父」を「曾祖父」と、二代勘助は「養父」を「祖父」と訂正している。さらに、三代目市右衛門については「私」の字が消されて、「父米良市右衛門儀」となっている。つまりこの「先祖附」は三代市右衛門実高によって書かれ、四代勘兵衛が訂正していることがわかる。これは眞藤國雄氏が、米良家の「先祖附」を直接確認されている。

いずれの「先祖附」も明治三年（一八七〇）七月の九代米良左七郎の記述で終わっているのだが、「米良家先祖附写」の冒頭が「百五拾石　米良左七郎」なのに対し、永青文庫「先祖附」の冒頭は左七郎の兄八代米良四助実明のままで、「弐百石　米良四助」と記されている。「弐百石」は誤りで、正しくは一五〇石である。また、この「四助」の部分も「勘助」の文字の上に貼紙がなされ、「四助」と訂正されている。八代の通称「勘助」を改名後の「四助」に訂正したものである。

『熊本藩年表稿』によると、熊本藩は家臣に対し何度か先祖附の提出を求めている。「元禄四年（一六九一）八月　是月（このつき）　侍中先祖以来之様子書付差出す様との事（「触状扣頭書（ふれじょうひかえあたまがき）」永青文庫蔵、「御花畑御奉行所」熊本大学架蔵）」、「正徳四年（一七一四）四月　是月　先祖附出す様との沙汰（「触状扣頭書」）」、「明和八年（一七七一）三月　是月　家士先祖武功について（「藩法集七　熊本藩」藩法研究会刊）」、「文政十年（一八二七）七月十一日明和八年達の通、先祖附の外武功旧記を届ける様（「藩法集七　熊本藩」）」などといった記述が見られる。

四代勘兵衛は天明六年（一七八六）十月十六日病没。享年五十三歳（生まれは享保十九年。死亡年齢より推定）。法名は、本清院霜屋真了居士。先妻は奥村家より嫁したが、病弱のため離縁。後妻清寿院は八木田家より嫁し、天明三年十月十六日没。法名は、清寿院普恩慈了大姉。

三　五代米良茂十郎

五代茂十郎は、勘兵衛の養子である。

安永八年（一七七九）十二月、茂十郎は十六歳にて家督を相続し、八代御番頭の支配に仕官していたが、翌年正月十一日に八代城の御城附を命ぜられる。

天明六年（一七八六）六月二十八日、茂十郎は何事かに不満があったらしく、親戚を通じ知行を返上する。『熊本藩侍帳集成』には、「御知行被召上候　天明六年六月廿八日　高弐百石」（「宝暦六年以後御知行被召上候家々（抄）　付世禄断絶例」）とある。

茂十郎の知行が返上されたので、天明六年九月に隠居の勘兵衛へお心付け（堪忍分（かんにんぶん））として五人扶持が下賜されたが、心労によるものか、勘兵衛は同年十月に病死している。

茂十郎は明和元年（一七六四）に生まれ（家督相続年より推定）、寛政十年（一七九八）五月九日没。享年三十五歳。法名は大林院椿翁宗寿居士。妻帯の有無は不明。

四　六代米良四助実俊

六代実俊は、四代勘兵衛の甥（勘兵衛の弟左五之丞の子）で、妻は勘兵衛の娘志保である。実俊は米良家の再興に尽力した。

『熊本藩侍帳集成』に、「御郡代　御郡方御奉行触　高百石之御擬作　八代　米良四助」（「文政三年正月調士席以上名録」）、また「御郡代所附　八代　米良四助・坂本庄左衛門」（同前）とある。

実俊は、天明六年（一七八六）十一月、勘兵衛の五人扶持を相続し、御留守居御中小姓に召し出される。寛政九年（一七九七）十月には御穿鑿役の当分の増員を命ぜられ、享和二年（一八〇二）五月、御穿鑿役の本役に命ぜられ、御足給として十五石を下賜される。

文化四年（一八〇七）十二月、心がけよく精勤した功につき、下されていた御足給に合力米を下賜され、さらに御足給五石を加増される。文化九年五月、数年の精勤につき、御擬作百石となり、同年九月、小国・久住の郡代を命ぜられる。

文化十年六月、西本願寺より肥後国内の浄土真宗の寺々の宗意（教義）調査のため、御使僧が肥後に派遣されている。『熊本藩年表稿』には、文化七年に「一向寺宗意惑乱の儀あり、本願寺使僧肥後に下向す」とあり、文化九年十一月にも御使僧が派遣されている。実俊はその際の心配りの功により、九代藩主斉樹より御紋付の帷子一着を拝領している。

文化十二年二月、御囲籾の一件での尽力、また、久住町火災（文化十年の火災か）の際の諸役所作事、さらに北里手永湯田村と公料津江若林村に長年あった境界争いを、双方異議のないよう裁決した功により、御小袖一と銀五枚の下賜の旨を奉書（家来が主人の意を奉じて出す文書）にて申し渡されている。

文化十三年七月、八代御郡代への所替えを命ぜられ、翌十四年八月には御郡代定役を勤める。

文政元年（一八一八）八月、小国・久住に赴任の際、阿蘇山の火山災害により、藩領が凶作となる。それに対する心配りにより、斉樹より御帷子一着を拝領する。

文政三年三月、日光御修復の費用を郡代間歩金（まぶきん）からも拠出することになり、滞りなく事を運んだ功により、御紋付の裃（かみしも）一式を拝領する。この日光修復については、『熊本藩年表稿』に、「文政二年八月三十日　幕府、細川越中守および松平隠岐守に日光山霊廟（れいびょう）修覆課金を命ず、本藩支出七万四〇九六両、大坂御才覚諸役間出銀のほか町在に課金す（「肥後近世史年表」、「徳川実紀」）」と記されている。

翌文政四年二月、本山御作事の際には、支配所より人夫を出すことになり、その精勤ぶりが斉樹の耳に達する。

文政六年十月十七日、八代の大牟田新地を築く際に奔走し、高嶋新地を買い上げて壇手普請を郡にて行うよう命ぜられても心配りし、かつ先に命ぜられた役について就任以来精勤していたことなどに対し、今まで御擬作であった石高を地面に直して拝領する。知行地は、肥後国合志郡のうち富納（とみのう）村、益城郡のうち梅木村において合計百石である（『熊本藩御書出集成』）。

この八代大牟田新地については、『熊本藩年表稿』に、「文政二年九月二十四日　八代大牟田新地は先年工事中止のところ、昨年十一月八日再工事をゆるされ、今年二月九日より着手し、是日（このひ）竣工す、耕地三三〇町余を得、世にこれを四百町開と称す（「肥後近世史年表」、「本藩年表」）」とある。また、高嶋新地については、「文政三年　是年　八代高島沖新開九十九町六反余築立、費用七百貫目、この新開は最初長岡山城着手のところ、度々破損し、其効なく本藩にて施工す（「肥後近世史年表」）」とある。

実俊は文政八年（一八二五）二月、飽田・詫摩御郡代に異動となり、上益城助勤兼帯を命ぜられる。同年七月三日、七百町新地築造の担当を命ぜられ、支配所の件では主となって諸事を取り計らう。大事業であるにもかかわらず昼夜苦心し心配りした功により、知行を五十石加増される（合計一五〇石となる）。知行地は、肥後国玉名郡柿原村の五十石である（『熊本藩御書出集成』）。七百町新地については、『熊本藩年表稿』に「文政四年　是年　勘定頭渡辺直右衛門に七百町新地御用掛を命ず（「度支年賦」永青文庫蔵）」とある。

この七百町新地については、『鏡地方における干拓のあゆみ』に四助実俊の記述があるので、少し詳しく触れておく。

文政二年九月、藩主の命により、宇土・益城・八代三郡の二六〇〇町歩の大干拓、新地築造計画が立てられ、その手始めとして七百町の新地干拓が計画された。この干拓事業は、家老沢村大夫がいわゆる「御内家開き」、「殿様開き」と称して総指揮を取り、奉行小山門喜を通じて鹿子木量平・謙之助父子に干拓を命じたもので、奉行、郡代が全てにわたり直接指図をした事業であった。

『鏡地方における干拓のあゆみ』には、八代藩主斉茲の文政四年の新地御覧の様子が次のように記されている。

> 文政四年十月十二日、斉茲は七百町新地築立てのようすを見分に来ました。郡代米良四助、坂本庄左衛門のお伴で野津手永百町新地から七百町新地築立てのところを見て、いろいろ聞きただした上、大いに喜び本小屋で休憩後、鏡町の緒方藤左衛門宅に宿泊しました。
> 翌十三日は大鞘の御立所に休み、百町、四百町、七百町ひと続きの新地を見て、米良郡代にお尋ねがあ

り、特に穀樋（こくひ）のしくみが堅牢（けんろう）なのを嬉しそうに眺められました。そして百町の塘（つつみ）筋を通って本小屋に休み、また緒方宅へ泊まりました。

（中略）

量平は七百町完成の上は、三新地の氏神として必ず清正公を勧請（かんじょう）するという誓約をして、大願は成就したのでした。

文政五年九月二十二日寅の刻（午前四時）、本妙寺の渓玉院日珖上人以下の僧侶及び熊本の信者、数十人は清正公を奉じて、その日の夕刻本小屋のお仮殿に着きました。

二十四日、貝洲の御殿に勧請して「新地堅固、国土安全、五穀成就」の祈禱（きとう）と音楽の奏上などがあり、米良郡代は藩主に代わって拝礼をしました。

また、文政七年（一八二四）の藩主斉樹の新地巡覧の記載は、次の通りである。

文政七年閏八月十日、藩主斉樹は八代郡の新地御覧のため下益城から八代へ下り、七百町新地の築合から歩いて奉行に尋ねながら、所々に立ち止まっては新地の広さを眺めてご満悦でした。石垣の孫鞘まで見て堅牢にでき上がっているのを見て安心のようすが窺われました。

江道のお立場では、奉行、目附、郡代衆にお賞めの言葉がありました。この樋門の丈夫なのを見て米良四助にお尋ねがあり、米良は、この穀樋の仕法は国内には無く、先年鹿子木謙之助が備前岡山領津田新田にあった穀樋の仕法を習って帰り、四百町新地以来ずっと据えつけて来たことを説明しました。

そして縦道を上って、緒方藤左衛門宅に宿泊しました。

翌十一日五つ時（午前八時）、お供揃って駕籠に乗り、百町新地の縦塘から歩いて、七百町の横道を通り左右に実る稲田を眺めながら、百町新地の質問をして、沢村大夫が答えながら行くうちに、大牟田尻新地（四百町）の塘で貝洲の馬場頭に小憩場が設けてあったので、ここで休みながら、三新地を一望に見渡し、「さてさて芽出度い。これより見渡せば沖塘の江湖も知らず、海も見えず全て古田同様になった。芽出度い芽出度い。」と斉樹は喜びました。

そして米良四助を呼んで、「この新地は古田同様であるが、どの新地もかようか。」と尋ねました。米良は「鹿子木父子の一方ならぬ働きによるものです。」と答えました。斉樹は重ねて「芽出度い、芽出度い。」と喜んだのでした。

米良郡代は「ここに壇を築いて松を植えよう。そしてめでたの松と唱えよう。」と言うと鹿子木も同意して、松を植えたのでした。

この木は後世「めでたの松」と伝承されてきました。

この松の木は、昭和二十三年（一九四八）夏の松喰い虫による虫害まで存在していたことが記されている。七百町干拓は熊本では最大の干拓事業で、完成年の「文政」が、「八代市鏡町文政地区」と土地の名前となって残っている。また、この事業の困難さは、俗謡「大鞘音頭」として現在に伝えられている。

また、『鏡地方における干拓のあゆみ』には、四助実俊の占に関する記述がある。

「七百町新地の干拓については、五難の障りがあったといわれております。そこには藩政府の不和や米良郡代の卜筮がありました。米良郡代は非常に占いを信ずる人であったようで、鹿子木量平は大変苦労をしております。（中略）米良郡代の占いにより、本年度に潮留めを持ってくると、必ず大勢の死者、怪我人が出て工事が失敗すると触れ回ったわけです」

この一文の後に、人夫たちの動揺を抑えるため、鹿子木量平が一方ならぬ腐心をした様子が記されている。

この「卜筮」とは、筮竹（ぜいちく）（めどき）を用いる占いである。『広辞苑』には、「かつては五十本の蓍萩（メドハギ）（蓍木（メドキ））の茎を使用したが、後世は多く竹で作りこれを筮竹と称した」とある。

この米良家の「筮」については、『肥後先哲偉蹟』と『新訂肥後文献解題』にも記述がある。斎藤家の養子となった三代市右衛門実高の四男権之助（斎藤芝山）もまた「筮」を行っていた。芝山は四助実俊の叔父にあたる。

『肥後先哲偉蹟』には、「一　松村氏（英記）斎藤先生の所に、語り居られける折、高瀬町の女とて、占頼に参りければ、先生何の卜（うらない）ぞとなり、女されば候、私宿を夜抜致し、御府中に参り候が、家内より尋に罷り候はんや否の儀、御占下され候様となり、先生暫く小首を傾け、筮もとらで、抜て出たらば、尋て参り候半と、申されけるとなり、河先生の話に、占かたは、大様如此なるものとなり、池松筆記」とある。

また、『新訂肥後文献解題』には、芝山の「天地否之弁（てんちひのべん）」についての解題が記載されている。そこには「著者が国の政教の盛衰の機を筮して否（ひ）の遯（とん）に遭う、之れは小人が居る不可位に居て、賢人が政府を去れば天下は乱れると云うのである。（二）しかも之は鬼神の告る所以で高寿（たかとし）の言ではないと書いている」と記されている。

「高寿」とは芝山自身のことである。これらは、米良家の意外な一面を記したものである。筆者の深読みになるが、三代市右衛門実高の三十日にわたる閉門や、五代茂十郎の「不本心」による知行の返上も、この米良家の「筮」と何らかの関係があるのではないか、と勘繰りたくなってしまうのである。

文政九年（一八二六）五月、実俊は病気につき、願いの通り今の役儀を免ぜられる。多年の精勤ぶりに対し、十代藩主斉護（なりもり）より御紋付御帷子一着を拝領し、御留守居御番方を命ぜられ、須佐美権之允（ごんのじょう）（一一〇〇石）組に配属される。

文政九年十月二十一日、病気により五十九歳にて隠居。五人扶持を一五〇石まで復活させた実俊は、米良家中興の祖である。文政十一年七月四日没（生まれは明和五年（一七六八）、死亡年より推定）。享年六十一歳。法名は良忠院温山義恭居士。

妻は四代勘兵衛の娘志保。文政十二年七月十日没（生まれは安永二年（一七七三）、死亡年齢より推定）。享年五十七歳。法名は桂月院円空慈照大姉。

五　七代米良亀之進

七代米良亀之進は、実俊の嫡子である。亀之進は初め四助と称していたが、四助の前に亀之丞と名乗っていた可能性もある。改名時期はいずれも不明。

亀之進は武術に優れていたようで、享和三年（一八〇三）三月、勉学出精のことが八代藩主斉茲のお耳に達し、金子二百疋（ぴき）を下賜される旨講堂にて申し渡されている。亀之進が初めて斉茲に拝謁したのは、文化五年（一八〇八）九月である。

文政元年（一八一八）六月、犬追物の稽古への心懸けもよく出精し、技にも優れているとのことで、九代藩主斉樹よりお褒めの言葉を頂く。また、文政六年十一月には、剣術への多年の出精ならびに射術の習得について、講堂にて斉樹よりお褒めの言葉を頂いている。

文政九年十月、米良家へ下されていた知行は新知ではあるが、父実俊の多年の精勤が評価され、三十六歳の亀之進が相続を許される。また、御番となり横山藤左衛門（一三五六石一斗五升）組に配属される。

亀之進の禄高について、『熊本藩侍帳集成』には、「新（知）百石　米良亀之允（進カ）」（「御知行取以呂波世勢天保弐年出来」）、『肥後細川家侍帳』には「（知行新知ト唱家筋）百五十石　米良亀之進」（「肥後御家中新旧御知行附」）、「新　百石　米良四助」（「弘化二年写　御家中御知行高附」）、さらに『熊本藩侍帳集成』に「百五拾石　米良亀之丞（進カ）」（「文久二年写　肥後世襲士籍」）と記されている。各侍帳をその作成年の古い順に並べると以上のようになる。

嘉永二年（一八四九）五月、病気のため五十九歳にて隠居。安政六年（一八五九）十一月二日没（生まれは寛政三年〔一七九一〕。家督相続年から推定）。享年六十九歳。法名は西渓院秀巌孤泉居士。墓所は岳林寺管理墓地（島崎・小山田霊園）。

先妻夏月院は岡田相雪の娘で、天保七年（一八三六）六月十六日没。法名は夏月院清屋智光大姉。後妻真月院は水野氏の長女で、慶応二年（一八六六）八月二十日没。法名は真月院貞誉智光大姉。

第五章　幕末維新

ここで、幕末から明治維新までの状況を概括してみたい。

幕末とは、嘉永六年（一八五三）ペリーの率いる艦隊が浦賀沖に来航し、開国を強硬に迫ったことに始まる。この異国船来航事件から明治維新、つまり大政奉還、王政復古（慶応三年）までの十四年間を、いわゆる「幕末」と呼ぶ。

徳川家による幕藩体制から、明治政府による天皇親政体制へ移行してゆく大変革が明治維新であるが、それは日米和親条約（嘉永七年）、大政奉還・王政復古の大号令、版籍奉還（明治二年）、廃藩置県（明治四年）と旧体制が崩壊してゆく中で、吉田松陰、坂本龍馬、勝海舟、大久保利通、西郷隆盛、木戸孝允などといった面々が時代の申し子のように登場する、時代の一大転換期であった。

「文明開化」を標榜した明治新政府は、欧米視察団を派遣し、また多くの外国人を雇い入れ、近代文明を取り入れようと躍起になった。時代の趨勢が怒濤のように洋化傾向に向かう一方、旧勢力となった各地の士族が猛反発を起こす。

慶応四年（一八六八）の鳥羽・伏見の戦いから翌明治二年（一八六九）の函館戦争までの戊辰戦争を経て、明治七年二月に佐賀の乱（佐賀）が勃発する。さらに明治九年十月二十四日の神風連の乱（熊本）が起爆剤となり、三日後の二十七日には秋月の乱（福岡）、翌二十八日には萩の乱（山口）と飛び火してゆく。そして明治十年二月十五日、最大級の反乱となる西南戦争（鹿児島）が勃発する。不平士族による〝保守反動的〟暴動である。

これらの反乱は、やがて近代武装された新政府軍により一掃され、挙国一致の中央集権国家が始動する。江戸城が無血開城されたとはいえ、時代の大きな転換には、四半世紀の歳月と幾多の流血が不可避であった。

一　八代米良四助実明

亀之進の長男新五良（名前の読み方は不詳だが、一般的呼称は「しんごろう」）は、天保四年（一八三三）十五歳で死去し、家督は嘉永二年（一八四九）五月に次男勘助実明に相続された。二十四歳の勘助は、宮村平馬（一二〇〇石）組に配属され、後に通称を四助と改名する（分限帳などから類推すると、勘助を称する以前に亀之丞と名乗っていた可能性もある）。『熊本藩侍帳集成』に、「百五十石　米良勘助」（「御家中知行附」）とある。後の十代亀雄、十一代四郎次（しろうじ）の父である。

弘化三年（一八四六）十月、勘助は初めて十代藩主斉護に拝謁し、同月、居合、小具足、兵法を数年出精につきお褒めの言葉を頂く。

このころ熊本藩では、家禄の相続に際し、いくつかの免許を持つことが条件となっている。『熊本藩年表稿』によると、「天保八年十二月　是月　在御家人跡目芸数規定、十一年二月、十四年十二月にも定めあり（「覚帳難稜分類頭書」）」、「天保九年十一月　是月　文武芸専門修業始まる（「本藩年表」）」など文武に関する記述が散見できる。これは、異国船が頻繁に渡来するようになった時期に符合する。

勘助は、天保七年一月に大塚庄八（一五〇石）の門弟となり、居合では序書（「米良家先祖附写」に序書との記載があるが、目録のようなものか）を相伝され、小具足では陰之位・陽之位を口伝、さらに兵法においては一拍子を引き渡される。天保十一年九月、水足五次郎（百石）の門弟となり、槍術の目録を相伝する。

『肥後中村恕斎日録　第二巻　自弘化二年至明治三年』に、勘助の組入れの記述がある。

嘉永三年（一八五〇）四月十五日
今日組脇上羽（駒助）同道、頭対面、宗門誓紙書物差出候事
今日伍列組入、組合付被相渡、左之通
二番組
山鹿新町在宅出府所小松原　志方半内　白木村在宅出府所財津直人宅　成田源兵衛
山崎　代判頼置　田辺又助　本庄伝兵衛
嶋崎在宅　米良勘助　中村庄右衛門

脚注によると新たに番方組入が改められたようで、中村庄右衛門（恕斎）の二番組のみが記されている。同年十月二日の記事には、

嘉永三年十月二日
頭衆より志方半三郎伍列ニ被差加候段申来候事
半内嫡子也　九月廿八日隠居家督済候也
伍列順　成田源兵衛　田辺又助　本庄伝兵衛　米良勘助　小子　志方半三郎

同組に志方半内嫡子半三郎が加えられ、六名の名前が前述同様に記されている。

また、万延二（正しくは文久元）年（一八六一）の『熊本藩侍帳集成』に「嶋田四郎右衛門（一一〇〇石）組百五拾石　御番方三番組　米良勘助」（「御侍帳　万延二年三月朔日」）と、組替えの記述がある。

文久二年（一八六二）三月、勘助は相模沿岸詰として派遣され、同年八月に熊本へ下国している。熊本藩による相模沿岸の警備については、『熊本藩年表稿』に「嘉永六年（一八五三）十一月十四日　本藩相模沿岸警備の命を受く（『改訂肥後藩国事史料』、以降「国事」と表記）」とある。これは、この年の三月、ペリー艦隊の浦賀来航を受けたものである。

相模沿岸警備以降勘助は、弟市右衛門（のちの九代左七郎）を補佐として帯同するようになる。これは「安政三年（一八五六）一月　是月　御供の面々子弟つれるよう達（「本藩年表」）」（『熊本藩年表稿』）せられたことによるものと考えられる。

元治元年（一八六四）七月には組並として京へ上ったところ、船中備前牛窓湊より引き返し、同年八月に帰国している。『熊本藩年表稿』には、「元治元年七月十五日　京都不穏の報により備頭溝口蔵人に上京を命ず（「国事」）」とあり、四日後の十九日に京都で禁門の変（蛤御門の変）が勃発。二十三日には、征長の勅許が下る。「二十七日　征長につき藩主代として弟を小倉に出張させること、長岡護美上京猶予のこと、上京途中の藩兵を防長追討に転ずること等を幕府に申請する（「国事」）」、「元治元年七月　是月　長州勢不穏につき、溝口蔵人組出京の処、船中より引返（「本藩年表」）」とあり、「米良家先祖附写」に符合する。勘助の行動と溝口蔵人（三千石）組の動きが合致することから、この時期勘助は溝口蔵人組に所属していたか、その支配にあったものと考えられる。

ここで、二次にわたる長州征討について整理しておく。長州藩は、尊皇攘夷の思想を掲げて京都の政局にかかわっていたが、文久三年（一八六三）に会薩同盟（会津藩と薩摩藩）が引き起こしたクーデター、八月十八日の政変（七卿落ち）により、京都を追放される。

翌元治元年に、長州藩が藩主父子の赦免などを求めて京都へ軍事的に行進する禁門の変が起こると、朝廷は長州藩が京都御所に向かって発砲したことを理由に、幕府に対し長州征討の勅命を下す。幕府は広島へ三十六藩、十五万の兵を集結させる。長州藩は征長総督参謀であった西郷吉之助（のちの隆盛）の調停に従い、第一次長州征討は同年十二月に収束する。

慶応元年（一八六五）長州藩では、高杉晋作らが保守派打倒のクーデターを起こして討幕派政権を樹立させ、西洋式軍制を採用した民兵による奇兵隊や長州諸藩隊を整備している。さらに大村益次郎を登用し、樹立式兵器の配備、戦術転換など軍事改革を行っていた。

これに対し十四代徳川家茂は、再び長州征討を決定する。だが、土佐藩の坂本龍馬の仲介により薩摩と長州が薩長同盟の密約を結んでおり、出兵を拒否。翌慶応二年六月、第二次長州征討が開始される。この時幕府軍は、四方（大島口、芸州口、石州口、小倉口）から長州軍を攻めたため、長州側ではこの戦いを四境戦争と呼ぶ。

小倉口では、関門海峡を挟んでの戦闘が行われた。総督小笠原長行のもと、一時熊本藩が互角の戦いを見せるものの、小笠原の指揮の不備から、幕府方諸藩は随時撤兵する。将軍家茂の死去の報を受けた小笠原も戦線を離脱し、事実上幕府軍の敗退に終わる。

その後、第二次長州征討は、十五代徳川慶喜の意を受けた勝海舟により停戦が成立する。

以上の長州征討の経緯を踏まえ、「米良家先祖附写」に沿って、勘助の動向を追ってみる。

勘助は、元治元年（一八六四）十一月、小倉へ出張し、翌二年一月に熊本へ帰国している。これは第一次長州征討への参加を意味する。『熊本藩年表稿』によると、八月十六日の備頭（そなえがしら）沼田勘解由（かげゆ）の小倉出発を皮切りに、十月二十九日には番頭松山権兵衛の一隊、その後有吉将監（ありよししょうげん）、長岡護美、郡夷則（こおりいそく）と出兵が続き、「十一月十七日　備頭溝口蔵人の兵小倉に向う（「国事」）」とある。各隊は、元治二年一月に相次いで帰国している。

さらに勘助は、慶応二年（一八六六）六月に小倉へ出張し、八月に帰国している。これは第二次長州征討への出兵である。『熊本藩年表稿』には「慶応二年六月二日　溝口蔵人に征長軍を率いて至急出張を命ず（「国事」）」、「六月六日　征長軍の部署を定め一番手出発。溝口蔵人に出軍心得を達す（「国事」）」、「六月十一日　一番手備頭溝口蔵人出発す（「国事」）」、「六月十七日　小倉戦争、熊本勢一六〇〇人程到着（「徳川実記」）」などとある。

その後の第二次長州征討の経緯を『熊本藩年表稿』から拾うと、一番手備頭として六月二十六日に出兵した長岡監物（けんもつ）は、「六月　是月　長岡監物、征長の非なる所以（ゆえん）を諭し、第二軍帥（ぐんすい）の任を辞すことを請う（「国事」）」、「七月二十六日　長藩兵、小倉兵を攻む、本藩小倉兵を援（たす）けて之を破る、然るに他藩来援せず、幕軍又傍観す、九州軍総指揮小笠原壱岐守長行も又小倉を脱出す（「肥後近世史年表」）」、「七月二十七日　細川勢防戦、三十日国許へ退却（「徳川実記」）」、「七月三十日　去る二十日将軍家茂薨去（こうきょ）の内報、小倉の熊本陣営に達す、肥後・久留米・柳河諸藩の兵相つぎて小倉を去り、本藩は八月九日迄に帰藩す（「肥後近世史年表」、「国事」）」、「八月八日　長州出兵より熊本帰着、十日御花畑で御祝（「天明誌」）」と続く。

二度にわたる長州征討に参加した勘助は、慶応三年（一八六七）十一月、組並にて京に上り、翌四年六月に帰国している。『熊本藩年表稿』には「慶応三年十一月十三日　溝口孤雲（蔵人）、藩主代として熊本を発し、上京の途につく。二十日京都着（「国事」）」、「十一月二十七日　番頭下津縫殿の一隊上京を命ぜられる（「国事」）」といった記述がある。このとき溝口蔵人は家老職にあり、孤雲と号していたが、勘助が孤雲に従って出兵したか否かは不明である。

勘助が京都へ向けて出兵した慶応三年十月十三日の翌日、将軍徳川慶喜は京都二条城にて大政奉還を宣言し、十五代、二六四年にわたる徳川幕府は終焉を迎える。

勘助在京中の十二月九日に、明治天皇の名により、政権が江戸幕府から朝廷（新政府）に移った、いわゆる王政復古の大号令が発せられる。これは、先の大政奉還を受けた討幕の大義名分を得るためのクーデターであり、この二つの事変が後に「明治維新」と称される。なお熊本藩は、慶応四年正月十六日になってようやく「藩議勤皇一途ときむ（「国事」）」と、藩としての方向性を明らかにしている。

その後、明治二年（一八六九）六月十七日には版籍奉還が行われ、領地（版図）と領民（戸籍）が諸大名の支配から新政府の所轄するところとなり、各大名は引き続き知藩事として藩の統治に当たった。だが、明治四年七月十四日の廃藩置県により、藩が県となり、各県には知藩事（旧藩主）に代わり新政府から県令が派遣された。この廃藩置県は、当時二百万人ともいわれた藩士の大量解雇を意味するものであり、王政復古の大号令に次ぐ第二のクーデターともいわれている。なお、このころ「御一新」と呼ばれたのは、大政奉還と廃藩置県を総称したものである。

『熊本藩年表稿』によると、「慶応四年七月十七日　菊池氏の裔日向米良の領主米良主膳旧姓に復す（「国事」）」、「十九日　江戸を東京と改む。長岡護美の建議により我藩にて菊池・加藤二氏を祭祀すべき旨達せらる（「国事」）」とあり、勤王討幕運動に参加していた日向米良氏は、このとき旧姓の菊池に復姓しているのである。

慶応四年九月八日に明治と改元されたこの年の十一月、勘助は足軽十三番隊の副士を命ぜられ、翌明治二年二月に東京詰として上京している。同年七月、当面の御番を多年怠りなく勤めたことにより、十一代藩主韶邦（よしくに）より御紋付の裃一式を下賜される旨東京にて申し渡され、八月に下国し、足軽十三番隊の副士を免ぜられる。明治二年十月、四助と改名し、同年十一月重士となり四番隊に配属される。

明治三年三月、病気のため留守隊となり、その年の四月五日、四十五歳にて病没。法名は泉渓院悟菴実明居士。墓所は本妙寺常題目の墓域（現在の岳林寺管理墓地、島崎・小山田霊園。五基の墓碑のうち一基破損している墓碑があるが、筆者はそれが四助の墓碑ではないかと推測している）。

妻は片山喜三郎（百石）の妹キトで、明治十二年（一八七九）四月十九日没。法名は寿仙院彭屋妙算大姉。

二　九代米良左七郎

市右衛門（のち左七郎）は、相模御備場や東西京詰、小倉出張などでは兄四助の補佐としてともに勤める。この市右衛門も武術を鍛錬している。

文久二年（一八六二）十二月、御備場詰のとき、学問および剣術、居合、槍術にも出精し、平日の素行も良いとのことで、藩主韶邦より白銀三枚を下賜される。また慶応元年（一八六五）十月には体術、槍術、居合、兵法など数年にわたり心懸け厚く出精し上達したことにより、講堂にて韶邦よりお褒めの言葉を頂く。

武術の内容は、安政五年（一八五八）二月、大塚庄八の門下にて居合の目録を相伝。文久元年三月、江口弥左衛門の門下にて体術の目録を、さらに文久二年三月、大塚又助（一五〇石）の門下にて兵法の目録を相伝し、同年同月には水足平九郎（百石）の門下にて槍術の目録を相伝している。

明治元年（一八六八、正しくは慶応四年）七月、かねてより心得よろしく、父母存生中は父母によく尽くし病中も手厚く、また兄、姉へも手厚く接していたことにより、御紋付の裃一式を拝領する。

「米良家先祖附写」では、明治二年の記述は次のようになっている。

「同二年九月小倉戦争之節延命寺赤坂鳥越へ為応援罷越差入及苦戦陣払之節も諸事行届候付御紋付御上下一具被下置」

つまり、同二年九月の小倉戦争の際には、延命寺赤坂鳥越へ応援のため出陣したところ、苦戦に及び、陣払いの節も諸事行き届いた仕方であったので、詔邦より御紋付の裃一式を拝領する、という内容だが、この小倉戦争というのは、慶応二年七月二十七日の第二次長州征討における小倉・赤坂口の戦闘なので、この「明治二年九月」という記述は誤りである。

このとき熊本藩兵は、延命寺に本陣を、戦闘主力を弾正山に置いている。つまり、小倉平野へ入る最後の要所であった赤坂口に布陣していたのである。この赤坂口での戦いが、第二次長州征討小倉口の戦いの天王山であった。だが、熊本藩の戦いは、前述のとおり幕府軍総督小笠原長行の采配の不調や将軍家茂の死亡の報により熊本藩兵が撤退し、長州藩兵の小倉への侵攻を許す結果となった。

小倉戦争慰霊碑（熊本市・安国寺，平成22年）

明治三年六月、兄四助が弟市右衛門を養子とすることを願い出て病死したので、市右衛門の相続が許可され、直ちに六番隊重士に仕官する。このときの藩主は、五月八日に家督相続したばかりの十二代護久である。護久は熊本藩最後の藩主となったが、同年九月に熊本城の廃毀を願い出、翌明治四年七月十四日の廃藩置県により、藩知事を免官

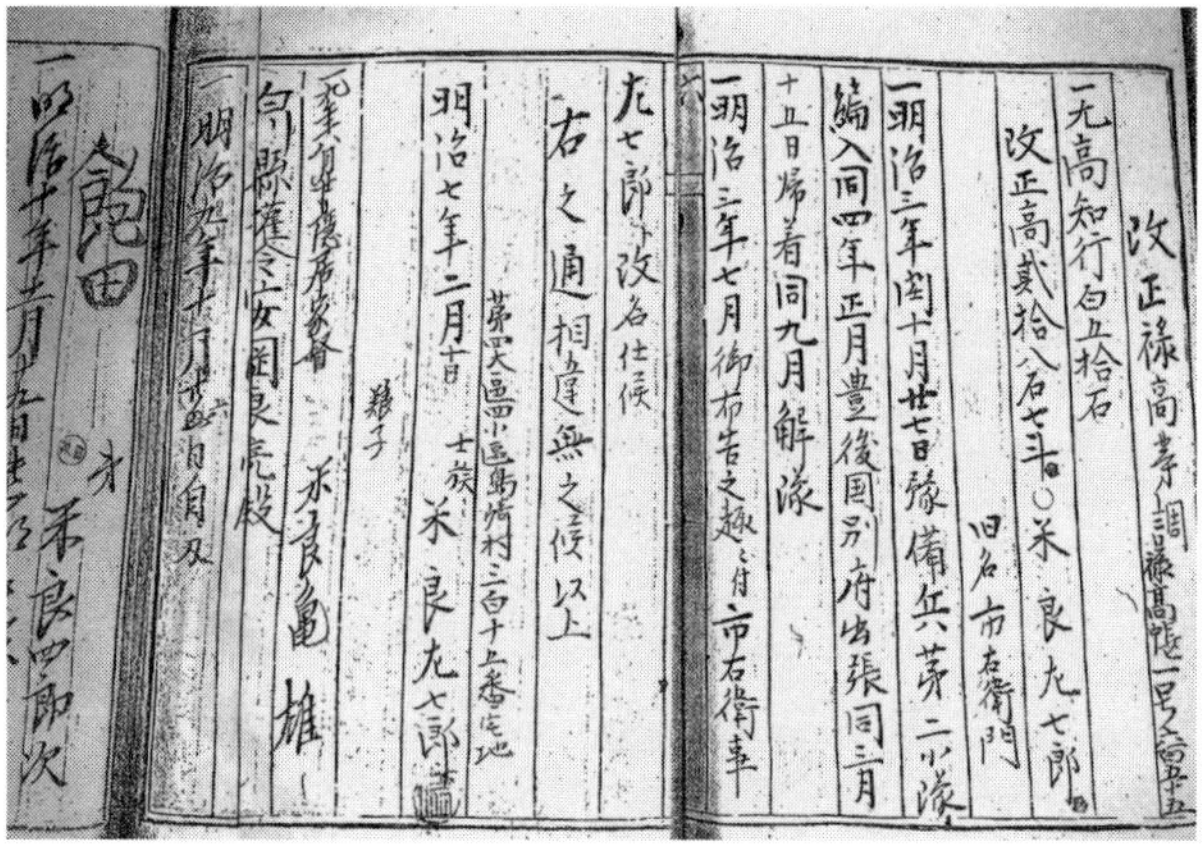

「有禄士族基本帳　改正禄高等調　禄高帳一号六百五十五」。この有禄士族基本帳の９代左七郎，10代亀雄，11代四郎次の記述により，「米良家先祖附写」，「米良家法名抜書」と米良四郎次除籍謄本が繋がった（熊本県立図書館蔵）

されている。

明治三年七月、市右衛門は通称を左七郎と改名する。

「米良家先祖附写」は、この明治三年七月の左七郎の記述で終わっている。米良家にはこれ以降、家伝の文書はない。平成十七年（二〇〇五）に筆者が家系調査を行っている途上、現当主十三代米良周策家から十一代四郎次（周策の父）、十二代繁実（周策の兄）の除籍謄本が見つかった。以降、佐藤誠氏によって米良家に関する文献が次々と発掘され、また眞藤國雄氏からの数次にわたる資料の提供や助言により、明治三年七月以降一四〇年余りの空白が埋められることになる。

明治三年（一八七〇）、藩主護久が断行した藩政改革により、左七郎が父四助から相続した禄高一五〇石は、二十八石七斗に減俸される。これは明治七年二月十日に左七郎が白川県（現熊本県）権令安岡良亮に提出した文書（「有禄士族基本帳」中、「改正禄高等調」熊本県立図書館蔵）にその記載が見られる。

左七郎は、明治三年十月二十七日に予備兵第二小隊に編入され、翌四年一月に別府に出張、三月十五日に帰着し、九月に解隊している。

明治九年八月二十日、左七郎は兄四助から相続した家督を甥の亀雄（四助の実子）に譲り、隠居する。このとき左七郎の屋敷は、第四大区四小区島崎村三一五番宅地（「有禄士族基本帳」）にあった。

その後左七郎は、明治十年に勃発した西南戦争に熊本隊として西郷軍に合流し参戦、大口方面の戦いで戦死している。熊本隊は熊本鎮台の新政府軍ではなく、池辺吉十郎を隊長とした不平士族によって組織されたもので、一五〇〇人が参加している。

『一神官の西南戦争従軍記――熊本隊士安藤経俊「戦争概略晴雨日誌」』には、熊本隊第十五番隊の幹部の名があり、「大隊長池辺吉十郎」、「隊長岩間小十郎」と続き、「教導　米良左七郎」の記載がある。「明治十年丁丑正月廿八日ヨリ田原坂ニ熊本春日本陣より出兵」と出陣の日が記されている。

左七郎の大口方面での戦いの様子は、『硝煙弾雨　丁丑感旧録』にわずかに見られる。明治十年六月一日、大挙して押し寄せる東軍を萓山にて奮激防戦するが、東軍の勢いは衰えず、肥薩隊は人吉に退き、球磨川を渡って南方へ敗走する。左七郎はこの萓山で戦死したという。また『戦袍日記』によると、左七郎は熊本隊では一番中隊伍長であったことがわかる。一番中隊隊長は岩間小十郎で、後述する十代米良亀雄が自刃した屋敷の主であった。この『戦袍日記』には、高隈（熊）山にて戦死とある。

「熊本賊徒本陣並隊名簿」（熊本県立図書館蔵）には、「第十五番小隊　第二大区九小区三百八十九番地士族米良左七郎」とあるが、先に挙げた「有禄士族基本帳」の屋敷の所在地と同一の場所と思われる。明治七年二月から八月にかけて大区小区の区画区分の改正が行われ、「第四大区四小区」が大区の統合により「第二大区九小区」に変更になっている。新第二大区地区への改正の布達は、三月七日に発せられている。

左七郎の死亡日は史料によって異なっている。「米良家法名抜書」には明治十年五月八日とあるが、『硝煙弾雨　丁丑感旧録』には六月一日、『戦袍日記』では六月十七から二十日の間となる。ただ、岳林寺管理墓地（島崎・小山田霊園）の左七郎の墓碑には「明治十年六月十八日於鹿児島県下薩摩国伊佐郡高隅山戦死」とあることから、米良家の認識としては六月十八日であったことがわかる。

大口方面の戦いは、「第二の田原坂」といわれるほどの激戦で、その戦いは二カ月に及んだ。いずれの戦死日もこの大口方面での戦いの範囲内にある。鹿児島県大口市の北方二・五キロ、高隈（熊）山の麓に熊本隊の墓があり、頂上には塹壕跡と記念碑がある。記念碑には左七郎の名前が記されている。

左七郎の死亡年齢は不詳。法名は儀俊院達道宗意居士。墓所は岳林寺管理墓地（島崎・小山田霊園）。妻帯の有無は不詳だが、「米良周策家過去帳」に左七郎の妻と考えられる「春道院自性妙心大姉」という法名の記載がある。この春道院については、第七章にて詳細を述べる。

また、宗岳寺過去帳には「佐（左カ）七良」との俗名が記されている。

第六章　神風連の乱と米良亀雄

一　十代米良亀雄実光

明治九年（一八七六）八月二十日、二十一歳で左七郎から家督を相続した米良亀雄は、同年九月二十四日に熊本で勃発した神風連の乱に参加し、翌二十五日に自刃している。

このとき亀雄には、母親と幼い弟四郎次がいた。妹はつ（夫は天野正寿）がこの時点で嫁いでいたかどうかは不明。末弟毎雄（名前の読み方は不詳だが、一般的呼称は「つねお」）は明治三年に夭折している。なぜ亀雄は一身一家を顧みず、この決起に加わらなければならなかったのか。この章では神風連の乱を説き明かしながら、当時の武士のありように触れることで、亀雄の生きた時代を考えてみたい。

二　神風連の乱とは

神風連の乱とは、明治新政府に対する士族の反乱で、熊本敬神党（通称神風連）によって起こされたものである。敬神党とは、林桜園が開いた私塾原道館にその源を発し、明治三年桜園亡き後、その意思は太田黒伴雄、河上彦斎、加屋霽堅らによって継承される。

「神風連討入口」碑（熊本城，平成22年）

彼ら敬神党は、敬神・尊皇・攘夷を信条とし、神州古来の国風を崇め、その行動原理は「国家統治原理としての古代神道を純粋な形で復元し、その復活をもって幕末の危機を克服しようとしたところに思想の中核を見る」（渡辺京二『神風連とその時代』）というものであった。つまり彼らは、人間の智慧才覚による判断を避け、「うけひ（宇気比）」という神慮によって兵を挙げたのである。同時期、各地で起こった不平士族の反乱と大きく性質を異にする部分である。

一党を憤激させた政府の処置は数々あるが、決起に繋がる大憤激は、明治九年三月の廃刀令の布達であった。

一般の武士にとっても廃刀令は、「武士の魂」を奪うものであり、特権の剥奪であった。敬神党にとっての帯刀とは、士族の特権を超えた「神州日本」の象徴であり、武器を超えた神器であった。つまり廃刀令は、彼らがよりどころとする理念の根幹を真っ向から否定するものであった。

敬神党が討ち入ったのは熊本鎮台である。鎮台というのは明治四年、地方に蠢く反政府勢力を威圧し、武力で鎮圧する目的で作られたもので、当時九州には、熊本城を本営とする熊本鎮台が置かれていた。

太田黒伴雄を首領、加屋霽堅を副首領と仰いだ一党一七〇名は、三つの部隊に分かれ襲撃を行った。

第一隊は三十名で、五部隊に分かれ、要人襲撃を担当した。第二隊は約七十名で、本隊として鎮台の砲兵営（砲兵第六大隊、約三二〇名）の襲撃、第三隊も約七十名の人員で、鎮台の歩兵営（歩兵第十三聯隊、約一九〇〇名）の襲撃に当たった。さらに鎮台には、工兵、輜重兵の二小隊があったので、敵の総勢は二三〇〇名であったことになる。一方の敬神党は、加勢もあったが二百名足らずの勢力である。武器は、焼玉と竹筒に仕込んだ灯油、槍刀のみで、鉄砲を所持する者はいなかった。「洋風の兵器は我が神軍には不要」と容れなかったのである。

このとき米良亀雄は第三隊、鎮台歩兵営の襲撃部隊にいた。決行日は、「うけひ」により明治九年十月二十四日（陰暦九月八日）、月の入り（午後十一時）を合図に、というものであった。

襲撃は夜討ということもあり緒戦こそ優勢であったが、多勢に無勢、形勢は瞬く間に不利になった。

米良亀雄は、熊本城二ノ丸にあった歩兵第十三聯隊の歩兵営付近で膝に被弾し、敬神党の本陣である愛敬正元宅に退却し、第三隊の参謀長富永守国らとともに鹿島甕雄宅に移動し、そこからさらに岩間小十郎宅に移った。夜が明けて探索隊の気配を察知し、もはやこれまでと、岩間宅の玄関で自刃している。

一党の犠牲者は、戦死した者二十八名、自決した者八十七名、死刑三名、禁獄四十三名（獄中死三名）と、七割が死亡している。うち三十代の者が三十三名、二十代に至っては六十三名を数えた。一方、県庁関係者を含めた鎮台側の死傷者は、二五六名であった。この中には、流れ弾などで巻き添えをくらった一般の人々も含まれている。

三　亀雄と第三隊の襲撃

第三隊の襲撃の様子を、荒木精之著『神風連実記』から引用する。

二の丸は歩兵第十三聯隊一千九百有余名のこもる歩兵営の所在地であった。これを襲ったのは参謀長富永守国を中心に、福岡応彦、吉海良作、深水栄季の諸参謀、荒木同、愛敬正元らの各長老をはじめとする七十余名の第三隊であった。本陣に近い西門に攻め寄せたが堅く門扉が閉ざされている。沼沢春彦が柵にとりつきよじのぼって「一番乗り」と叫び、飛びこんで一哨兵を斬殺した。荒木同が用意した一筋の縄梯子を柵に投げかけると、我も我もと先を争ってとりすがったため、縄は途中で切れてしまった。荒木の下男久七が梯子代わりにおのが肩をたたいて「これを踏台にして行きなされ」とさし出したので、次々に久七の肩を踏み台にして飛びこえ、柵門を開いたので一同ドッと駆けこみ、兵舎のあちこちに用意の焼玉を投げこんだ。

たちまち火は燃え上がる。兵舎は寝耳に水で上を下への大騒ぎ、兵舎の出口には神風連がかまえて片っ端から斬りまくる。何がおこったか、敵は何者か、全然見当もつかぬので、一同恐怖にうちふるえ、ただもう身をまもるに汲々たるありさまであった。（略）

聯隊側では必死になって防戦しようと指揮督励するが、片っ端から一党に斬りこまれ、着剣して防ごうとしても舎内の混乱の収拾がつかず、弾丸はその前兵士の騒動があって以来、一切持たせていないのでどうにもならぬ。そのうち聯隊本部、第一、第二、第三中隊舎はすでに燃え上がり、営庭を白昼のように照らしだした。その中を、白鉢巻をし、あるいは甲冑をつけ、あるいは烏帽子直垂をきこみ、刀槍をもった者たちの活躍にまかせ、軍は射つに一弾もなく、斬るに刀なく、二千の鎮台の兵も戦うに処置なしのあわれな状態であった。

だが、この優勢な状況は長くは続かなかった。弾薬庫を開いた聯隊側の反撃が始まったのである。富永守国率いる第三隊はたちまち形勢不利となり、いたずらに敵弾の餌食となってゆく。兵営の炎が白昼のように営内を照らし、鎮台側を利したのである。

長老の斎藤求三郎が陣没し、副首領の加屋霽堅が戦死する。幹部が次々と倒れてゆく中、加勢に加わった総帥太田黒伴雄はひるまず先頭に立って奮迅するので、それに励まされた同志たちも喊声をあげて斬り込んでゆく。そんな太田黒もついに重症を負う。敵弾が太田黒の胸を貫いたのだ。

民家に担ぎ込まれた太田黒は、指示を仰ぎに来る同志に指令を発していたが、もはやこれまでと観念し、しきりに介錯を促す。最初は躊躇していた同志たちもやむなしと判断し、大野昇雄（太田黒の義弟）の介錯により絶命する。太田黒四十三歳であった。

被弾した者たちが次々と近隣の民家に運ばれてゆく。そんな中、参謀の富永守国、広岡斎らが、上野堅五を戸板に乗せ、本陣の愛敬正元宅に引き上げると、

> 弟の富永喜雄をはじめ、管八広、今村栄太郎、松尾葦辺、大石虎猛、米良亀雄、猿渡常太郎、渡辺只次郎、友田栄記らがそこここに倒れ、呻吟しており、それらの間を立川運や上田倉八、青木又太郎らが介抱してまわっていた。
>
> 富永守国は、弟の喜雄が深手をうけて苦痛をうったえているのを知ると、じっとしておれず、もっと安静な場所におきたいと喜雄の名を呼びながら自ら背負い、そこからほど近い鹿島甕雄の家にうつし、また吉岡の手にしていた太田黒の御軍神をとって鹿島家に安置した。この時、管八広や大野昇雄らも自らの刀にすがってついてきた。大野はつい今しがた上野堅五を愛敬宅に運んでくる途中、敵の乱射する流弾に傷ついたのである。（略）
>
> そのうち夜は段々あけてくるが富永からの連絡もなく（学校党から反乱に呼応するという情報があり、加勢

が来ないのでその確認に赴いていた――引用者）、その他どこからも何のたよりもない。吉岡はどうしたことかと焦燥し、せめて上野翁をもっと静かなところに移そうと、ふと岩間小十郎の家を思い出し、立川運や上田倉八らの手をかりてそこに移してやった。この時両眼を失った大石虎猛や米良亀雄、友田栄記らも刀にすがったり、杖をついたりしてあとを追ってきた。すでに瀕死の重傷の松尾葦辺、猿渡常太郎、渡辺只次郎、今村栄太郎らも暗中必死で身を動かし、岩間の家に近い藪中に入っていった。

岩間邸はもと千五百石どりの大身で、広い邸宅であった。勤王の志あつく、神風連とも昵懇なものが幾人となくいた。その夜変動を知った岩間は家族の者は他に避難させ、みずからは北岡御邸に入って、家には下男が一人いるきりであった。吉岡軍四郎はこの家にくると、しばらくお宅を拝借したいといって上野翁を座敷に入れ、大石や米良、友田らも上がりこみ、吉岡軍四郎、立川運、上田倉八らはしばらくここにあって数時間にわたる歴史的動乱の中にしばし骨身をやすめるのであった。（略）

その日の朝、藤崎宮周辺、愛敬宅、岩間宅、鹿島宅などを探索したのは坂本少尉の率いる一隊であった。愛敬宅からは、種田少将、高島参謀長と、太田黒の首が発見された。この探索に同行した巡査の報告によると、

廿五日朝岩間小十郎方に賊徒潜伏致し居り候段通知により兵員同行、表と裏門より踏みこみ候。凶徒二名は裏手の竹藪に逃げこみ候に付発砲いたす際自刃致し居、家は厳重に戸締りをいたし居るにつき、石で毀ち、間内に踏みこみ見候ところ座敷へ一名、玄関へ四名自殺或は割腹いたし居るに付、屋敷内精々吟味候ところ藪の中に五名あり、中今村栄太郎自殺いたし、未だ存命なるを以て捕縛、鎮兵より連れ越し候事。　三等巡査　河野通誠

左：「太田黒伴雄終焉之地」碑，右：「太田黒伴雄奮戦之跡」碑（いずれも熊本城，平成22年）

> 検死によって、座敷にあったのが一党の長老上野堅五（六十六）、玄関にあったのが友田栄記（二十）、立川運（二十九）、米良亀雄（二十一）、上田倉八（二十四）であった。また藪中が渡辺只次郎（二十）、大石虎猛（二十三）、今村栄太郎（二十九）で、ほか二名は坂本少尉らがここにきた時、すでに絶命していたと見られる松尾葦辺（二十九）と猿渡常太郎（二十二）であった。このうち立川や上田はともに営中で力戦し、敗れると退いて負傷者を扶けて傷の手当などに手をつくしてやり、そして探索の手がせまったのを見て一同ともに自刃したものである。
>
> また同邸近くの鹿島甕雄家には深傷をうけて呻吟していた富永喜雄（二十八）、脚を撃たれていた大野昇雄（二十八）、管八広（二十九）、それらを看護していた青木又太郎（二十一）らがいたが、これらも坂本少尉の一隊の踏みこむのを知り、このままにして敵手にかかる前に相共に死のうと潔く自刃して果てた。

以上は、『神風連実記』からの引用であるが、徳富猪一郎（蘇峰）著『近世日本国民史』（九四巻）にも同様の内容があり、亀雄の自刃の様子が若干詳しく述べられている。

> 坂本少尉は、尚ほ屋内深く入りこんで捜索したが、吉岡軍四郎が隠し置きたる総帥太田黒伴雄の首級が出て来り、尋で種田少将・高

島参謀長の首級が出て来つた。少尉は此の二首級を収め、出て眼を戸外に配れば、竹藪伝ひに草踏み分けたる跡がある。さては と覚つた坂本少尉は、分隊を指揮して竹藪伝ひに岩間宅に押寄せると、重傷にて篁(たけやぶ)中に倒れたる渡辺只次郎は自ら短刀を引き抜き、吭元(のどもと)に突き立てると同時に、官兵の銃剣に乱刺せられた。此の物音に立川運・上田倉八・猿渡常太郎・大石虎猛・米良亀雄・友田栄記等何れも枕を並べて自刃した。

四　亀雄の素顔

荒木精之氏の著書には、亀雄のことが次のように記されている。

「米良亀雄。米良家は百五十石取りの家であった。武道にすぐれ、慷慨(こうがい)の心ふかく、一挙のさそいをうけて欣然(きんぜん)参加し、敵弾を膝にうけ、刀を杖ついて本陣に退き、岩間邸にうつって自刃した。年二十一」(『神風連実記』)

「米良亀雄。墓は熊本市本妙寺常題目(じょうだいもく)墓地にある。名は実光。家は島崎にあり兼松群喜・繁彦ら近くにありて最も親しく高麗門連に属し、尊攘の志あり。一挙のことあるや蹶然(けつぜん)起つて参加し、鎮台歩兵営襲撃にありて奮戦し、弾丸に当たつて重傷をうけ、岩間小十郎宅に退き、官兵捜索に来るを見て立川運、上田倉八、大石虎猛、猿渡常太郎、友田栄記らと共に自刃す。年二十一」(『誠忠神風連』)

荒木精之氏は昭和十六年(一九四一)ころより、神風連の乱に参加した者の墓を探索している。亀雄の墓を本妙寺常題目の墓域(現在の岳林寺管理墓地、島崎・小山田霊園)に探し当てた時の感慨を二首の歌に託している。

藪をわけさがせし墓のきり石に御名はありけりあはれ切石
まゐるものありやなしやは知らねども藪中の墓見つつかなしえ

（『誠忠神風連』）

墓碑銘には「明治九年　米良亀雄実光墓　旧暦九月九日卒　歳二十一」とある。

また、『平成肥後国誌』には、亀雄と左七郎が兄弟（正しくは甥と叔父の関係）として、鬱蒼とした笹藪の中に墓を並べている写真が掲載されている。

亀雄の墓碑の探索は、これまでに眞藤國雄氏が幾度か試み、筆者の勤務先の元上司である上杉太氏も横浜市から出向いて探したのだが、発見には至らなかった。いずれの探索場所も、荒木精之氏や高田泰史氏の著書にある本妙寺常題目墓地であった。

平成二十年、たまたま知遇を得た熊本在住（当時）の高久直広氏が、荒木氏の「常題目墓地」という記述を、「常題目墓域」ではなく「常題目地区」と解釈し、常題目周辺の墓地を広く探索した結果、平成二十年九月に、常題目裏手にある島崎・小山田霊園（岳林寺の管理墓地）に、亀雄を含め五基の米良家の墓碑群を発見した。

その後、眞藤氏により墓の測量並びに墓碑銘の確認が行われ、被葬者の全容が明らかになった。この墓碑の調査内容については、章を改め後述する。

『誠忠神風連』にあるように、亀雄は敬神党ではなく高麗門連に属していた。ここでいう「連」とは郷党のことで、士族の若衆組に起源を持つ地域集団である。伝統的家臣団の多くが郷党に属しており、一般的士族の

米良亀雄墓碑（熊本市，桜山神社，平成22年）

高麗門連招魂碑（熊本市，安国寺，平成22年）

別称であった。

高麗門連は百石から四、五百石の家禄の士族二十二名からなる一団で、植野常備(つねとも)が率いていた。敬神党とは気脈相通じるところがあり、一挙の際には協力提携するという盟約ができていた。

細川家の菩提寺である妙解寺(みょうげじ)の隣、現在の北岡自然公園のすぐ向かいに安国寺がある。安国寺は細川九曜紋(くようもん)を寺紋としており、細川家との深いかかわりが窺える。この安国寺の墓域に、地元高麗門連の志士を顕彰する「招魂碑」がある。碑には植野常備、井上平馬、上野継緒、小篠一三、山田彦七郎、西川正範、大石虎猛、小篠清四郎、高田健次郎、小篠源三、井上豊三郎、兼松群記（喜カ）、米良亀雄、兼松繁彦ら十四士の名が刻まれている。彼ら高麗門連は、時習館(じしゅうかん)教授を勤めた井口呈助(いのくちていすけ)（後の奉行）の薫陶(くんとう)を受けた人々である。亀雄もその一人であった。

また、亀雄の死亡日が史料により若干異なっている。まず、神風連一二三士の墓碑がある桜山神社の墓石（真墓ではない。遺骸はそれぞれの家の墓地に埋葬）には、「米良亀雄之墓　明治九年十月廿八日自刃　年二十一」（『神風連実記』）とある。一方、明治七年の旧熊本藩の「有禄士族基本帳」では、「一、九年十月二十六日自刃」となっている。だが、「米良家法名抜書」には「明治九子　十月廿五日戦死」とあり、岳林寺管理墓地の墓碑銘にも「明治九年　旧暦九月九日卒（新暦十月二十五日）」とある。岩間小十郎宅の座敷で自刃した長老の上野堅五や玄関で共に自刃した友田栄記、立川運、上田倉八らの死亡日がいずれも二十五日とあることから、亀雄の死亡日も十月二十五日と考えて間違いないだろう。

徳富蘇峰がその自伝の中で、亀雄のエピソードを伝えている。

（略）また時々付近の神風連から（蘇峰が寄宿していた塾に向けて――引用者）石を見舞われたりしたことがあった。先生の塾の程遠からぬところに、兼松某、米良某など、いずれも神風連の荒武者がいた。彼らは明治九年の暴動にいずれも切腹して死んだが、予は途中彼らに出会することをすこぶる危険に感じていた。さればなるべくそれを避けていたが、時たま余儀なく出会いせねばならぬ場合にも遭遇した。彼らはことさらに横たえる双刀を、前に一尺ほども突出して佩し、結髪はもちろん、大手をふって途中を歩き、もし万一まちがって彼らにさわりたらば、たちまち打つとか殴るということになるから、さわらぬ神にたたりなしで、なるべく近づかないことにした。予は仕合せに一度も彼等にいじめられなかったが、しかしそのためには、かなり心配をした。

（『蘇峰自伝』）

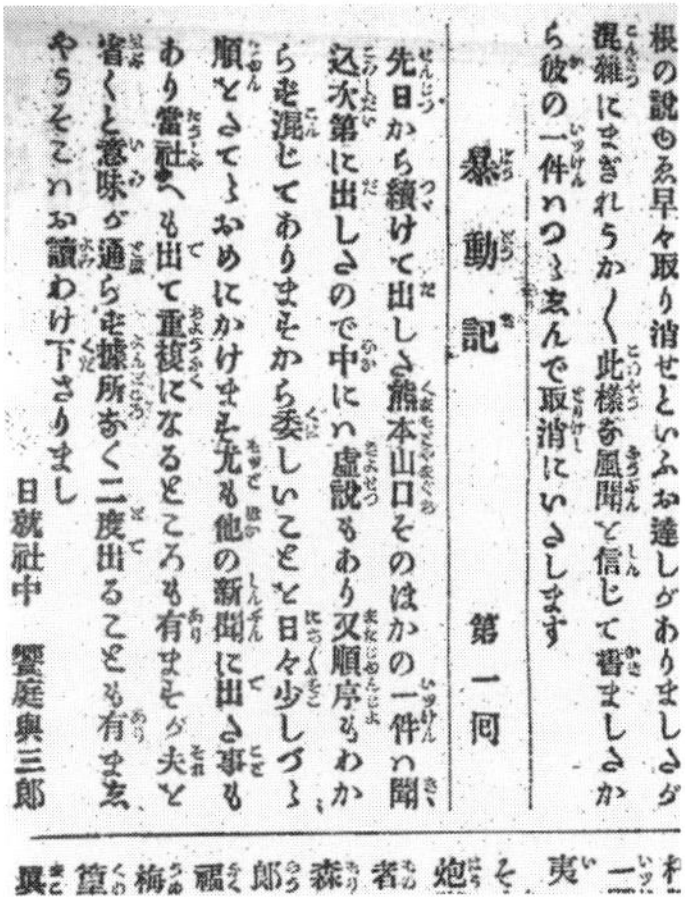

根の説もある早々取り消せといふお達しがありましるが混雑にまぎれうかうか此様な風聞と信じて書ましるから彼の一件ハつゝまんで取消にいたします

暴動記　第一回

先日から續けて出しる熊本山口そのほかの一件ハ聞込次第に出しるので中にハ虚説もあり又順序もわからを混じてありますから委しいことと日々少しづゝ順とをてゝおめにかけます尤も他の新聞に出る事もあり當社へも出て重複になるところも有ますが夫と省くと意味が通らぬ場所あく二度出ることも有ますやうそこれお讀わけ下さりまし

日就社中　饗庭與三郎

神風連の乱を取り上げた饗庭与三郎稿「暴動記」（第一回）（「読売新聞」明治９年11月16日）

前出の『神風連とその時代』では、この一文の引用に続けて「これは明治五、六年のことであり、このとき米良亀雄は十八歳、兼松群喜は二十歳ぐらいになる。両名とも九年の一挙に敗れた後、自決した」と記されている。

また、この神風連の乱において参謀格であった小林恒太郎の末裔である山本達二氏（福岡市在住）から、明治九年十一月二十六日から七回にわたり「読売新聞」に連載された、饗庭与三郎稿「暴動記」がもたらされた。これは新聞小説の走りであるが、ドキュメンタリー形式をとっている。その第一回の記述に一挙に参加した者の名が連ねられており、「吉（米カ）良」という名で、亀雄の記述が窺える。

敬神党の志士の葬儀は暗葬礼といって、夜間にひっそりと行われた。「逆賊の身を白昼葬礼するとは、官を恐れぬふとどきな振る舞い」だったのである。

米良亀雄、法名は大雄院守節義光居士。母キトは、逆賊の母のまま一挙の二年半後の明治十二年四月に死亡。神風連の名誉が回復されるのは、それから半世紀の時を経なければならなかった。

神風連の乱に関する書籍の中には、亀雄の辞世などの史料が全く残っていない。それは、明治二十二年（一八八九）に十歳年下の弟四郎次が熊本を引き払い、屯田兵に志願して北海道に渡ったことによる史料の散逸が原因と考えられる。四郎次の渡道は、神風連の乱から十三年後のことである。

第七章　北海道移住

一　十一代米良四郎次

米良四郎次は慶応二年（一八六六）五月十九日生まれで、現当主十三代米良周策の実父である。四郎次は五歳で父四助を亡くし、十一歳で兄亀雄を失い、翌年の西南戦争では叔父左七郎を、そして母キトを十四歳で看取っている。「米良家法名抜書」では、七歳のときに弟毎雄が夭折している。

明治十二年（一八七九）、十四歳で全ての家族を失い天涯孤独の身となった四郎次は、その後どのように生きたのだろうか。米良家史料では、天野正寿（幕末・明治初年の天野家六代当主善次〔八代御城附、二百石〕の長男。明治六年八月十四日家督相続）に嫁いでいる姉はつ（生没年不詳）の存在が確認できる。はつが四郎次の生活を見たのか、それとも左七郎家族のもとで養育されたのか、全くもって詳らかではない。

ただ、はつの嫁ぎ先である天野家の「有禄士族基本帳（改正禄高等調）」は、はつの夫天野正寿が明治七年二月二十日に届け出たもので、「八代　第四十二大区一小区長丁（ながちょう）六拾六番宅地」と居所が記されている。はつの嫁ぎ先が八代であることを考えると、四郎次の面倒を見たのは左七郎亡き後の左七郎家族と考えるのが自然であろう。

二　熊本から北海道へ

四郎次は、兄亀雄の自刃から一年後の明治十年十一月十九日（除籍謄本では同月三日）、十二歳で家督を相続している（「有禄士族基本帳」熊本県立図書館蔵）。

明治十七年、十八歳の年に二歳年上の妻ツル（熊本県託摩郡本庄村父鳥井繁蔵・母ヤヱの三女）を娶り、五年後の明治二十二年七月、妻と三歳の長男義陽（同十九年七月十四日生まれ。名前の読み方は不詳だが、一般的には「よしはる」、「よしあき」などと称する）、それと生後五カ月に満たない長女栄女（同二十二年二月十三日生まれ）を伴って熊本を発っている。屯田兵に応募し、札幌の篠路兵村、つまり第一大隊第四中隊へ入隊すべく出発したのである。このとき四郎次は、家族四人のほかにもう一人女性を伴っている。米良周策家過去帳に記されている春道院であるが、これについては改めて後述する。

屯田兵制度は、明治四年北方情勢を憂慮した陸軍大将西郷隆盛が、開拓使次官黒田清隆に屯田兵設置を建策したのが始まりといわれている。同八年五月、最初の屯田兵二四〇戸が札幌の琴似兵村へ入植を開始した。

この屯田兵制度は、ロシアの南下政策への憂慮もさることながら、当時、大きな社会問題となっていた困窮士族授産の一翼を担っていた。そのころの士族は、全人口の約四％、一二八万人に上っていた。彼ら困窮士族に職を与え、生活基盤をつくらせる目的で屯田兵制度は発足し、北海道に三十七兵村が設置された。

屯田兵には、一家族に一戸の兵屋（住居）と、開墾して農耕地としなければならない未開地が給与された。兵屋が二二〇から二四〇戸で陸軍に準じた中隊を編成し、兵村と呼ばれる一画が形成された。兵村は市町村の行政区域内にありながら、なかば独立した強力な権限を持つ地域社会であった。

屯田兵の組織は日本陸軍の歩兵隊に準じていたが、兵営という一般社会から隔絶された編成をせず、平時も武装し日常生活を続けた。篠路兵村の兵役は、現役三年、予備役三年、後備役八年と、約十四年にわたる拘束があった。

札幌の四兵村を出身地別に見ると、前期の琴似、山鼻（やまはな）兵村入植者は、東北・北海道出身者である。北海道出身とはいえ、もとをただせば東北の人々で、戊辰戦争、函館戦争で旧幕側として戦った者がその大半を占めていた。たとえば青森出身者は、戊辰戦争で薩長軍と戦った会津藩士の残党で、下北半島に斗南（となみ）藩を新設し移住した人々である。

後発の新琴似、篠路兵村の入植者は、九州を中心とした中国・四国地方出身者である。彼らもまた、明治十年（一八七七）の西南戦争の加担者であった。つまり屯田兵制度とは、薩摩・長州・土佐の三藩が新政府や軍の中枢を占める中、第二の賊軍を屯田兵として採用したものである。送り出す側の出身県にとっては、合法的に厄介者を県外に放逐したことになる。皮肉なことに、かつて屯田兵制度を建策した西郷隆盛率いる薩摩軍を鎮圧するために差し向けられたのが、前述した前期屯田兵であった。

米良四郎次が屯田兵として北海道へ向かったのは、明治二十二年七月のことである。除籍謄本で見ると「熊本県飽田（あきた）郡島崎村二二二番地」から、「札幌郡琴似村大字篠路村字兵村六五番地」へ入植している（転籍届は九月二十四日）。大日本帝国憲法が発布され、帝国議会開設を目前にした年である。

篠路兵村の位置は、現在の札幌市北区屯田（とんでん）や屯田町がすっぽりと含まれる。旧発寒（はっさむ）川の左岸地区、石狩市の花川の一部も兵村区域内であった。屯田小学校、北陵高校を中心に屯田中央中学校、屯田南小学校などがある。

今でも○番通りや第○横線といった当時の呼称で呼ばれている通りが存在する。

四郎次のことを直接記している書籍は今のところ見出していないが、篠路兵村への入村状況がわかる資料（主に『屯田兵』）の中から、当時の生活状況を探ってみる。

当時、屯田兵本部の召募官は予定した県に出向き、渡道する意思のある者たちを郡・村役場に集め、北海道の現状を細かく説明して歩いた。だが、応募者がなかなか予定に満たなかったため、召募官は言葉巧みに新天地の魅力を説いた。

「時期になるとシャケやマスが川にあふれ、手づかみできる。原始林が北海道全域を覆っているから、好きな木を伐るだけで楽に生活できる」

「三年間は、食料から生活用品まで支給され、なにも心配はない。給与地として無償で与えられた一万五〇〇〇坪の土地が、将来は自分たちのものになる」

困窮にあえぐ士族にとっては、夢のような話ばかりである。屯田兵本部が発送した屯田兵合格通知状を村役場に提示すれば、入植者の支度料や日当が支給される旨が記されていた。また、指定の港町での旅館の準備や出航の期日などが細かに書かれていた。

四郎次の兄や叔父は、時代が大きな転換期を迎える中、かろうじて武士の対面を保って死んでいった。残された家族は、逆賊の汚名を一身に受けながら、ひっそりと身をひそめて暮らさなければならなかった。すでに武士の時代は終わっていた。十三年前の夕刻、お前は武門の家に生まれた男子である、母のことは頼んだぞ、と言って出ていった兄亀雄の姿が四郎次の脳裏に焼きついていた。

困窮する生活の中で、妻が二人目の子供を宿していることを知る。四郎次が屯田兵の話を耳にしたのはそんなころである。百姓になるのではない、兵士として赴くのだ。同じような境遇にあった者たちが次々と屯田兵への志願を口にするようになる。四郎次もその一人に加わった。このとき熊本からは四十六名が屯田兵に応募している。

その日から、屯田兵家族は多忙な日々を過ごすことになる。徳川時代から二五〇年に及ぶ墳墓の地を後にするのである。不動産の整理、家財の始末、親類近親者への挨拶と慌しい日々の中、四郎次は菩提寺の宗岳寺（そうがくじ）へと赴いた。当主として、せめて祖先の証（あかし）だけでも持っていきたい。厳しい暑さの中、吹き出る汗を拭いながら過去帳を写しとった。二度と再び故郷の地を踏むことのない旅立ちを前に、一人静かなひとときを過ごしたのである。

明治二十二年（一八八九）、屯田本部差し回しの御用船は、一二一〇八トンの相模丸である。まず神戸港で徳島県の屯田家族を乗船させ、和歌浦港へ回航し、そこで和歌山県の屯田兵家族を乗せた。そこから瀬戸内海を航行して九州、中国地方の屯田家族をそれぞれ乗船させ、玄界灘へ向かった。玄界灘は穏やかな日であっても波が高い。初めて経験する長い船旅に嘔吐する者、頭痛に襲われる者など、船内は阿鼻叫喚（あびきょうかん）を呈した。そして最終寄港地である福井県九頭竜川河口の坂井港（現在の三国港）に到着。ここで最後の兵員と家族を乗せ、相模丸は一路北海道を目指した。佐渡島を右手に眺めながら、これで故郷の山河も見納めかと思うと感慨もひとしおであった。

一行は明治二十二年七月十四日、小樽の手宮埠頭（てみやふとう）に到着し、北海道上陸の第一歩を印した。その夜、手宮の港町にある宿舎に落ち着き、そこで兵屋（へいおく）の抽選が行われた。屯田兵たちは移住の書類に署名捺印したが、その抽選が後の生活を大きく左右するものになろうとは、このとき誰も考えてはいなかった。

篠路兵村配置図。▒は熊本からの入植者46家族（札幌市教育委員会編『屯田兵』〔北海道新聞社，昭和60年〕掲載図より作成）

翌七月十五日早朝、一〇五六人の屯田兵家族が手宮駅前に集合した。久しぶりに旅館で一夜を明かした彼らだが、初めて経験する長い船旅の疲労は甚だしかった。期待と不安、そして目もくらむばかりの疲労が渾然一体となって、ただ呆然と立っているだけであった。

やがて無蓋石炭車が三連結で停車した。初めて目にする陸蒸気にどよめきの声が沸き起こった。一度に乗車できる人数は三百人、指揮官の命令で分散して乗車する。片道二時間半の往復輸送が始まった。

琴似駅に到着した彼らは、屯田兵本部の係官の歓待を受け、そこから三里の道程を歩くことになる。途中、先に入植していた新琴似兵村の人々の生活や兵屋を眺め驚嘆した。自分たちも同じような密林の生活をするのだろうかと想像したが、その実感は乏しかった。彼らは疲労の極にあり、これからの生活の一切を天命に任せ、ただ黙々と歩くだけであった。

篠路兵村に到着した屯田家族たちは、一大湿地帯の原始林を前に言葉を失っていた。この篠路の低地は、原始以来いまだかつて人間が斧を入れたことのない土地であった。巨木の繁茂にまかせ、つる草や熊笹の根が伸び放題に大地を覆い、人間が入ることを強く阻んでいた。屯田兵の入植地は、一般移民が入って容易に成功しうる豊かな土壌ではなかった。相当の覚悟で渡道したものの、現実は想像以上に厳しかった。

　原始林と泥炭質の湿地帯に建てられた一戸あたりの兵屋の敷地（篠路兵村の場合）は、間口が三十間（約五五メートル）、奥行きが一六六間（約三〇〇メートル）で、それが二二〇戸集まって兵村をつくっている。それぞれの敷地は散居制の配置（凹の型）になり、兵屋は凹の窪みの中にある。間口から敷地内に幅二間、長さ二十間の道路があり、その奥に幅十間、奥行き十一間の兵屋の敷地があったため、四囲の密林で隣家が全く見えなかった。それが屯田兵家族の孤独感をいっそう煽った。

　兵屋は新築であるが、所々節が抜け落ち、外が見えていた。一般的な兵屋は木造一戸建て、ストーブのない十七・五坪である。畳敷の部屋が四畳半と八畳の二部屋、それに板の間と土間があった。いわゆる琴似型兵屋といわれるものである。

　後発の篠路兵村も概ね同型であったが、特別に篠路型兵屋と呼ばれた。ほかの兵村では土壁を打ち、その上に板張りがなされ一応は防寒が考えられていたが、篠路では土壁が省略され、直接四分板張りになっていた。そのため、吹雪の夜は雪が居間の中まで吹き込んできた。兵屋が粗悪になったのは、立地条件の悪さから建設コストがかさみ、さらに工期が遅れたことが原因であった。

　この地域は、鉄気の強い泥炭質特有の水質であったが、水量は豊富であった。兵屋八戸ごとに一カ所の掘抜井戸と浴場が設けられ、そこには滾々と清水が湧き出ていた。陸蒸気に乗ったせいで、みんなの顔は煤で真っ黒である。女や子供たちは競ってその清水に手拭を浸し、顔を拭った。

　やがて中隊本部から戸主呼集ラッパが聞こえ、屯田兵は急いで出かけ、間もなく各戸から二名集合との伝令がある。家族二人は配給の夜具と日用品を背負い、屯田兵は炊き出しを持って帰ってきた。この日から一週間の炊き出しが行われた。ようやく夕日が手稲山（ていねやま）を赤く染め始め、開拓第一日目は静かに終わろうとしていた。

三　篠路兵村の生活

毎朝四時、起床ラッパが中隊本部から各戸に鳴り響いた。六時に兵員は練兵場で軍事訓練を受ける。午後の開拓事業は、一番通りから四番通りまで道路の両側に深い排水溝を掘削することから始まった。それが終了すると、今度は南北の各兵屋の境界に排水溝を掘削した。この作業は原始林の真ん中だけに大変な重労働であった。

さらに入植一年目は、巨木が林立する原始林の伐採に明け暮れた。周囲から集められた木やクマザサやツタなどがうず高く積まれ、放たれた火は一週間以上も燃え続けた。単純で骨身に応える重労働の連続であったが、今開拓している土地が将来自分の所有地になる、という励みだけが彼らを動かしていた。

屯田兵の日常は、四月から九月までは午前四時起床、午前六時から午後六時まで就業。その間一時間の昼休みだけで、就業時間は十一時間であった。十月から翌年三月までの冬期間でも九時間の就業である。こうした日課の中で練兵訓練と農地の開墾耕作が行われた。休日は雨の日だけであったが、後に一と六の日が定休となった。

明治二十七年（一八九四）八月、日清戦争が勃発する。この時期、札幌周辺を警備していた第一大隊第一中隊（琴似）、第二中隊（山鼻）の屯田兵は後備役となっており、第三中隊（新琴似）、第四中隊（篠路）は予備役であった。翌年三月、臨時第七師団が新設され屯田兵に動員の命が下る。四千名の兵員が征清第一軍に編入され、四月に東京へ終結し、近衛第一聯隊の兵舎で待命した。その間、毎日代々木練兵場で訓練が行われていたのだが、講和条約の締結となり、屯田部隊は戦地に赴くことなく復員した。四郎次もこれに参加していたものと思われる。

十年後の明治三十七年には日露戦争が起こったが、琴似・山鼻の両兵村とも兵役の義務はなくなっており、将校・下士官だけが出征した。このとき九州から四郎次らを運んだ御用船相模丸が、第三回旅順口閉塞（へいそく）作戦で旅順港口に沈められている。

篠路兵村本部跡（札幌市北区屯田七条７丁目，平成24年）

札幌の各兵村でも水害はあったが、中でも篠路兵村の被害はとりわけひどかった。篠路にはその低地を囲むように、創成（そうせい）川、発寒（はっさむ）川、旧琴似川、安春（やすはる）川が流れていた。毎年の融雪期、あるいは石狩川の上流に大雨が降ると、発寒川の下流から逆流した石狩川の濁流が篠路兵村に流れ込んでくる。兵村全体が浸水し、それが二週間、長いときは一カ月も水が引かない状態になる。これが毎年、五月から六月にかけて年中行事のようにやってきた。各兵屋ではそれを知っていて、毎年この水害の後に種まきが行われた。

またこの兵村一帯は、泥炭質の地層が一～二メートルもあり、しかも低地のため地面から五センチほど下は水分を含んだ泥炭になっていた。明治二十五年六月、ここで大火が発生した。表面の泥炭が燃え出し、地を這（は）うようにくすぶりながら燃え広がった。人々は兵屋の周りに水をまいて燃えないようにするしか手段がなく、この火災は二週間以上も続いたのである。この火災により、十戸以上の兵屋が全焼し、数戸の屯田兵が脱落している。

篠路兵村の主流作物は麻栽培であった。種まきの時期が遅いので、豆類、大麦、小麦の収穫が少ない中、大根の栽培が定着した。明治二十四年から三十年にかけて篠路大根という銘柄が道内を風靡（ふうび）した。

ところが、明治三十一年に北海道全域に暴風雨が吹き荒れ、甚大な水害が発生した。このとき、石狩川の水位は八メートルを超え、篠路兵村も全域が水没するという状況で、この年の大根は全滅となった。翌年、大根が一〇センチほどまで生長したところで根切り虫が蔓延し、再び大根の収穫はなかった。この二年にわたる被害により、この地での大根の栽培はなくなり、牧草、燕麦（えんばく）の栽培が主流となっていった。

その後も明治三十五年（一九〇二）に記録的な凶作に見舞われ、三十七年七月の石狩川・天塩（てしお）川の氾濫（はんらん）など、篠路兵村入植者は苦難の年月を味わうことになる。明治二十二年に一〇五六名の家族とともに入植した二二〇戸の屯田兵は、明治四十年代には七十二戸、五五五人が残るだけとなった。昭和十三年（一九三八）の開基五十周年記念誌によると、屯田兵七人、相続者十八人、分家十三人の計三十八人が残留者であった。この地の厳しさを物語る数字である。

入植当初、生後五カ月であった長女栄女は、明治三十三年三月三十日に養子縁組を解消し、四郎次の籍に復籍している。養女に出した先は、「篠路村字兵村五一七番地山田尋源」（「米良四郎次除籍謄本」）とあり、篠路兵村配置図では、四郎次の六軒隣の兵屋である。その経緯や時期は定かではないが、入植当初の困難を想起させるものがある。

苗圃（びょうほ）にて。アイヌの女性が作業する奥でステッキを持って立つ四郎次

営林署仲間と。後列左端が四郎次

篠路兵村では屯田兵一戸あたり宅地一五〇坪、農耕地にすべき土地四八三〇坪が給与され、その後五千坪が与えられた。さらに明治二十三年に五千坪、二十九年からは五千坪が追給され、合計二万坪近い土地が給与された。ただ、三十年間は土地の譲渡や質入、書き入れをしてはならないという制限付きの私有権であった。形式的には売買できない土地ではあったが、実質的な所有権の移動は頻繁にあったようである。明治三十七年、屯田兵条例が廃止され、土地の売買は自由になった。

篠路兵村の場合、与えられた追給地が遠隔であったため、分家して子弟に開墾させた家族もあったが、大半は諦めざるを得ず、明治三十六年には開墾しない土地は追給地として認めないことになり、その大半は没収された。

残留者は仲間から二束三文で土地を買い取り、それを小作人に与え小作料を取った。また、離村者は小役人や小商人となったが、その多くは道内を転々とした末に一家離散となっていった。

四　除隊後の生活と四郎次の家族

明治庶民の大衆的傾向として、農民生活よりは下級官吏や教師となって生計を立てるか、あるいは小規模な商工業者となって生活したいと願うのが一般的であった。そんな中、屯田兵は開拓に従事した後、再び郷里へ帰りたいと願う傾向が強かったといわれている。実際には、小学校の代用教員になったり、役場の書記や監獄の看守、警察の巡査、鉄道の駅員、郵便局の事務員になった者が多かった。

明治三十七年（一九〇四）九月八日、屯田兵制度が廃止される。四郎次が所属していた第一大隊は、その二年前の明治三十五年四月に解隊している。このとき四郎次には、十七歳の義陽を頭に五人の子供がいたが、札幌での四郎次の除籍謄本がすでに廃棄処分（平成七年）されていて、家族の詳しい状況はわかっていない。

明治四十五年四月十七日、四十七歳になった四郎次は「北海道浦河郡浦河町大字浦河番外地（のち常盤町二十二番地と改正）」に本籍を移している。この時点で、次男、三男の名は浦河町の除籍謄本にはない。営林署の職務に就き、国有林の監視員となっていた。四郎次がいつごろ屯田兵を除隊したのかは不明である。

1　本妻ツルとその子供たちおよび妾チナ

四郎次の浦河の除籍謄本には、妻ツルやその子、孫、さらに後妻とその子らが加わり、十八人が名を連ねている。子供だけで十三人である。最初の五人の子が本妻ツルの子で、あとの八人は妾（めかけ）佐山チナ（明治十九年生まれ）との間の子である。さらにチナの除籍謄本には、四郎次との間にもう一人、夭折（ようせつ）した子がいる。チナの除籍謄本については後述する。

このころの四郎次には本妻ツルのほかに、妾佐山チナがいた。この二重生活がどのようなものであったかは、全く伝えられていない。札幌を離れた後の四郎次およびその家族の足跡は、四郎次の浦河町の除籍謄本からの推測によるものとなる。

四郎次の除籍謄本を見ていると、本妻ツルとその子らの複雑な人生模様が浮かび上がってくる。

ツルの死は大正十四年（一九二五）二月十五日（享年六十二歳。法名は不明）で、四十歳の長男義陽が札幌で届け出ている。ツルの死亡場所の「札幌区北三条西一丁目二番地」（当時の住居表示）は、長女栄女（三十七歳）の後夫佐藤政之丈（大正四年に結婚）の本籍地である。このとき次女照（明治二十四年生まれ）は三十五歳であった。

長男義陽は、母ツルが死んだ大正十四年に結婚している。義陽夫婦には子供がなく、妹栄女の三女芳（後夫との子）を養女として迎えているが、そのわずか七カ月後の昭和五年（一九三〇）に、義陽は四十五歳で死亡している。義陽の死亡届は、四郎次によって網走郡美幌町に届けられている。義陽の死に伴い芳の養子縁組は解消され、四郎次の戸籍に復籍し、翌年には義陽の妻まつも青森の実家に復籍している。

チナ（推定）。北海道・浦河町の写真館で四郎次の写真と同時期に撮影されたもの

四郎次

次女照も二人目の夫久保庭了造（大正六年に結婚）と昭和二年（一九二七）に離婚し、その後三人目の夫である栗崎近之助（昭和三年に結婚）を亡くし、昭和十一年に四郎次籍に復籍している。照は昭和二十四年、「東京都北多摩郡狛江村和泉一六六七番地」で死亡。五十九歳（同居の親族久保庭武男届出）。

四郎次の浦河町の除籍謄本では、長男の次の表記が四男繁実となっており、次男、三男の行方はわからない。おそらく浦河町に転籍した時点で、すでに死亡していたものと推定される。

四郎次の十四人の子のうち、平成二十五年（二〇一三）現在で存命なのは、八女キク（九十三歳）と六男周策（八十九歳）の二人だけである。

だが、四郎次に関することはこの二人には何も伝えられていない。チナは昭和三十三年まで存命であったが、チナの生い立ちや四郎次との出会いの経緯、さらにはチナが四郎次の後妻であることも、全く聞かされていなかった。

四郎次は、屯田兵除隊後、営林署の職員となって浦河へ赴任する。浦河での四郎次は、国有林の監視で定期的にえりも町目黒まで出かけている。これはキクの記憶するところである。チナがどこで何をしていたかは不明だが、チナの本籍がある歌別（うたべつ）は、様似（さまに）からえりもに続く険しい道を抜け、目黒へ向かうための日高山脈越えの入り口に位置する。

浦河から目黒へ至るその行程にチナとの接点があったのだろうが、様似から目黒まではほとんどが断崖絶壁、切り立った崖に波が打ち寄せるという道なき道である。二人が出会うとすれば、歌別と考えるのが妥当であろう。

チナが第一子ハルを産むのは、明治三十八年（一九〇五）五月で、チナが満十九歳になって八日目のことである。つまり、明治三十七年七月ころには、すでに四郎次とチナに接点があったことになる。

チナの除籍謄本には、ハルの出生地が「本村大字幌泉（ほろいずみ）村番外地」とある。チナの本籍地は、父田中清兵衛と同じ「北海道幌泉郡歌別村番外地」（「佐山チナ除籍謄本」）で、四郎次除籍謄本には「幌泉郡幌泉村大字歌別村番外地」と若干の違いはあるが、ハルの出生地はチナの実家佐山家の所在する場所と考えられる。

翌三十九年九月には、第二子のナツが生まれているが、このナツ以降の八子は、四郎次の本籍地である「浦河郡浦河町大字浦河村番外地」の出生となる。ただし、七女スエは「浦河町大字浦河村五七番地」（生後五カ月の大正七年（一九一八）に、大字浦河村五二番地で死亡）、八女キクは「浦河町大字向別（むこうべつ）村番外地」と微妙に異なっており、次の六男周策は四郎次の本籍地での出生となっている。

四郎次長男義陽か，18歳のとき（明治36年12月，熊本市松永写真所にて撮影）。右は写真の裏

これらのことから、ハル出生の明治三十八年五月以降、チナを本宅またはその周辺に呼び寄せていたものと考えられる。それはまた、妻ツルが四郎次のもとを離れた時期ということになるのではないだろうか。

このころのツルおよびツルの子らの所在は判然としないが、四郎次の除籍謄本では、次女照の子英男の出生が、明治四十三年七月に「浦河町西舎（にしちゃ）村杵臼（きねうす）村組合戸籍吏」へ届けられている。また明治四十五年五月には、長女栄女の子美津の出生が「札幌区戸籍吏」への届出となっている。いずれも父欄は空白で、四郎次の籍に入籍している。

平成十九年（二〇〇七）に札幌の米良周策家から夥（おびただ）しい数の写真が発見された。いずれも明治後期から昭和初年にかけてのものである。その中に、長男義陽のものと思われる写真がある。短髪で着物姿に口ひげを生やし、メガネをかけた若者が腕を組んでいる姿が写っている。写真の裏には、

明治三十六年十二月写ス
　天野公人
　　生年十九年歳二ケ月
呈　米良義陽（陽カ）君

とあり、写真館の名前が「熊本市南千反畑町　物産館前　松永写真所」と漢字とローマ字で印字されている。

この写真の若者が、義陽である可能性がある一方、天野公人の写真で米

左・チナ，右・三女ハル。
チナ晩年の写真と思われる

四郎次の５人の子。前列左からナツ，ハル，後列左からアキ，キク，周策。昭和20年代後半～30年代前半と思われる

良義陽に贈呈したものとの推定も成り立つ。

この若者が義陽だとすると、義陽は明治十九年（一八八六）七月生まれなので、十八歳の写真ということになる。明治三十六年に義陽が熊本にいたということで、熊本との繋がりがあったことを示唆する史料として、興味深いものとなる。

明治三十六年十二月に義陽が熊本を訪れている可能性がある。また、四郎次が少なくとも明治三十七年七月ころにはチナとの接点を持っていたことなどを考えると、明治三十五年の第一大隊の解隊まで四郎次が屯田兵として篠路にいたのではないか、という思いが頭を擡（もた）げてくる。だが、いずれも推測の域を出るものではない。

2　チナの除籍謄本

さらにチナの除籍謄本からは、チナの生い立ちにかかわる新たな事実が浮かび上がってくる。筆者は平成十九年十一月、北海道幌泉郡えりも町より佐山チナの除籍謄本を入手している。

佐山チナの除籍謄本は、チナ自身が戸主である。父母欄は「亡父田中清兵衛、亡母佐山ユキ」とあり、戸主欄には「本籍に於て子出生。母佐山ユキ死亡に付、分娩を介抱したる田中清兵衛、明治三十八年三月三日出生届出、同日受付。母の家に入ることを得ざるに因り、一家創立。明治三十八年三月三日届出、同日受付。明治三十八年三月三日、幌泉郡歌別村番外地田中清兵衛の子、認知届出、同日受付。出生事項中、出生の場所、届出人の氏名並に其資格身分、登記に依り記載。認知事項中、認知届父田中清兵衛身分、登記に依り記載」(句読点は引用者による)と続く。

チナの母佐山ユキは、明治十九年四月二十七日にチナを産んですぐに死亡し、父田中清兵衛によってチナの出生が届けられている。ただしその届出は、チナ出生から十九年後の明治三十八年三月三日である。つまりチナは、十九歳まで戸籍がなかったのだ。さらに、除籍謄本のチナの父欄に「亡田中清兵衛」とあることから、この出生を届出、認知した田中清兵衛自身、届出時点においてすでに死亡していたことを意味する。

チナが第一子ハルを産むのは、この届出の二カ月後の明治三十八年五月五日である。おそらく、チナの出産が間近に迫り、チナに戸籍がないことがわかり(以前から知っていたのかも知れない)慌てて戸籍を作ったものと思われる。戸籍吏の判断で、すでに死亡している田中清兵衛が認知した形をとったのだろう。

チナの除籍謄本には、父欄空白のまま、ハル(明治三十八年)、ナツ(明治三十九年)、アキ(明治四十三年)、フユ(大正二年)、スエ(大正六年)、キク(大正九年)と女子の名が連なっている。筆者が平成十九年に八女キク(当時八十八歳)に聴き取り調査を行ったところ、昭和三年(一九二八)に四郎次籍へ入籍するまで、女の子供たちはみな佐山姓を名乗っており、男子である四男繁実(明治四十四年)、五男繁輔(しげすけ)(大正四年)、六男周策(大正十三年)の三人は米良姓であったという。昭和三年に佐山家を相続する者が現れるまで、佐山家側から米良籍への入籍が許可されなかった、ということだった。

キク。昭和初期ごろ

四郎次とチナの年齢差は二十歳で、長男義陽とチナは同じ歳である。昭和三年五月二十一日に四郎次の戸籍に入籍したのは、妻チナ(四十三歳)、三女ハル（二十四歳）、五女アキ（十九歳）、六女フユ（十六歳）、八女キク（九歳）である。この時点で四女ナツは大正二年（一九一三）に浜崎清蔵家の養女となっており、七女スエは大正七年に夭折している。

3 浦河での四郎次

四郎次が国有林の監視の仕事で外出する際には、常に刀を持っており、当時、田舎で帯刀を許されていたのは四郎次と警察官だけであったという話は、筆者がかねてから母京子（五女アキの長女。昭和十年生まれ）から聞いていたことである。営林署の職員が帯刀を許されていたのは、ヒグマ対策のためだろうと思われる。だが、今回改めて四郎次の帯刀の事実をキクに尋ねたところ、刀を持って外出した父の姿は見たことがない、と明確に否定された。

筆者の母が幼いころ、チナは〝米良のお婆さん〟と呼ばれ、しばしば泊りがけで様似町で銭湯を経営する娘アキのもとを訪れていた。筆者の母の記憶は、母親のアキ、またはチナから聞いたものかも知れない。母自身の記憶も定かではない。

キクの記憶では、四郎次は国有林の見回りで、浦河町からえりも町目黒まで年に二度の割合で、定期的に出かけていた。目黒に定宿としている旅館があり、そこを拠点に数日間滞在しており、徒歩しか交通手段のなかった当時、浦河から目黒までの六〇キロを超える道のりを、四郎次は徒歩で出かけていた。途中、様似からえりもまでは、日高山脈の山々が海に迫る険しい道で、江戸末期に開削された様似山道を抜けながら、干潮をめがけて海岸沿いを歩くという行程であった。

また、四郎次は外出するときはいつも袴（はかま）を穿（は）いており、自宅に戻ると大きな前掛けをして過ごしていたという。家にいても横になったり胡坐（あぐら）をかくことはなく、いつも正座姿で背筋を伸ばし、子供たちが少しでも足を崩すと、たちまち睨まれたものだということを語っている。

刀の存在の有無を訊いたが、女の目につくようなところにそんなものを置くような父ではなく、一度も見たことはない。父は士族の教育を受けており、神棚や刀などに対して、女がかかわれる状況ではなかった。父は昔のことを一切語らなかったので、熊本から出てきた経緯や屯田兵生活については、何も聞いていない、と言う。もっとも四郎次が死亡したとき、キクはまだ満十三歳という年齢であったということもあるだろう。

残念ながら四郎次には浦河での除籍謄本しか残っていない。札幌市西区役所によれば、平成七年（一九九五）に札幌での除籍謄本が処分されているという。西区の戸籍係は、札幌全域で除籍謄本の探索を行ったがどこにも存在しなかった、と伝えてきた。また、熊本市からも同様の回答を得ている。もう少し早くこの作業を行っていれば、と悔やまれてならない。

4　春道院とは

もう一つ付記しておかなければならないことがある。筆者は、平成二十年五月に米良周策家の過去帳（以下「米良周策家過去帳」という）を調査している。この過去帳は、様似町の等澍院先代住職智行和尚の筆によるもので、周策の母チナの代に作成されている。書かれた年代は、過去帳冒頭の「北海道日高国様似郡様似町字様似四一八番地」という表記から、様似町に町制が布かれた昭和二十七年以降チナが死亡する昭和三十三年までの間と推定される。

この過去帳は、「米良家法名抜書」を直接写し取ったものではない。米良家には「女は神棚に触れてはならない」という家訓があり、四郎次死亡以降数十年間、引き戸式の神棚は開けられていなかった。「米良家法名抜書」は、誰の目に触れることもなく、この神棚の中に保管されていた。

米良家の過去帳は、仏壇にあった柾目の板に書かれてあった戒名を写し取ったものだと周策は記憶している。この柾目の板というのは、位牌の代わりになるもので、四郎次存命中に「米良家法名抜書」から写し取られたものと推測される。過去帳完成後、柾目の板は処分され、現存していない。

この「米良周策家過去帳」は、智行和尚の筆による者が最初の三十四名で、次の四名、すなわち大正七年（一九一八）夭折の佐山スエから、米良繁輔、米良四郎次と続き、昭和二十一年の米良繁実までが別の筆跡である。最後の二名は、周策によって書き込まれたチナと周策の妻ツキで、四十名が名を連ねている。最後の二名の筆については、筆者が直接周策に確認している。

智行和尚の筆跡による過去帳と「米良家法名抜書」とを比較すると、過去帳には一名の欠落（四代勘兵衛・本清院）と、一部順序の相違はあるが、「米良家法名抜書」とほぼ合致する。ただ、智行和尚の筆による最後の三十四番目の者が、明治二十三年一月八日死亡の「春道院自性妙心大姉」とある。この春道院は、「米良家法名抜書」には存在しない。その後の米良家にも該当する人物がいないのである。

智行和尚が誤って他家の人物を書き加えてしまったとも考えられるが、この推測はかなり強引である。四郎次（満二十三歳）とツル（満二十五歳）は、明治二十二年七月に三歳の長男義陽と生後五カ月に満たない長女栄女を伴って熊本を発って北海道に渡っている。乗船者同士での助け合いはあっただろうが、はたしてツル一人の女手で、そんな幼子に長い船旅をさせることができただろうか、という疑問がある。

これはあくまで筆者の推論であるが、この春道院が四郎次の兄亀雄の妻、もしくは、叔父左七郎の妻ではないかと考えている。両者の妻帯の有無は不明である。だが、亀雄は二十一歳という若さで自刃している。妻帯の可能性は否定できないが、左七郎の妻と考えた方が自然である。左七郎の墓石に妻の名が刻まれていないので、存命だったはずである。

つまり、亀雄自刃後、十四歳で母親を亡くした四郎次の面倒を見たのが左七郎の妻で、左七郎夫婦には子（男子）がなかった。八代四助実明の家督が子である亀雄に直接継がれず、いったん四助の弟である左七郎を経由し亀雄の成長の後に戻された、という経緯にも繋がるものである。四郎次にとって、左七郎夫婦は育ての親のような存在だった。だから、左七郎亡き後、四郎次の渡道に際して春道院を伴ったのだろうと筆者は考えている。

春道院の明治二十三年一月の死亡は、北海道に渡った最初の冬に死亡したことを意味する。初めて経験する苛酷な冬を越せなかったということでも、左七郎の妻ではなかったかという思いを強くする。また、四郎次が栄女を篠路兵村の六軒隣の山田尋源に養女として出しているのも、春道院の死との関係性を窺わせる。それまで子守を行ってきた春道院を亡くし、二人の子供を養育するにはあまりにも生活環境が厳しかった。そこでやむなく赤ん坊である栄女を養子に出したのではないか、という推測である。

春道院の墓は、当時の篠路兵村の共同墓地であった場所に今も存在するはずである。四郎次の先妻ツルや長男義陽、次男、三男の墓が、同じ場所にある可能性も否定できない。明治二十三年の春道院の死が、ツルや義陽の墓の所在を解き明かすことになる可能性は十分にある。

平成二十四年五月、筆者は屯田兵時代の古い墓があるといわれる「屯田墓地」（石狩市花川東）と「上篠路墓地」（札幌市北区篠路四条九丁目）をくまなく探索したが、墓の発見には至らなかった。

以上は筆者による推測である。四郎次の札幌での除籍謄本があれば、かなりの部分が解明されたはずである。

昭和八年六月二十八日、四郎次は本籍地浦河町において死亡。享年六十八歳。同居の四男繁実届出。法名は頓誉良田儀忠居士。菩提寺は北海道様似郡様似町の天台宗厚沢寺（通称「等澍院」）。後妻チナは昭和三十三年五月十三日死亡。享年七十三歳。法名は清誉浄願善大姉。チナの死亡届は、この時点で米良家に残った唯一の男子である六男周策が行っている。

第八章　太平洋戦争から現在へ

一　十二代米良繁実

米良四郎次の四男繁実（しげみ）は、明治四十四年（一九一一）三月十三日、北海道浦河郡浦河町大字浦河番外地に生まれている。昭和八年（一九三三）六月二十九日、父四郎次の死亡に伴い二十三歳で家督を相続する。

四郎次が死んだ年、チナ（四十八歳）との九人の子のうち、夭折したスエ、浜崎清蔵家へ養女に出したナツを除いて、ハル（二十九歳）とアキ（二十四歳）はすでに嫁いでおり、繁輔はその前年に十八歳で事故死（造船所に勤めていたが、そこでの怪我がもとで、数日後に死亡――キク談）している。フユ（二十一歳）は翌年に結婚し、キク（十四歳）と周策（十歳）はまだ幼かった。先妻ツルの子で、米良家を継げる者は存在しなかった。

繁実（大正後半から昭和初期ごろか）

繁実は当初浦河町役場に勤めていたが、上司との折り合いが悪く、その後、現在の北方領土四島の一つ色丹島（しこたん）の役場に勤務している。色丹島は、標高四一三メートルの斜古丹山（しゃこたん）を中心に、全体が山地・丘陵になっている面積二五五・一二平方キロメートルの島である。昭和二十年八月、ソビエト連邦によって占領され、現在はロシア連邦が占領、実効支配している。

当時色丹島には千島国色丹郡色丹村が置かれ、千人余りの住民がいた。

繁実の出征祝い。前列左から一人置いて三橋京子（アキ長女，筆者の母），チナ，繁実，三橋嘉朗，周策。後列左からアキ，キク，三橋英朗（アキ次男）。昭和18年５月，様似町で銭湯を経営する三橋嘉朗・アキ（繁実の姉）の自宅二階にて

村役場があった中心集落は、北東部の斜古丹湾岸で、学校や駅逓（えきてい）、郵便取扱所も設けられていた。島の南北両岸には天然の良港が多く、コンブ、サケなどの漁業が主要産業であった。

1　繁実の応召

太平洋戦争の激化に伴い色丹島を出た繁実は、十勝の本別（ほんべつ）町役場に勤務していたが、昭和十八年五月に召集令状を受け取る。繁実は姉アキの嫁ぎ先である様似郡様似町で銭湯を経営していた三橋嘉朗（みはしよしろう）のもとから出征していった。三十三歳、独身であった。アキの孫である筆者は、昭和三十五年にこの家で生まれている。

平成二十年（二〇〇八）三月、筆者は北海道保健福祉部福祉局へ繁実の軍歴照会を行っている。その結果、次のような回答を得た。

昭和六年十二月一日		第一補充兵役編入
昭和十八年五月二十三日	二等兵	臨時召集のため歩兵第二十八聯隊補充隊に応召
昭和十八年五月二十三日		要塞（ようさい）建築勤務第九中隊に編入
昭和十八年五月二十五日		樺太豊原着
昭和十九年一月十日	一等兵	
昭和十九年七月十日	上等兵	

昭和二十一年三月七日　兵　長
昭和二十一年三月七日　伍　長　ソ連ムリー第一地区ポートワニ病院において栄養失調兼急性肺炎により戦病死

この軍歴を読み解くと、次のようになる。繁実が満二十歳になった昭和六年（一九三一）十二月に徴兵検査を受けて合格となり、補充兵として登録される。第一補充兵役とは、現役欠員時の補充兵員である。その後、昭和十八年五月に応召し、陸軍第七師団歩兵第二十八聯隊第九中隊に編入され、樺太の豊原に派兵。昭和十九年一月に一等兵、七月に上等兵へと進級し、昭和二十一年三月に戦病死したため、二階級特進で伍長となっている。

繁実の浦河町の除籍謄本には「北海道札幌地方世話所長報告」として、「昭和二十一年三月七日午前十時、ソ連ムリー第一地区ポートワニ病院で死亡。昭和二十四年三月十五日送付除籍」とある。

繁実の所属した第二十八歩兵聯隊は旭川に本部を持ち、昭和十七年八月にガダルカナル島にて玉砕し、聯隊長が自決している。その再編成により、繁実が召集されたものと思われる。

昭和二十年八月八日、日ソ中立条約を一方的に破棄したソ連は対日宣戦布告をし、日本が事実上占領していた中国北東部（満州国）への侵攻を開始する。南樺太や千島列島では、終戦後の九月四日までソ連軍との戦闘が行われていた。ソ連軍の豊原への軍事侵攻は、昭和二十年八月二十四日である。武装解除された日本軍部隊は、集成大隊に編成替えさせられ、ソ連領内の約四十六地区の収容所に移送・抑留されている。

また樺太南部に位置する豊原市は、明治三十八年（一九〇五）から昭和二十年までの四十年間、日本の統治下にあった。豊原市は、現在のサハリン州の州都ユジノサハリンスク市である。

2　繁実の抑留先

このシベリア抑留者については、いまだに正確な把握がなされていないが、旧厚生省が実施した帰還者からの聴き取り調査による推計では、五七万五〇〇〇人が抑留され、そのうち死亡者は五万五〇〇〇人に上っている（『厚生労働省作成名簿』）。一説によると百万人の抑留者がいたともいわれ、冬期には氷点下五十度にもなる極寒の地で、最初の冬だけで十一万人の日本人が死んだと推計している民間団体もある。繁実もその犠牲者の一人であった。

繁実が死亡したシベリアのムリー地区については、『戦後強制抑留史（三）』に次のような記述がある。

「ムリー河畔コムソモリスク対岸ピアニー（ピーアン）より沿海州東海岸ソフガワニ湾に至る延長約四百五十キロにわたるバム鉄道沿線上に散在する収容所を総括してムリー地区と称した。この地はおおむね山麓に沿う地域であり、鉄道沿線を除いてほとんど密林であって大きな都邑（とゆう）はなく、鉄道開設後の開墾地でいわば未開地である。

地区は百二十九か所の分所および十四か所の病院から成り更に支部編成をとり三か所の支部に分割されていた。この地区に入所した大隊は満州編成大隊二〇個大隊、千島・樺太編成大隊三五個大隊合計五五個大隊、五万二千三百五十六人（終戦より一九五一年八月まで）であった」とある。

ここで、抑留死亡者をデータベース化し、ホームページで公開している村山常雄氏の記述から、「収容所」と「支部」、「分所」の違いについて明らかにしておく。村山氏は、自らが抑留体験を持ち、この抑留死亡者を調べ上げ著述化した功績により、平成十八年に第四十回吉川英治文化賞を受賞している。

「基本的に『収容所（ラーゲリ）』は、内務省直轄の州等から独立した地理的エリア（日本人はこれを『地区』

とも呼んだ）で、大きいものは数百キロにも及ぶ広大な範囲に、多数の『分所（カローナまたはラグプンクト）』、すなわち『有刺鉄線で囲われた個々の生活単位である収容施設』を包含し管理するが、後者をも俗に収容所とも呼ぶことから、両者はたまたま混同されることがある。
この両者の中間組織として『支部（アジレーニエ・ラーゲリヤ）』があり、いくつかの分所を管理した。病院での死亡者以外は、この『支部』ごとに記録されている場合が多い」

村山氏の説明から、私たちが一般的に理解している収容施設は、収容所ではなく分所であることがわかる。組織構造から見ると、収容所―支部―分所という序列になっており、正式には全て番号で呼ばれていた。

『戦後強制抑留史（三）』は、このムリー地区での死亡者を二四二三人と記している。さらに、繁実の死亡した昭和二十一年（一九四六）までにムリー地区ポートワニ付近で着工された作業を、同書の「主要建設工事の地域別成果一覧表」に探ると、おおよそ三つの建設工事があったことがわかる。

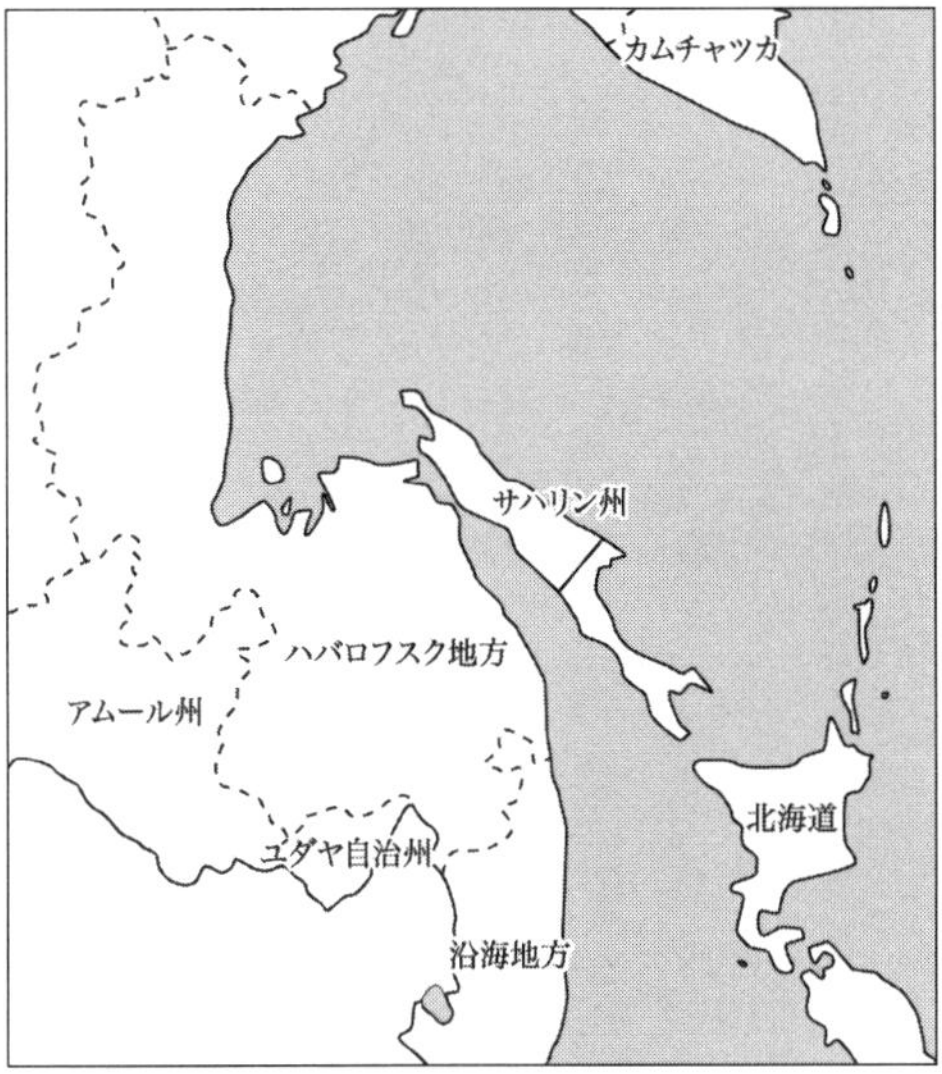

旧ソ連地域概見図。繁実の抑留先はハバロフスク地方

一つはポートワニの海軍倉庫二十二棟の建築および水道鉄管一キロの敷設工事で、昭和二十年十月から開始され、作業人員は千人であった。

また、ポートワニ―コムソモリスク間の鉄道建設工事がソフガワニで行われ、着工が昭和二十年九月で、作業人員は六百人とある。そのほかに、ソフガワニ―ピアニー間三四〇キロの鉄道建設などが見られるが、ほかにも小規模の作業は無数にあったようである。

村山常雄氏は、ムリー第一地区の作業所を「サラワッカ駅、トゥムニン駅前、ペレワール駅、イェンナ河、ガラガラ山分所、スートゥイリ河、ドゥブリカン河、プレーヤ河、ヤウリン河、四地区一支部温泉」としている。

一説によると、このムリー第一地区には三万人の捕虜（昭和二十年九月時点）がいたといわれ、主な労働は、伐採、製材、鉄道の建設、機関車の薪積み、土木作業などであった。劣悪な環境と過酷な強制労働により、栄養失調による衰弱死や赤痢などによる感染病死が死亡者の大半であった。

3　繁実の発見

繁実の弟米良周策は、戦後しばらくして繁実と同じ収容施設にいたという布施秀一（ひでいち）氏を様似町冬島に訪ね、施設での繁実の様子を尋ねた経緯がある。布施氏は、施設内で二、三度繁実を見かけたことがあるだけで、それ以上の情報はなかった。今回、筆者は北海道虻田（あぶた）郡豊浦町に転居していた布施氏に連絡を試みたが、布施氏は平成十四年（二〇〇二）に亡くなっており、抑留に関する情報は布施氏の家族には伝えられていなかった。

筆者は、平成二十年三月に厚生労働省社会援護局に抑留死亡者の問い合わせを行っている。厚生労働省がホームページで公開している抑留死亡者名簿に、繁実らしき人物を偶然に見つけたことが発端であった。

厚生労働省には、ロシア側から提供を受けた抑留死亡者名簿があり、平成十九年三月よりインターネットで公開している。平成三年にゴルバチョフ大統領が来日した際に提供を受けた「ソ連邦抑留中死亡者名簿（平成三年名簿）」（三万七〇〇〇名所載）と、平成七年に外相会談が行われた際、ロシアのコズィレフ外相から提供を受けた「平成七年提供ソ連邦抑留中死亡者名簿（平成七年名簿）」（二九七九名所載）である。さらに平成十七年にもロシア側から「個人別の資料の原本を撮影したマイクロフィルム（平成十七年個人資料）」（三万八〇〇〇名所載）の提供を受けているが、こちらはいまだ公開には至っていない。いずれの資料も重複記載者があるため、厚生労働省は死亡者登録数を五万五〇〇〇名と発表している。うち身元が判明している者は三万六一五七名である（平成二十四年三月三十一日現在）。

筆者が繁実らしき人物を見つけたのは、平成七年名簿である。名簿には「メイラ・シネミ」とあり、生年「明治四十三年」、階級「兵」、死亡年月日「昭和二十一年二月二十一日」、埋葬場所「第三四七五特別病院」、連番、通番が付与されている。

ロシア側から提供を受けた名簿は、ロシア語による聴き取りによって作成されているため、氏名の誤記がはなはだしい。厚生労働省では、平成三年名簿と平成十七年個人資料にも、この「メイラ・シネミ」と同一ではないかと推定している人物がいた。平成三年名簿には、「マイロ・ギエ（ヨ）ネマ」という名があり、生年、階級、死亡年月日ともに同じで、収容所名・埋葬地名欄に「第二収容所・ソフガワニ（名簿にはサブガバーニスキーとあるが、正しくはソフガワニである）地区チシキノ居住区」、地方欄は「ハバロフスク」となっている。地域の隣接とロシア語表記の読み方の類似性が、同一人物と推定した根拠である。

通常、抑留者が死亡すると、翌々日に埋葬するのが一般的である。厚生労働省の担当者が同時期のこの地域での死亡者を再調査した結果、死亡から埋葬までに十数日の期間があることが判明した。冬期のため地表が凍結していたことが原因とされる。除籍謄本とロシア側資料との死亡日の違いについては、ロシア側の資料に記されている二月二十一日が死亡日で、除籍謄本の三月七日が埋葬日だった可能性がある、との教示を受けた。

筆者が初めて厚生労働省に問い合わせを行ったのが平成二十年三月六日で、その翌七日には繁実に間違いないだろうとの非公式な報告をもらっている。その夜、改めて繁実の除籍謄本を眺めていると、三月七日と記された繁実の死亡日に目が留まった。カレンダーに目を移すと、まさに三月七日である。六十二年前の同月日なのである。あまりにできすぎた偶然に、驚きを隠せなかった。

平成二十一年一月二十八日、厚生労働省から抑留死亡者名簿の「メイラ・シネミ」などが、繁実と同一人物である旨を記した正式な通知を受け取った。厚生労働省が繁実であると推定した根拠は、次のとおりである。

「当局（厚生労働省 社会・援護局）では、平成三年以降ロシア政府からソ連抑留中に亡くなられた方々の名簿を受領しており、当局が保管する日本側資料と照合することにより、名簿登録者の身元特定に努めておりますが、近藤様から〈米良繁実の記録ではないか〉と申し出のあった平成七年提供名簿の登録者〈メイラ・シネミ、明治四十三年生、昭和二十一年二月二十一日死亡〉については、生年月日等の決め手となる情報が記載されていないために、これまで身元が判明しておりませんでした。

現在、身元が判明していない登録者については、平成十七年に提供された個人別の資料を精査中ですが、前記の〈メイラ・シネミ〉に該当する個人資料を精査したところ、名簿と同様に出生地等の決め手となる情報はないものの、氏名・生年・死亡年月日が類似するのと、死亡場所・死因が一致すること、ほかに同姓同名者、または類似する記録の方がおられないことから、〈メイラ・シネミ〉は米良繁実様の記録であると判断するに至りました」

とあり、さらにロシア側から提供を受けている三点の資料を比較記載している。

① 平成三年（一九九一）提供の「ソ連邦抑留中死亡者名簿」の記載内容

〔整理番号 二〇一四―〇〇二三〕

1 埋葬地 ハバロフスク地方第二収容所ソフガワニ地区チシキノ居住区

2　氏　名　　マイロ・ギエ（ヨ）ネマ
資料原文のロシア語表記が二種類に発音可能であるため、（　）内に併記
3　生年及び階級　明治四十三年生、兵
4　死亡年月日　昭和二十一年二月二十一日

②平成七年提供の「ソ連邦抑留中死亡者名簿」の記載内容
1　埋葬地　第三四七五特別病院
2　氏　名　メイラ・シネミ
3　生年及び階級　明治四十三年生、兵
4　死亡年月日　昭和二十一年二月二十一日

③平成十七年提供のソ連邦抑留中死亡者「個人資料」の記載内容
1　氏　名　マイラ・シネミ（メイラ・シネミの記載もあり）
2　生年月日　一九一〇年（明治四十三年）
3　出生地　―
4　住　所　―
5　家族の名前　―
6　職　業　―
7　階　級　兵

8　所属部隊　――
9　捕虜となった場所　――
10　捕虜年月日　――
11　死亡年月日　一九四六（昭和二十一）年二月二十一日
12　死　因　栄養失調、クループ性両肺炎
13　死亡場所　第三四七五病院分院「マスタヴァーヤ」
14　埋葬場所　ソフガワニ地区チシキノ居住区第三四七五病院分院の墓地

以上三点がロシア側の資料であるが、筆者が入手した繁実の除籍謄本と軍歴を合成し、右に倣（なら）って挙げると次のようになる。

④　除籍謄本及び軍歴の記載内容
1　氏　名　米良繁実（メラ・シゲミ）
2　生年及び階級　明治四十四年三月十三日、兵（死亡時上等兵、のち二階級特進にて伍長）
3　死亡年月日　昭和二十一年三月七日　午前十時
4　死　因　栄養失調兼急性肺炎による戦病死
5　死亡場場所　ソ連ムリー第一地区　ポートワニ病院（北海道札幌地方世話所長報告）

4　無念の死

厚生労働省からは、平成十七年個人資料の米良繁実に関する部分が、ロシア語の原文のまま提供された。全訳はできないが遺族が知りたい箇所を部分訳したとする資料には、繁実の死亡に関する詳細が記されていた。後に筆者は、総務省の外郭団体である財団法人全国強制抑留者協会を通じて、全訳を入手している（史料32）。

個人資料には、繁実の死因が、

「第Ⅲ度栄養失調症およびクループ性両肺炎の診断を受けて一九四六年二月十一日から第三四七五後送病院マスタヴァーヤ分院に入院していた新たな特別人員メイラ・シネマが、一九四六年二月二十一日午後四時（別の訳文には「午前四時」とある）に心機能低下により死亡した」

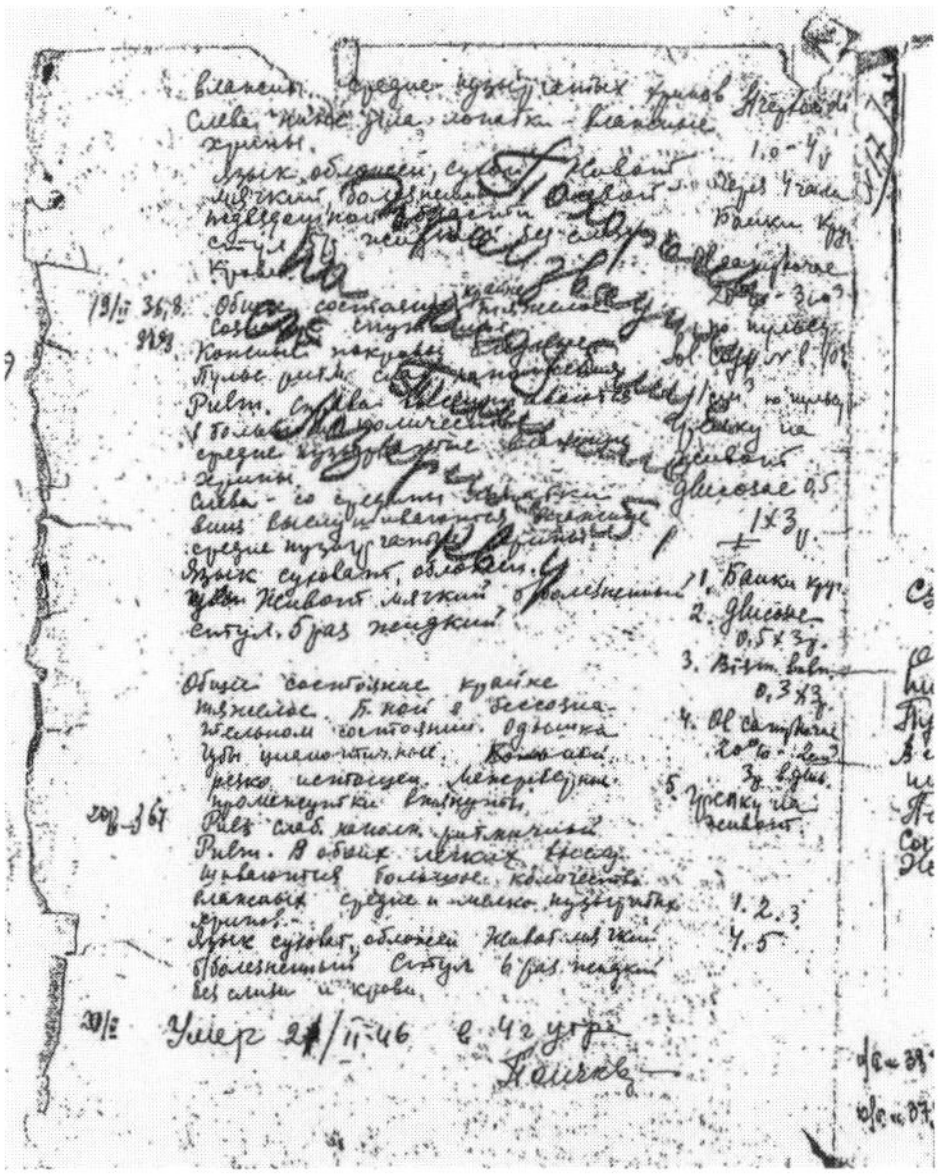

「個人資料」カルテ（平成17年,
厚生労働省 社会・援護局提供）

とある。ここにある「特別人員」とは、「旧ソ連において、戦争や革命で疲弊した産業を復興させるために政府によって安価な労働力として〈徴用〉された、囚人・流刑者・戦争捕虜・抑留者などの特殊な人員を表す」

とある。また、別の部分訳には、

「本日、戦争捕虜マイラ・シェネミ――［生年］一九一〇年、［階級］兵、［民族］日本人、一九四六年二月二十一日に第（空白）収容所第三四七五病院にて死亡――の遺体埋葬が行われた。遺体は、区画番号№4、墓碑番号№292に埋葬された。墓は第一小病院墓地にある」

また、埋葬日が一九四六年三月六日と明記されている。

この資料では、墓の存在にまで触れているが、厚生労働省では墓番号が三桁の事例はほとんど見かけないため、カルテ番号の「292」を誤記したものではないかと推測している。原文では「292」の上二桁「29」の部分に訂正線が引かれていることから、後に三桁目の「2」を書き加えた可能性も考えられなくもないが、詳細は不明としている。

階級の「兵」については、陸軍では、二等兵、一等兵、上等兵、兵長までが「兵」であり、次の伍長、軍曹、曹長が「下士官」、さらに「准士官」、「将校（仕官）」という序列になっている。繁実の場合、死亡後下士官（伍長）になっているので、この「兵」の記述は正しい。

また、厚生労働省の調査によると、除籍謄本の「ポートワニ病院」と平成七年名簿の「第三四七五特別病院」の違いについては、「第二収容所・ソフガワニ地区チシキノ居住区」の埋葬地は、チシキノにあった「第三四七五特別病院分院」の埋葬地であり、帰還者の証言によると「第三四七五特別病院分院」は、もと「ポートワニ病院」と呼ばれていた。つまり、「第三四七五特別病院」には本院と分院があり、本院がマンガクト地方に、分院がポートワニにあったということである。なお、この埋葬地については、旧厚生省が平成九年に現地調査を実施しているが、埋葬地の確認には至らなかったという報告をもらっている。

先に挙げた村山常雄氏は、収容所での病院を三つのカテゴリーに分類している。一つは「中央管理の特別病院（スペツゴスピタリ）」、さらに「地方政府や収容所または支部管理の病院（バリニッツァ）」、それと「緊急に開設された小病院」である。

特別病院は、正式には四桁の数字を冠して呼ばれ、一般民間病院と区別するために特別病院と呼称されている。特別病院は、一つの収容所に複数ある場合も多いが、収容所には従属せず、また抑留者の少ないところでは支部や収容所、時には州境をまたぐ広範囲をカバーしていた。当時日本人を収容した特別病院は、おおよそ九十カ所あったという。

また、「地方政府や収容所または支部管理の病院」は、特別病院の間隙（かんげき）を埋める比較的小規模の病院で、特定の収容所や支部管理、またはその附属の病院で、日本人を収容したこの種の病院は約三十二カ所あったと推定している。

「緊急に開設された小病院」は、先に掲げたバリニッツァと同様なものとしているが、ごく一部にラザレートと呼ばれた病院がある。軍用または野戦の診療所・医務室という意味のようだが、厚生労働省の訳では「医院」、「小病院」となっている。この種の病院は大変少ないが、多数の死者を数えるところもあるという。

村山常雄氏は、独自の調査をもとに四万六三〇〇人の抑留死亡者の名前を漢字に置き換えてホームページで公開しているが、その中に「メイラ・サネミ」という名が確認できる。生年月日や収容所名、埋葬地、死亡日が一致しているので、繁実に間違いないものと思われる（平成二十一年十月、筆者は繁実に関する資料を村山常雄氏に提供したところ、同年十一月に各種資料を精査した結果、「メイラ・サネミ」は米良繁実に間違いなく、「メラ・シゲミ」に訂正したとの連絡を受けた）。

これまでの繁実の情報を整理すると、次のようになる。

繁実は、昭和十八年（一九四三）五月二十三日、臨時召集のため歩兵第二十八聯隊補充隊に応召し、要塞建築勤務第九中隊に編入される。二日後の二十五日には樺太豊原（現在のサハリン州の州都ユジノサハリンスク市）に到着。

終戦後の昭和二十年八月二十四日、ソ連軍による豊原への軍事侵攻がある。武装解除された日本軍部隊は、集成大隊に編成替えさせられ、ソ連領内の約四十六地区の収容所に移送・抑留される。

繁実は第Ⅲ度栄養失調およびクループ性両肺炎で、第三四七五特別病院のムリー第一地区ポートワニにある分院、つまりハバロフスク地方第二収容所ソフガワニ地区チシキノ居住区にあるマスタヴァーヤ分院に、昭和二十一年二月十一日から入院。二月二十一日午後四時（「午前四時」という訳文もある）に心機能の低下により死亡し、マスタヴァーヤ分院付属墓地（区画番号No.4、墓碑番号No.292）に埋葬された（墓碑番号は、誤記の可能性が高い）。埋葬日は三月六日である。除籍謄本にある死亡日の三月七日は、一日のずれはあるものの、埋葬日である可能性が高い。

また、旧厚生省が平成九年（一九九七）に現地調査を行ったが、墓地の発見には至らなかった、ということになる。

戦後、旧厚生省から遺骨の入っていない繁実の骨箱が、様似町で暮らすチナ、周策のもとに届けられた。それは現在、様似町の住吉神社脇にある忠霊塔に納められ、毎年五月十日ころに慰霊祭が行われている。

繁実は、昭和四十三年八月三十一日、当時の首相佐藤栄作名で勲八等の叙勲を受けている。「総理府賞勲局長岩倉規夫　第一二七八四〇七号」とある。

以上が、平成二十年三月から翌年二月にかけての調査で判明した内容である。

5　シベリア抑留帰還者の証言

雑誌『文藝春秋』昭和五十七年臨時増刊号は、シベリア強制収容所体験者四七四名の手記の特集である。シベリア抑留というものがどのようなものであったか、ごく一部ではあるがその手記を抜粋する形で紹介しておく。

樺太や千島で終戦を迎えた日本兵は、日本へ連れて行くというソ連側の申し出を受け、船でシベリアへ運ばれた。そこから有蓋（ゆうがい）貨車でシベリア内陸部へと連行される。中国大陸で武装解除を受けた兵も、ほぼ同じ道筋をたどった。

「私は中千島のウルップ島で終戦を迎えた。ソ連兵が島へ上がってきたのは、九月も上旬を過ぎてからだったと思う。十月に入ると千島は冷酷な冬が忍び寄ってくるのが感じられる。厳冬の近づくのに脅えていると、ソ連いわく、日本は戦争に敗けて船は一隻もない、と言ってもここでは無装備では越冬出来ない。凍死を待つばかりの日本兵は気の毒で見るにしのびないから、ソ連が船を貸して東京まで送ってやろうと思うがどうか」

そう言われた日本兵は、それまでソ連共産党に対する歪んだ偏見を悔い、心から彼らに感謝する。だが、それは日本兵を連行するための言葉巧みな罠（わな）であった。

「大泊の沖を過ぎた頃から日本兵は船倉に密閉された。船は全速力で走った。もう房総半島の沖合かも知れない。東京は間近いと噂していると、急に船のエンジンはスローダウンした。甲板に上ってもいいと許可が出た。景色を見てびっくりした。進行方向の左舷に見たこともない景色が、百メートルもあろうか、黒赤茶けた断崖の上に枝が垂れ下がったエゾ松、トド松の見事な林。東京ではない。シベリアである。騙（だま）されたと気がついた時はもう遅かった」（奈良県天理市・芝太七・七十歳）

「幅約五メートル、長さ約十五メートル、鉄格子の小さな硝子窓のついた有蓋貨車。これが私たちの獄舎だ。

貨車の中程の両側に、頑丈な引戸の扉がある。その片側の扉は約三十センチほど開かれ、その隙間の下の方に木製の排水管便所が斜めに差しこまれている。もちろん、それから上の隙間は厚い板でしっかりと塞がれている。この獄舎の囚人は七十二人。（略）五メートル幅の場所に人間が何人寝られるか。せいぜい十二、三人だ。それも仰向けでは無理だ。体を横にして、隣と頭と脚を組み違いにし、隣の者の足の裏を嘗めながら、刺身になって寝るわけだ。上下二段で約二十四人。残り十二人は寝る場所がない。だから三分の一は常に、貨車の冷たい壁を背に、じっと立って交代を待つ。寒い。零下三十度のシベリアの真っただ中だ。火の気は全然ない」（宮崎県日南市・持原青東・六十四歳）

貨車を降りてからは、野宿をしながらの死の行軍とソ連兵による略奪が待っていた。

「（ソ連兵は）既に奪った時計を二個も三個も腕に巻いている奴もいる。時計の次は万年筆や安全剃刀、ライター等、手当たり次第に奪う。こうして、一日に二回ないし三回の略奪が日課の如くくり返された。略奪する品物も革製品（図嚢、皮帯、長靴）や外套、上衣など着用しているものにまで及んできて、長靴を奪われた将校は、代わりの靴をみつけるまで裸足で歩くはめとなり、足から血が滲んでいた」（大阪府大阪市・松井喜一郎・七十四歳）

ラーゲリー（収容所）に着いた彼らを待っていたのは、苛酷な労働であった。主な労働は、木材の伐採・運搬、石炭の採掘・積み込み、鉄道建設などといったものである。シベリアの鉄道の枕木一本が、一人の屍であるといわれている。朝暗いうちから、夜空に星が瞬くまで、気力、体力の限界を超えた労働に明け暮れた。

北極圏内に収容された三重県楠町の森川正純氏の体験した最低気温は、昭和二十五年（一九五〇）十二月の氷点下七十四度で、夏でも地下三〇センチないし一メートル下は凍土だったという。また、中京大学理事長の梅村清明氏は「私がいたゴーリンあたりでは、十一月から三月半ばまので真冬には、マイナス七〇度まで気温が下がるんです。零下二〇度だと、体がチクチク痛くなる。三〇度から四〇度になると痺れてくる。ところが、四〇度以下になれば、もう無感覚です。寒いという感覚も、働かなければという意識もすべてなくなって、何も考えられなくなってしまいます」と述べている。

「寒い」という言葉を超越した極寒の中で、与えられた食料は黒パン一枚とカーシャという雑穀のお粥である。お粥といっても、穀粒もキャベツや馬鈴薯のかけらもない、ただ白く濁った塩汁であった。

「ソ連ではありとあらゆる作業にノルマがついている。我々の仕事は勿論、何メートル道を掘り返すと何パーセントと計算されるのである。標準が一〇〇パーセント、その以下が八〇パーセント、最高が一二六パーセントである。勿論その労働量によって食事が違ってくる。最高の一二六パーセントをあげた者は、最上の食事にありつける。例えば米についていえば、かたく炊いたご飯と六〇〇グラムの黒パンにありつけるのである。最低の八〇パーセントの者は、お粥に三〇〇グラムの黒パンだけであった」(東京都板橋区・円斎与一・七十四歳)

「食べるといえば自分の大便も食べた。コウリャンは消化が悪く大便の中にそのまま出てくる。これを布に包んで河で洗い、コウリャンだけ取り出し、缶詰の空缶に入れて火で炊いて食べた」(大阪府富田林市・竹山竹次郎・年齢の記載なし――引用者)

極寒での酷烈を極めた労働と、あまりにも粗末な食事は、極度の栄養失調をもたらした。加えて、ノミ、シラミ、南京虫などが彼らを悩ませることになる。

「朝八時、交代要員がきてやっと作業から解放される。収容所に帰り朝食を摂ると、体を動かす力もなく、そのまま横になる。部屋が寒いので外套（がいとう）も帽子も付けたまま崩れるように寝てしまう。脱ぐのはカチカチに凍った靴だけである。次の作業呼集は二十二時、それまでは食事以外起きることなく、大方の者は死んだように横になっている。何人か元気な者は起き、増え続ける虱（しらみ）を退治する。シャツを脱いで窓際に寄り、薄明かりをたよりに透かして見ると、米粒ほどの柔らかい奴が無数に這い回っている。一匹一匹つぶしていても捕りきれるものではない。寒さを我慢し三十分ほど屋外にさらしておくと、虱は雪片のように白く凍って動かなくなる。そのシャツをパタパタと打ち振ると大きな虱はポロポロと落ちるが、卵や縫目に付いた奴はなかなかとれない。寒さには克てないので、そのまま着ていると、二、三日で大きくなり、防寒外套の襟元まで這い出してくる始末だ。虱は全員に湧いていた」（福岡県久留米市・堤善行・六十歳）

このシラミを媒介とする伝染病が、発疹チフスである。四十度前後の高熱とともに、激しい下痢に襲われる。

「シベリア栄養失調症には二通りの型がみられた。尻の肉がそげ落ちると、そのため肛門が外に飛び出し、歩行困難に陥り足元が定まらず、背中を小指で押せばがくんと前につんのめるようになるもの。もう一つは全身が土左衛門のようにぶよぶよにふくれ上り、防寒帽でうら成りかぼちゃを包んだようにどす黒い顔をしているもの。そして、両者に共通しているのは、頭髪が抜け歯ぐきが真黒になることだった。餓鬼道に陥ちた亡者のごとく口に入るものは何でも口に入れたがった」（大阪市・長岡喜春・五十二歳）

「作業に行く途中、落ちている馬糞を拾い上げ、消化されていない麦の粒を拾い出しうまそうに食べている者がいた。（略）重度の栄養失調から、歩きながら大小便を垂れ流している兵士もいた。肛門や尿道などの括約筋がその機能を失ったのだ。自分でも意識せず下痢便を垂れている。その近くで唇に締りがなく涎を流して見ていた兵が、突然蹲んで、その下痢便の中にある草の根のような物を、己れの口の中に入れた。なんという悲惨さ、『生きて餓鬼道に陥る』。まさにこの世に生き地獄が出現したのである。シベリアにおいて多くの日本人が奴隷以下の取扱いを受け、生きながら地獄に落とされたのである」（新潟県新潟市・井上三次郎・六十六歳）

「死亡者の遺体は、ソ連歩哨の詰所がある棟続きに大きな床のない建物があって、この中に死体を裸にして放り込んでいたのである。死体はすでに『カチカチ』に凍っているから投込むと死体に死体が当り『カラン』と音がする。強く当ると凍っているので、手や足はポキリと簡単に折れた。目は窪み腹の皮は背に張りつき、頬骨は高く目立って全く骸骨の山だった」（新潟市・井上三次郎・六十六歳）

「死ぬと可哀相だ。まず衣類を全部ぬがせて真裸にする。死人の衣服を戦友が貰って着るからである。墓穴は非常に小さい。縦五十センチ横六十センチ深さ四十センチの墓穴を掘るのに何と驚くなかれ大の大人が四人掛りで一日必死に掘ってやっと掘り上げるのである。シベリアの冬期間の土は花崗岩のように硬い。力一杯つるはしを打ち入れても大豆の頭ぐらいしか破片が出ずにカンと音をたて、手がしびれてしまうのである。一日十人死ぬと四十人の墓掘り要員が出る。硬直した死人の両足を無理にまげて墓地に入れても、膝のあたりが墓穴上面より出る場合がほとんどである。でも仕方ない、飛び散った土は雪の中に消え、冷たい雪を膝の上まで盛り一巻の終りだ」（埼玉県騎西町・塚越源一・六十一歳）

体力のない三十代、四十代の兵が次々と斃れ、かろうじて生き残ったのは、十代、二十代の若い兵であったといわれている。生き残った彼らに対し、ソ連政府は民主教育と称し、共産主義革命の同調者に仕立て上げるための洗脳教育が行われた。それはまた、情報活動の協力者を確保するという意味合いも兼ねていた。やがて洗脳された兵士によって日本人同士の中での吊るし上げが行われるようになる。この狂気の吊るし上げにより、精神的に追い詰められ命を落としていった兵隊が数多くいた。

飢えと寒さ、重労働と狂気の民主教育という極限状況の中で、彼らは南下してゆく渡り鳥を眺めながら望郷の思いを抱き、ダモイ（帰国）を夢見ながら虫けらのように息絶えていったのである。

平成三年（一九九一）に、ソ連の元首としてゴルバチョフ大統領が初めて来日し、「捕虜収容所に収容されていた者に関する日本政府とソ連邦政府との間の協定」が日ソ間で締結された。このときゴルバチョフ大統領は、ソ連の元首として初めてシベリア抑留の事実を公式に認めたのである。戦後四十六年目のことであった。

平成五年、エリツィン大統領と細川護熙（もりひろ）首相の間で「東京宣言」が採択された。エリツィン大統領は、シベリア抑留を「ソ連全体主義の犯罪」と自ら断罪し、外交史上異例とも言える謝罪表明を行っている。だがそれ以降シベリア抑留問題は、両国間の政治の駆け引きの間に埋もれ、際立った進展のないまま現在に至っている。

毎年、夏になるとヒロシマ・ナガサキの日がやって来る。それに先立って、東京大空襲、沖縄上陸戦と死者を悼む行事が新聞やテレビを賑（にぎ）わす。だが、シベリア抑留死亡者は、領土問題という国家間の政争の陰に隠され、いまだ凍土の下に置き去りにされたままになっているのである。

米良繁実、享年三十六歳。法名、至誠院実誉勇道居士。菩提寺は四郎次と同じ等澍院（帰嚮山厚沢寺）。独身であった。

二　十三代米良周策（現当主）

現当主米良周策（繁実弟）は、大正十三年（一九二四）三月八日、北海道浦河郡浦河町大字浦河番外地にて出生。周策は四郎次五十九歳の第十四子で、末っ子である。

四郎次死亡時、周策は九歳になったばかりであった。それが四郎次に関する情報が現在に伝えられていないゆえんでもある。昭和二十四年（一九四九）三月十五日、兄繁実の除籍に伴い、二十六歳で家督を相続する。

当初、周策はタクシーの運転手をしていた。姉アキの夫三橋嘉朗が様似町で銭湯を経営する傍ら、タクシー業も営んでいた。周策はそこで働いていたのだが、兄繁実が昭和十八年に陸軍に臨時召集され、そのわずか半年後、周策自身も志願して海軍に入隊している。

筆者がこれまで周策から聴き取り調査をし、それをもとに調べ上げた内容を紹介する。

1　レイテ沖海戦

少年時代の周策（昭和初期）

周策が十九歳で入隊したのが横須賀海軍航空隊で、後に厚木航空隊に派遣される。厚木には、第三〇二海軍航空隊があり、厚木戦闘機隊と呼ばれていた。やがて静岡の第十六嵐特別攻撃隊（通称八田部隊）に所属し、その後伊豆下田に移ったが、昼も夜もない火のつくような凄まじい訓練に明け暮れていた。

戦況が悪化して行く中、昭和十九年十月十七日、米軍がフィリピンのレイ

戦闘機を整備する周策。昭和20年，第二相模野海軍航空隊飛行機整備術練習生のときと思われる

テ湾に集結し、スルアン島に上陸を開始した。軍部は同日夜、急遽「捷一号作戦」を発令する。捷一号作戦とは、米軍によるフィリピン奪還作戦（マスケティーア作戦）を阻止するため、日本海軍が全艦を挙げて挑んだ総力戦である。

当時日本軍は、進攻地域を四方面に分けて作戦を立てており、フィリピン島周辺への進攻を一号作戦、台湾・九州を二号、本土を三号、北海道を四号とし、総括して「捷号作戦」と称していた。日本軍にとって米軍のフィリピン奪還を許すことは、本土と南方資源地帯を結ぶルートの遮断、戦争継続能力の喪失を意味していた。

すでに航空戦力を消耗していた海軍は、第三艦隊（通称小沢隊）の空母群（十七隻）だけでは、米機動部隊には太刀打ちできない状況になっていた。そこで、第三艦隊司令長官小沢治三郎中将が、囮となって米機動部隊を北方へ誘導し、その間隙を衝いて本隊である第二艦隊（戦艦、軽巡洋艦、駆逐艦合わせて三十七隻）と、第五艦隊（同七隻）がレイテ湾に突撃するという作戦が立てられた。この本隊には戦艦「大和」、「武蔵」、「長門」などが加わっていた。

昭和十九年十月二十日午後五時三十分、第三艦隊は空母四隻、戦艦二隻、軽巡洋艦三隻、駆逐艦八隻にて別府湾を出撃した。搭載機は総計一一六機で、通常の半分の機数であった。旗艦は、当時、海軍最新鋭かつ最強といわれた戦闘型空母「瑞鶴」（総排水量二万五六七五トン、全長二五七・五メートル、最大速度三四・二ノット、航続距離一八ノットで九七〇〇海里、乗員一六六〇名）であった。

瑞鶴は真珠湾攻撃からマリアナ沖海戦まで幾多の海戦を経ながら、一発も被弾したことがなく、当時は「幸運艦」と称されていた。ミッドウェー海戦（昭和十七年六月）で、海軍が正規空母四隻を失ってから、「瑞鶴」は「翔鶴」とともに海軍航空艦隊の主力空母となっていた。その「瑞鶴」が旗艦となって、全滅を覚悟の出撃をしたのである。このとき周策は、零式艦上戦闘機（零戦）の操縦士として、この「瑞鶴」に乗艦していた。

海軍は三方から一斉にレイテ湾を目指した。囮部隊である第三艦隊の主目的は、敵艦を発見することではなく、敵艦に発見されることにあったため、目立つように無線電波を発信しながら南下を続けた。

別府湾を出撃してから四日後の十月二十四日、第三艦隊は本隊南方一七〇海里に敵艦を確認する。小沢司令長官は攻撃に先立ち、搭乗員に対し次のような訓示を行っている。

「諸君はこれより敵艦の攻撃に向かう。しかし、帰艦するころにはすでに本艦の姿は洋上にないであろうから、攻撃後はフィリピン島の基地に帰投してこれからも元気で戦ってもらいたい。諸君の武運を祈る」

昭和十九年十月二十四日午前十一時四十五分、攻撃隊七十六機（実動五十八機）が発艦した。

翌二十五日午前八時二十分、「瑞鶴」に敵機来襲（第一波、一八〇機）を告げるラッパが響く。それはエンガノ岬沖海戦（ルソン島沖）の始まりを告げる合図であった。敵機はウィリアム・ハルゼー大将（第三波攻撃からトーマス・キンケイド中将に代わる）率いる第三十八任務部隊の大編隊で、ハルゼー機動部隊は、六十五隻、三空母からなる大部隊であった。

「瑞鶴」は上空掩護（えんご）の戦闘機二十九機を迎撃に発艦させたが、多勢に無勢で全機が失われるのに時間を要しなかった。周策はこの掩護部隊の一機に機上していた。

午前十時の第二波三十六機の襲来で、「瑞鶴」は艦尾を吹き飛ばされ、通信設備を破損した。旗艦として指揮の続行が不能となり、「瑞鶴」にあった司令部が巡洋艦「大淀」に移された。第二波攻撃をハルゼー機動部隊の本隊と確信した小沢司令長官は、「ワレ敵機動部隊ノ誘致ニ成功セリ」と連合艦隊司令部に打電している。

午後一時の第三波二百機による攻撃で、「瑞鶴」は決定的な打撃を受ける。敵機が去った直後、「瑞鶴」の艦内に総員集合の警笛が響いた。沈没はもはや時間の問題であった。艦長貝塚武男は傾いた甲板に立ち、不動の姿勢で立ち並ぶ兵員を前に最後の訓示を行った。

「諸君は乗艦以来、最後まで実によくその任務を尽してくれた。艦長として最大の満足を感ずるとともに実に感謝に耐えない。改めて礼を言う。ただ、共に今日の戦いに臨みながら、幾多の戦友の英霊に万感言い現せないものを覚える。同時にその尊い兵士を多く失ったことは、陛下をはじめ奉り、一般国民に対して深くお詫びを申し上げる。諸君もどうか一層奮励し、敵を撃滅せずんば止まずの闘魂をいよいよ鍛えてくれ。そして次期の戦闘に参加し、御国のために頑張ってくれ。死んではならぬ。生きてくれ。切に諸君の奮闘を祈る。艦長はただいまより軍艦旗を降ろすと共に、総員に退艦を命ずる」

艦長の頰には、幾筋もの涙が光っていた。

副長は御真影（ごしんえい）と軍艦旗を捧持し、左舷に繋がれた短艇に移乗し舷側を離れた。それを見定めた貝塚艦長は艦橋にある戦闘指揮所に戻り、沈む艦から次々と海に飛び込んでゆく兵員に対し、いつまでも帽子を振っていた。その後、戦闘指揮所の扉は再び開かれることはなかった。

「貝塚艦長の『総員退去』の命令がくだり、部下が一斉に私の顔を見た。心の中を見透かされぬよう無理に平静を装い、『行くぞ』と号令して海に飛び込んだ。艦長は戦闘指揮所にもどり、静かに帽を振っておられた。波間に浮き沈みし、重油を飲み、目や鼻を刺激されながら、静かに沈んでいく『瑞鶴』を見守っていた。顔を海に沈めて泣いた。海上に流れる『海行かば』の歌に和し、大きな声を張り上げた。

駆逐艦『若月』と『初月』の救助作業が始まっているのが、波の間から見えた。兵学校同期生の顔を思い出し、『どうせ拾われるなら若月にしよう、若月で彼の服を貰えばいい』と思い、力いっぱい泳ぎ出した」（昭和十九年十月二十五日、高角砲指揮官「兵七三」の証言）

午後二時十四分、七本の魚雷と数十発の命中弾を受けた「瑞鶴」は、エンガノ岬沖北緯一九・二〇度、東経一二五・一五度の海上にその艦首を高々と揚げ沈んでいった。

このエンガノ岬沖海戦における米軍の攻撃は四次六波にわたり、延べ総攻撃機数は五二七機に上った。これにより第三艦隊は四隻全ての航空母艦と軽巡洋艦一隻、駆逐艦二隻を失った。戦死者は八四三名であった。

囮作戦は成功したものの、通信機の損傷により本隊（第二艦隊）との交信がうまくいかず、三方からレイテ湾に向かった本隊も、それぞれフィリピン島周辺のシブヤン海海戦、スリガオ海峡海戦、サマール沖海戦で大敗した。

「瑞鶴」の沈没後、護衛についていた駆逐艦「若月」と「初月」は、兵員の救助にあたっていたが、「初月」は敵艦十三隻からの攻撃を受け、午後八時五十九分に沈没する。午後十一時四十五分、残る第三艦隊の艦艇は夜戦を断念し、本土へ戻るべく北上を開始する。二十六日の夕方には、軽巡洋艦「五十鈴」が沖縄南東部の中城湾（なか ぐすくわん）に、二十九日深夜には、戦艦「日向」、「伊勢」、軽巡洋艦「大淀」、駆逐艦「霜月」、「若月」、「槇」が相次いで呉港（広島）に帰港した。

平成十九年（二〇〇七）、筆者は周策に聴き取り調査を行っている。このエンガノ岬沖海戦での周策の記憶を呼び起こすべく、様々な角度から質問を試みた。八十四歳（当時）になる周策の六十三年前の記憶は、深い霧の中で時系列も覚束ないほどに断片化されていた。

当時周策は、零式戦闘機の操縦を行っていたが、この「瑞鶴」掩護のときは機銃にあたっていた。周策を乗せた戦闘機が母艦に帰艦しようとしたところ、「瑞鶴」の姿がどこにも見当たらない。そのうち燃料が尽き、やむなく洋上に着水した。同様に着水した機がほかにもあったという。着水地点は、「瑞鶴」の沈没地点からさほど離れていなかった。それから一日半（三日とも言っており、このあたりの記憶は極めて曖昧である）ほど漂流した後、日本の艦船に救助されている。

救助された周策は、パプア・ニューギニアの東端にあるブーゲンビル島、ルソン島のマニラ湾入り口にあるコレヒドール島などに短期間おり、そこから広島県の呉に戻り、終戦を迎えている。

「生きるので精一杯だった。何も覚えていない」

というのが周策の言葉である。

周策の記憶にある一日半の漂流というのは、着水後日没を迎えたためであろうが、この時点で第三艦隊の艦艇は救助を断念し、日本本土へ向かって北上している。おそらく周策は、沈没を免れた本隊（第二艦隊）の艦船によって救助されたのではないかと推測する。


この捷一号作戦により繰り広げられた海戦、すなわちシブヤン海海戦、スリガオ海峡海戦、エンガノ岬沖海戦、サマール沖海戦の四海戦を総称してレイテ沖海戦という。日本海軍が総力を挙げ、米軍も太平洋に展開する全艦隊を挙げて戦ったことから、レイテ沖海戦は史上最大の海戦といわれている。

この海戦により、日本軍は空母四隻、戦艦九隻を含む多数の艦艇を失い、海軍は組織的な攻撃能力を喪失する。これ以降、戦いの舞台は、硫黄島、沖縄へと移っていくことになる。また、この海戦では、神風特別攻撃隊による攻撃が初めて組織されている。

平成二十一年三月、筆者は厚生労働省社会・援護局から周策の軍歴を入手している。軍歴の内容は次のとおりである。

入籍番号	横徴　水　第94323号
氏　　名	米良周策　誕辰（たんしん）大正13・3・8
本籍地及族称	北海道浦河郡浦河町常盤町二十二番地
兵　　種	水兵
入　籍　時	学力　国高了　青本五在　　職業　運転手
所　　管	横須賀鎮守府
服役年期	昭和十八年十二月一日（入籍時）三ケ年

（日付）	（所轄）	（記事）
昭和十八年十二月一日		現役編入
昭和十九年九月二十五日	武山海兵団	入団海軍二等水兵ヲ命ズ
昭和十九年十月三日	横須賀海軍通信学校	兼久里浜第二警備隊附
昭和十九年十二月五日		海軍一等水兵ヲ命ズ
昭和十九年十二月五日		第73期普通科電信術練習生

昭和二十年一月四日　第二相模野海軍航空隊　第115期普通科飛行機整備術練習生
　　　　　　　　　第十六突撃隊
昭和二十年九月一日　海軍上等水兵ヲ命ズ
昭和二十年九月一日　予備役編入

※「誕辰」とは誕生日のことで、「辰」は「日」の意である。

※「入籍時　学力」欄に「国高了　青本五在」とあるのは、「国民学校高等科を終了し、青年学校本科五年在学」を意味する（中村元氏ご教示）。

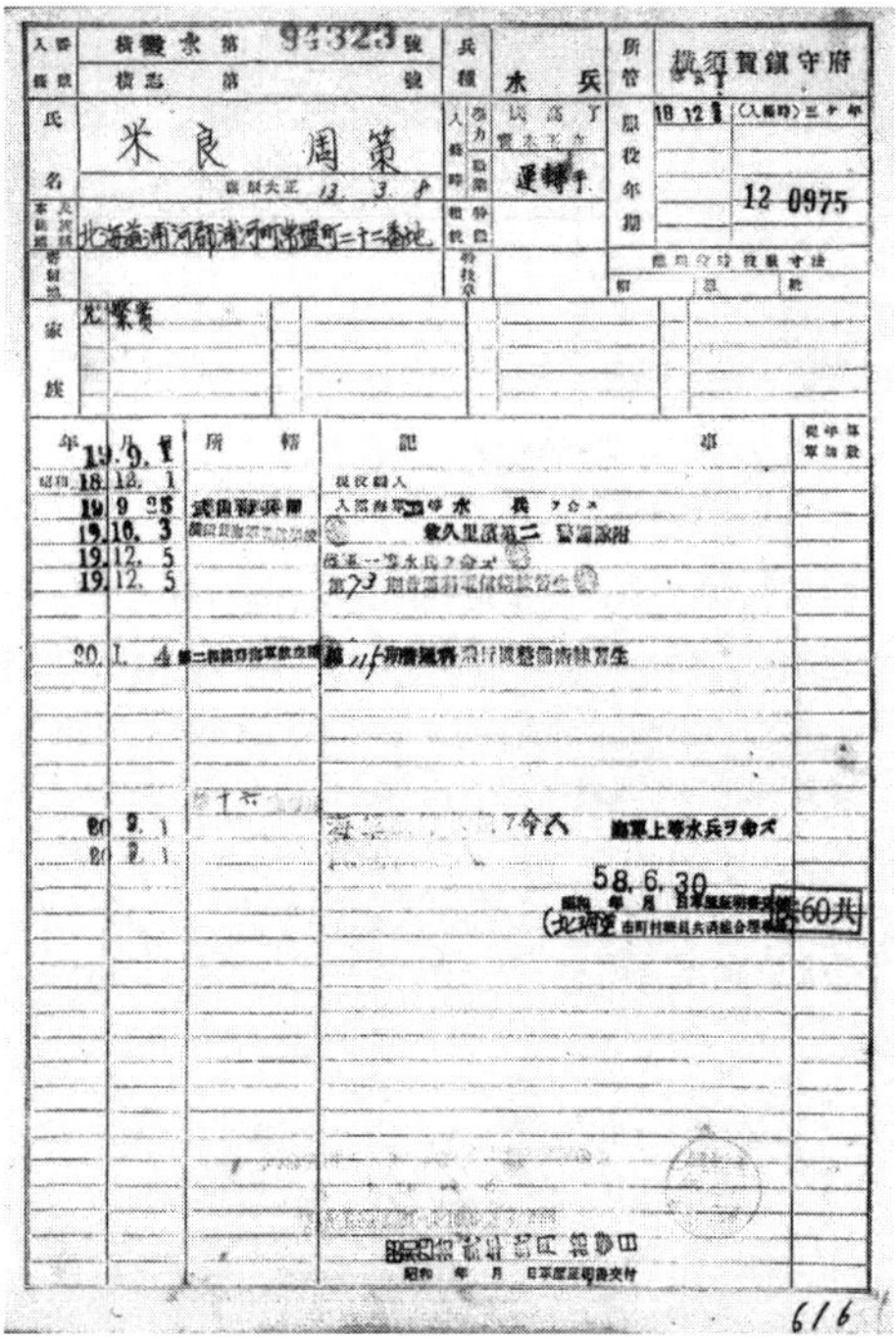
兵種　水兵
所管　横須賀鎮守府
氏名　米良　周策
12 0975
海軍上等水兵ヲ命ズ
58.6.30
616

米良周策の軍歴（厚生労働省社会・援護局提供）

これまで周策から聞いていた海軍での体験と、軍歴の内容に大きな齟齬（そご）がある。

軍歴によると、周策は昭和十九年十月三日に横須賀海軍通信学校に入学しているのだが、空母「瑞鶴」が別府湾を出撃したのが、昭和十九年十月二十日なのである。すでに戦力を失っていた海軍は、即席で操縦士を養成しており、大混乱をきたしていたことは事実である。だが、どう考えても、この日数は不自然である。

空母「瑞鶴」に艦上することは、海軍を志願した当時の少年兵にとっては大きな憧れであり、夢だったに違いない。周策はその夢を筆者に語ったのである。六十余年の歳月を経て当時の状況を訊かれ、周策の夢が思わず現の境界線を凌駕し語らせたのだろう。筆者はそう理解している。

2　戦後から現在まで

昭和二十一年（一九四六）に復員した周策は、様似町役場に勤務。昭和三十二年一月二十六日（婚姻届出）には本田ツキ（昭和七年生まれ。様似郡様似村字冬島八二番地）と結婚し、様似郡様似町潮見町九番地に転籍している。その年の三月に長男優樹が誕生。翌三十三年に母チナが死去し、昭和三十四年五月に次男優二が生まれる。

平成四年二月二十八日、妻ツキが六十歳で死去（法名、浄月院梅誉良香大姉）。平成十一年からは二人の息子のいる札幌で生活をしている。

周策の長男優樹には、涼香（昭和六十一年生まれ）と直人（平成元年生まれ）が、次男優二には梓（昭和六十三年生まれ）、健太郎（平成四年生まれ）、幸菜（平成六年生まれ）がいる。平成二十三年八月に、優樹の長男直人が東芳樹の次女緩子と札幌で結婚式を挙げ、二十四年十二月に咲樹音（直人長女）が誕生。同じく優樹の長女涼香が、二十四年十二月に千葉進の次男大気と入籍、二十五年二月に結婚式を挙げている。

周策の二人の子は、筆者の母と従弟の関係になるが、次男の優二と筆者とは同学年で、中学まで様似町にて学校を共にしている。幼いころ、この二人の息子らと、かつて周策が使用していた戦闘帽を被って、戦争ごっこをして遊んだ記憶がある。

現在、米良姓を名乗る者は周策を含め十人である。周策の五人の孫のうち、二人の男子はいずれも平成生まれである。

米良家はこれまで、幾多の時代の波に翻弄(ほんろう)されながら、八代実明(周策の祖父)以降、戦乱をかいくぐって今日を迎えている。米良家の十五代目を担う彼らが戦禍に遭遇することなく、次世代を継いでいってもらいたいと願ってやまない。

周策の結婚式。前列左から母チナ，一人置いて周策，妻ツキ。後列左からアキ，アキ夫三橋嘉朗，キク，キク夫山本晃，フユ長男佐々木蔀(しとみ)。三橋嘉朗・アキ様似町の自宅二階にて，昭和28年ごろ（入籍は昭和32年）

周策とキク（平成20年，キクの米寿祝い。浦河町にて）

周策と妻ツキ（昭和40年後半から50年代半ばの撮影と思われる）

周策孫・涼香と夫・千葉大気（結婚式，平成25年）

周策長男優樹家。米良優樹と長女・涼香，長男・直人。涼香成人を記念して（平成18年）

周策孫・直人と妻・緩子（結婚式，平成23年）

周策次男優二家。左から米良優二，妻・恵美子，次女・幸菜，長男・健太郎，長女・梓（平成25年）

第九章　米良家の墓と菩提寺

一　熊本の墓と菩提寺

熊本での米良家の菩提寺は、「米良家法名抜書」により宗岳寺（そうがくじ）であることがわかっていた。だが、墓の存在は明らかにはなっていなかった。

平成二十年（二〇〇八）九月に、熊本の岳林寺管理墓地（島崎・小山田霊園）にて米良家の墓碑群が発見されたことは、前述したとおりである。ここでは、熊本における米良家の墓を個別に検証しながら、墓碑移転の時期を探ってみたい。

1　熊本における米良家の墓

(1) **宗岳寺**　曹洞宗　泰雲山宗岳寺　熊本市中央区上林町（かみばやしまち）三―四五　現住職・堀田雪心氏

熊本における米良家の菩提寺は宗岳寺である。

宗岳寺由緒によると、宗岳寺はもともと妙心寺（天台宗）を号していたが、天正十九年（一五九一）に加藤清正の一族田寺久太夫の開基により、肥前長崎より玄雪栄頓大和尚を請（しょう）じ、現在の宗岳寺となったという。

宗岳寺が熊本城の北東の方角、つまり表鬼門に位置することから、築城以来鎮護寺としての役割を担ってき

宗岳寺（本堂，平成22年）

た。また、細川忠利の入国後は、細川家代々の位牌を安置してきたが、数次にわたる火災により諸仏像や客殿、茶室などの建築物や什物を失い、明治十年（一八七七）の西南戦争では伽藍を消失している。現在の宗岳寺には、松野家、三渕家、稲津家、堀家など細川家重臣の墓がある。

高久直広氏（当時陸上自衛隊第八師団勤務）が、平成二十年八月二十七日に宗岳寺にて米良家の調査を行った結果、次のことが判明した。

1　米良姓の墓標は宗岳寺境内に存在しない。昭和四十四年（一九六九）に境内の無縁墓の整理が行われているが、その中に米良家の墓があった可能性がある。整理された無縁墓の詳細は不明である。

2　現在の宗岳寺の檀家に米良姓はない。

3　宗岳寺には、死没を届けた日に死亡の事実を記載した過去帳がある。この過去帳は家ごとに類別整理されておらず、太平洋戦争で散逸した内容もある。住職以外の閲覧は不可。

以上の高久氏の調査から、現在の宗岳寺には米良家の墓碑も檀家別に分類された過去帳も存在しないことが確認された。

高久氏の調査を受け、「米良家法名抜書」と「宗岳寺過去帳」との照合を宗岳寺に依頼していたところ、平成二十一年四月にその回答を得た。

その結果、「米良家法名抜書」記載三十四名中、八名の欠落はあるものの、二十六名の法名が存在することが明らかになった。しかも、「米良家法名抜書」、「宗岳寺過去帳」のいずれも、明治十二年（一八七九）に没した八代四助実明の妻キトで終わっていることから、米良家は明治二十二年に熊本を離れるまで、宗岳寺の檀家であったことが判明した。後述するが、明治初年以降、岳林寺墓域（当時は常題目墓地）への埋葬および墓碑の一部移転はあったが、菩提寺はあくまでも宗岳寺であったことになる。

(2) 甲佐手永辺場村

「米良家法名抜書」にある米良勘吾（法名涼月宗清童子）は、天明二年（一七八二）十月十日没なのだが、その記述に「米良七兵衛殿嫡子米良勘吾殿　十六歳ニ而死墓甲佐手永部（辺カ）場村有リ」とある。勘吾は十六歳で死去し、甲佐手永辺場村に墓があることが記されている。甲佐手永辺場村は、現在の熊本県上益城郡甲佐町白旗辺場だろうと推定される。この米良七兵衛・勘吾親子は、米良家系譜のどこに位置するのか、いまだ特定できていない人物である。

(3) 岳林寺　曹洞宗　霊峰山岳林寺　熊本市西区島崎五−四〇−四八　現住職・工藤元峰氏

熊本の桜山神社（熊本市中央区黒髪五−七−五七）には、神風連の烈士一二三基の墓石があるが、その中に米良亀雄の墓がある。だが、この墓は真墓ではなく、遺骸はそれぞれの家の墓地に埋葬されている。

昭和十六年から数年にわたり、熊本の史家荒木精之氏が神風連の乱に参加した一二三士の墓の探索を行い、米良亀雄の墓を本妙寺常題目墓地（現在は岳林寺の管理墓地、島崎・小山田霊園）に探し当てている。また、『平成肥後国誌』には、鬱蒼とした竹藪に埋もれた二基の墓が並んだ写真が掲載されている（写真では、墓碑の後面・左右側面の直前まで竹藪がせまり、周囲の様子は窺えない）。亀雄と左七郎の墓である。荒木氏も高田氏も、墓の所在を本妙寺常題目墓地と記していた。

平成十九年から熊本の史家眞藤國雄氏が数度にわたり、本妙寺常題目墓地において亀雄の墓の探索を行って

岳林寺の山門（上）と本堂（平成22年）

いる。また、筆者の勤務先の元上司である上杉太氏も横浜市から出向き常題目墓地を探したのだが、いずれも発見には至らなかった。「苔むした墓が無数にあり、そのひとつひとつを確認することは至難の業、不可能に近い」というのが、二日間にわたり常題目墓地を歩き回った上杉氏の感想である。

平成二十年九月六日、高久直広氏により常題目墓地（岳林寺島崎・小山田霊園）にて米良家の五基の墓碑（五基のうち中央の一基が破損し不詳）が発見された。高久氏は、「常題目墓地」を「常題目地区の墓地」と拡大解釈し、常題目周辺の墓地を探索した。その結果、常題目墓地の裏手に米良家の墓碑を発見するに至った。米良四郎次が明治二十二年に熊本を離れてから一二〇年、荒木精之氏が亀雄の墓を探し当ててから七十年の歳月が流れている。

高久氏の墓碑群の発見を受けた眞藤氏が島崎・小山田霊園を訪ね、十月に墓碑銘の写しと墓碑の測量図、写真がもたらされ、五墓碑の全体像が明らかになった。

眞藤氏は、「岳林寺の墓苑は広大で、新しい墓が多く、古い墓は一割にも満たない。特に、米良家墓域一帯は、墓が階段状に駆け上がっており、墓石業者が開発したことを思わせるような場所で、ほとんどが新しい墓である。そんな中に点々と持ち主のわからない古い墓が散在している。この一帯は、常題目御堂の右脇の道に繋がっており、かつては常題目墓地だったのかも知れないが、現在は明らかに岳林寺が管理する墓域となっている」と語っている。

これについては、後日筆者が岳林寺住職工藤元峰氏に電話で確認したところ、的確な回答は得られなかった。平成二十年十月三十日、工藤住職により、現当主米良周策と姉山本キクを施主として、米良家五被葬者の永代供養が執り行われた。

2 岳林寺墓碑の発見

(1) 岳林寺の五墓碑

岳林寺からは、米良家の墓碑が五基と奉献石灯籠が発見されている。その詳細は次のとおりである。墓碑正面に向かって左から①～⑤と付番。字句の解説などは佐藤誠氏による。

岳林寺島崎・小山田霊園墓碑（全景，平成20年）

① 墓碑（自然石）

〔被葬者〕米良亀雄実光（十代） 法名「大雄院守節義光居士」

〔生〕安政三年（一八五六）

〔没〕明治九年（一八七六）十月二十五日（二十一歳。神風連の乱で自刃）

〔墓碑銘〕

〈正面〉明治九年

米良亀雄実光墓

旧暦九月九日卒　歳二十一

〈左右側面、背面〉（刻字なし）

〔解説〕

亀雄墓

左七郎墓

・「米良亀雄実光墓」……米良亀雄実光墓。「亀雄」は通称で、「実光」は諱（いみな）である。この墓碑銘により諱が判明。
・墓碑の刻字は、『誠忠神風連』の記述と合致。

② **墓碑（角柱石）**

〔被葬者〕米良市右衛門のち左七郎（九代） 法名「儀俊院達道宗意居士」
［生］不詳
［没］明治十年六月十八日（西南戦争で戦死）

〔墓碑銘〕
〈正面〉米良君左七郎之墓
〈左側面〉明治十年六月十八日於鹿児島県下薩摩国伊佐郡高隈山戦死
〈右側面、背面〉（刻字なし）
〈②墓碑正面に向かって左側にある蠟燭立て右側面〉 米良氏

〔解説〕
・「米良君左七郎之墓」……米良左七郎の墓。「君」とは、儒式の墓碑銘の書き方で、敬称。
・「明治十年六月十八日」という死亡日の刻字から、「米良家法名抜書」の「明治十年五月八日」という記述は、写し間違いと考えられる。

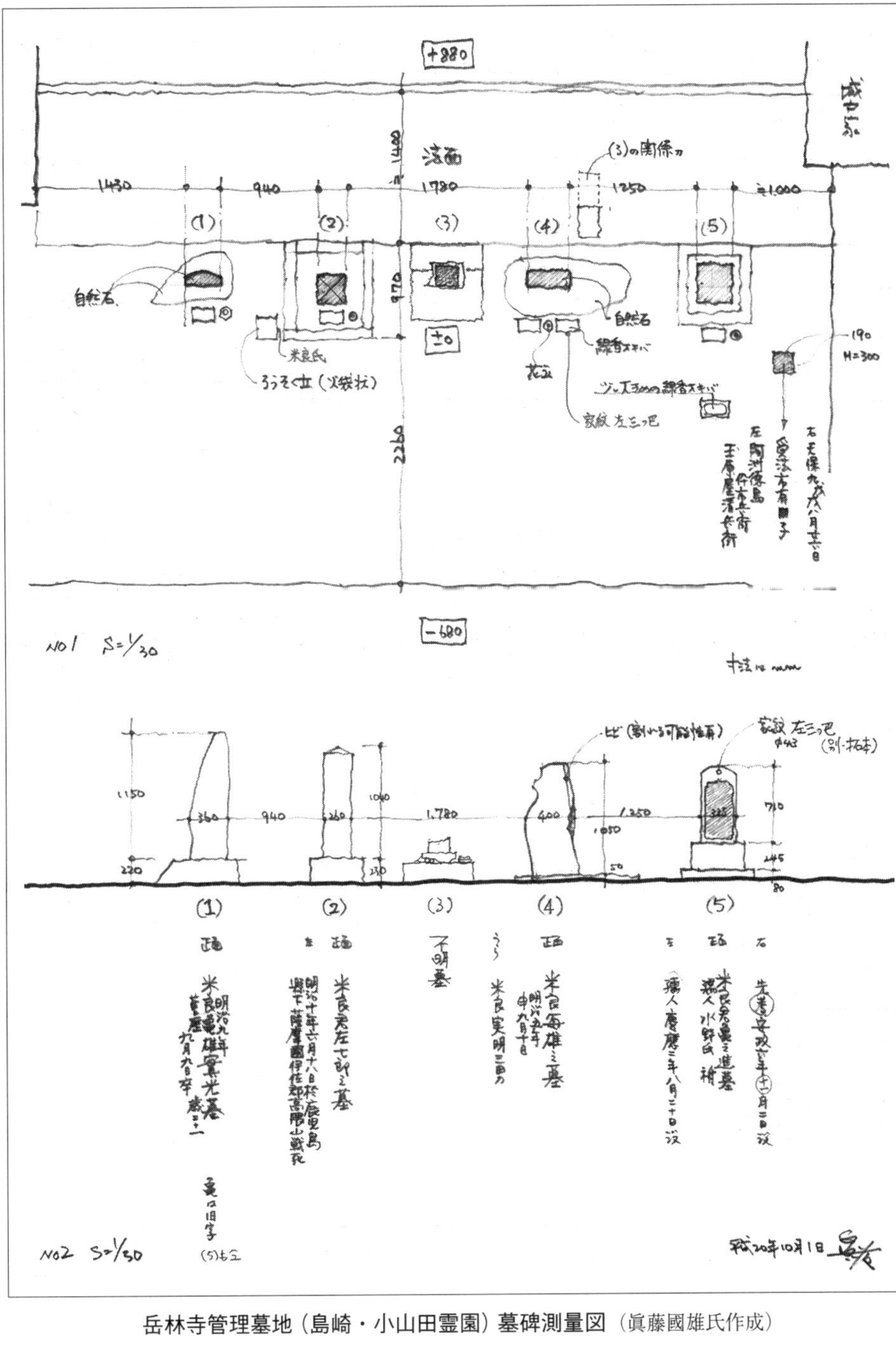

岳林寺管理墓地（島崎・小山田霊園）墓碑測量図（眞藤國雄氏作成）

実明三男毎雄墓

実明（推定）墓

③　**墓碑（破損墓碑）**

〔被葬者〕米良勘助のち四助実明（八代）　法名「泉渓院悟菴実明居士」

［生］文政九年（一八二六）

［没］明治三年四月五日（四十五歳）

〔墓碑銘〕墓碑破損につき不詳

〔解説〕

- この墓碑は完全に破損しており、基底部だけが残っている状態である。墓周辺にはこの墓碑にかかわる石材は見当たらないが、この時期の米良家の死亡者を見ると、八代米良（勘助）四助実明以外に該当者がいない（後述「3　墓碑移転の経緯」参照）。

④　**墓碑（自然石）**

〔被葬者〕米良毎雄（八代米良四助実明三男）　法名「露幻禅童子」

［生］不詳

［没］明治五年九月十日（夭折）

〔墓碑銘〕

〈正面〉米良毎雄之墓

明治五年

申九月十日

〈左右側面〉（刻字なし）
〈背面〉米良実明三男
〈墓碑正面に向かって右側の線香置き正面〉左三つ巴紋

〔解説〕
・「米良毎雄之墓　明治五年申九月十日」……米良毎雄の墓。明治五年九月十日没。明治五年の干支は「壬申」。
・「米良実明三男」……八代米良（勘助）四助実明の三男。この墓碑銘が、「米良家法名抜書」の「露幻禅童子　明治五壬申九月十日　米良勘助三男」の記述と合致していることから、米良毎雄は、亀雄、四郎次の弟、露幻禅童子であることが判明。また、米良実明は、亀雄、四郎次の父八代米良（勘助）四助の諱であることが、この墓碑銘により明らかとなる。

⑤ 墓碑（柱石墓）

〔被葬者〕米良四助のち亀之進（七代）　法名「西渓院秀巌孤泉居士」
〔生〕寛政三年（一七九一）
〔没〕安政六年（一八五九）十一月二日（六十九歳）
後妻　水野氏長女　法名「真月院貞誉智光大姉」を合葬　〔没〕慶応二年（一八六六）八月二十日

〔墓碑銘〕
〈正面〉米良君亀之進墓
孺人水野氏祔

亀之進墓

〈墓碑正面上部〉左三つ巴紋
〈右側面〉先考安政六年十一月二日没
〈左側面〉孺人慶応二年八月二十日没
〈背面〉（刻字なし）

〈解説〉

・「米良君亀之進墓　孺人水野氏祔」……米良亀之進の墓。妻水野氏女を合葬。「孺人」は大夫の妻の称。「孺」は従う。夫に従属する意で、身分のある人の妻の称。「祔」は、「死者の霊や遺骸を先祖のみたまなどに合わせ祀る」という意で、この墓碑は妻を合葬したことを示す。
・「孺人慶応二年八月二十日没」……妻、慶応二年八月二十日没。「米良家法名抜書」の「真月院貞誉智光大姉　慶応二丙寅八月二十日　米良亀之進後妻　水野氏長女」の記述と合致。
・「先考安政六年十一月二日没」……亡父安政六年十一月二日没。「先考」は亡父という意。ちなみに亡母は「先妣」。
・墓碑正面上部に「左三つ巴」が彫られている。『熊本藩侍帳集成』の「肥陽諸士鑑」の四代米良市右衛門の項の「左三つ巴」紋と合致。
・この墓碑の刻字により、「米良家法名抜書」の西渓院秀巌孤泉居士の記述、「米良四助　亀之進　長男」は書き誤りであり、四助と七代亀之進が同一人物であることが明らかとなる。

〈墓碑の被葬者について〉

神風連の乱は地元熊本で起こったこともあり、それぞれの死亡場所で同志たちの遺骸を見つけて葬っている。

亀雄も自刃した場所が判明していることから、この墓に遺骸が埋葬されている可能性は極めて高い。

左七郎に関しては、戦死場所から遺骸を運んできたとは到底考えられない。左七郎は戦死場所で同志と共にまとめて埋められたと考えられる。

鹿児島県大口市の北方二・五キロ、高隈（熊）山の麓に熊本隊の墓があり、頂上には塹壕跡と記念碑がある。記念碑には左七郎の名前が記されているという。

〈米良四助実明墓碑の破損について〉

米良家の墓域は、前方が二〇メートルほどの高さの傾斜地に墓が並んでおり、その先に島崎の町が広がっている。また、後方も五～六メートルの傾斜地で、その後に県道があり、本妙寺の広大な寺域へと連なり、小高くなっている。

明治二十二年（一八八九）七月二十八日、熊本はM6・3の地震に見舞われている。多くの家屋が壊れ、本妙寺周辺でも野宿する住民が多くあったと伝えられている。この地震は、立田山断層に起因する大地震である。常題目墓地は、立田山―花岡山―独鈷山―城山などを通るこの活断層の上にある。

米良家墓域に見られる大きな石は、本妙寺山から島崎方面へ転がり落ちた石だと推定される。⑤亀之進墓碑背後の石は、墓石がそれを受けとめる形で止まっている。おそらく③実明墓碑も、崩れ落ちてきた石の直撃を受け破損したものだろう。また、同様な石が県道脇の崖地に数多く露出している（眞藤國雄氏）。

実明の子四郎次が屯田兵に志願して熊本を発ち、小樽に上陸したのが明治二十二年七月十四日である。地震はその二週間後に起こったことになる。

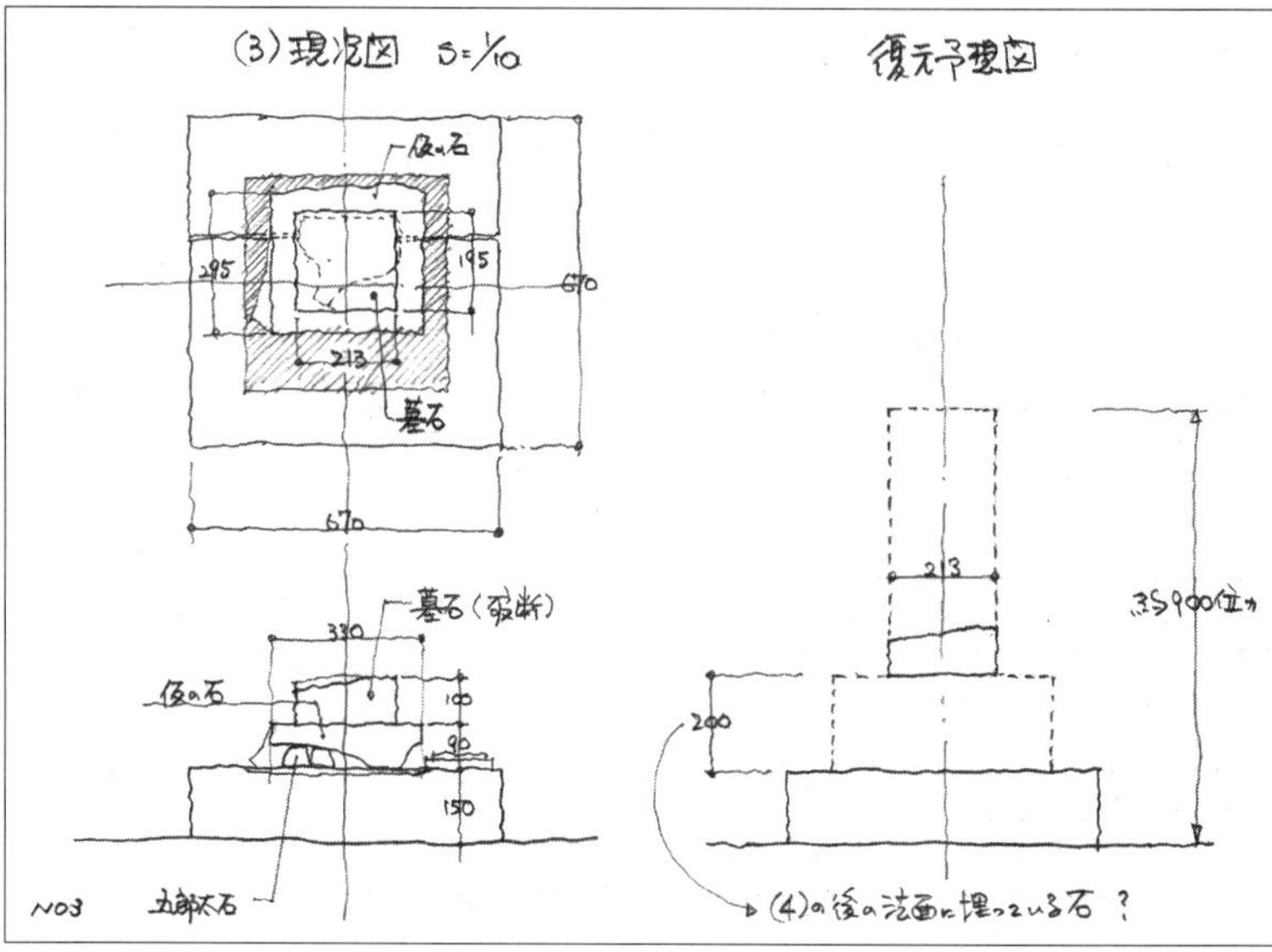

岳林寺管理墓地（島崎・小山田霊園）破損墓碑復元図（眞藤國雄氏作成）

〈墓碑修復の痕跡について〉

平成二十年九月六日に高久直広氏が米良家墓碑を発見した際、①亀雄、④毎雄墓石の礎石部分に比較的新しい修復の形跡があると指摘していた。

十月九日、筆者が岳林寺住職に電話で確認したところ、墓碑の周りの竹藪を伐採整備したのは岳林寺で、その際、倒れていた墓碑があり元に戻すことはしたが、墓碑の修復などは行っていないとのことだった。

十月二十三日に、眞藤國雄氏（一級建築士）が墓碑の測量を行い、その際に墓石の礎石部分の修復痕の確認も行っている。眞藤氏の見解は次のとおりである。

①亀雄、④毎雄墓石の底部分のモルタルは比較的新しく、十年は経過していないと考えられる。米良家墓碑の後にある他家の墓は新しいものばかりである。米良家墓域にビニールコーティングされた墓石屋の名刺が落ちており、上の墓（米良家の墓は傾斜部にあり、他家の墓はその上にある）の工事をした業者のものだろうと思われる。米良家墓域は、上の墓の造作の際、作業場に使われていたようである。①亀雄、④毎雄墓石底部の修復は、その業者がした仕事だろう。こういった業者は、残ったコンクリートやモルタルの処分に困り、その材料で周辺の土間を補修するということを

よくやっている。現在、建築、土木の廃材処分は大変厳しく規制されており、そう考えるのが妥当だろう（眞藤國雄氏）。

(2) 奉献石灯籠

④毎雄、⑤亀之進墓碑の前に、ばらばらになった石灯籠がまとめて置かれている。それぞれの部位を本来の形に組み上げてみると、次のように刻字されていることがわかる。

〔刻字〕

〈正面〉〈上段〉奉献

〈中段右側〉長徳院殿

〈中段左側〉本清院殿

〈下段〉孫米良実俊

〈右側面〉文政元戊寅年

〈左側面〉十月十六日造立

〔解説〕

- 文政元戊寅年（一八一八）十月十六日に、六代四助実俊が、初代勘助元亀（長徳院）と四代勘兵衛（本清院）に対して奉献した石灯籠。
- 「長徳院殿」……初代米良勘助元亀（長徳院齢岳元亀居士）。
- 「本清院殿」……四代米良勘兵衛（本清院霜屋真了居士）。

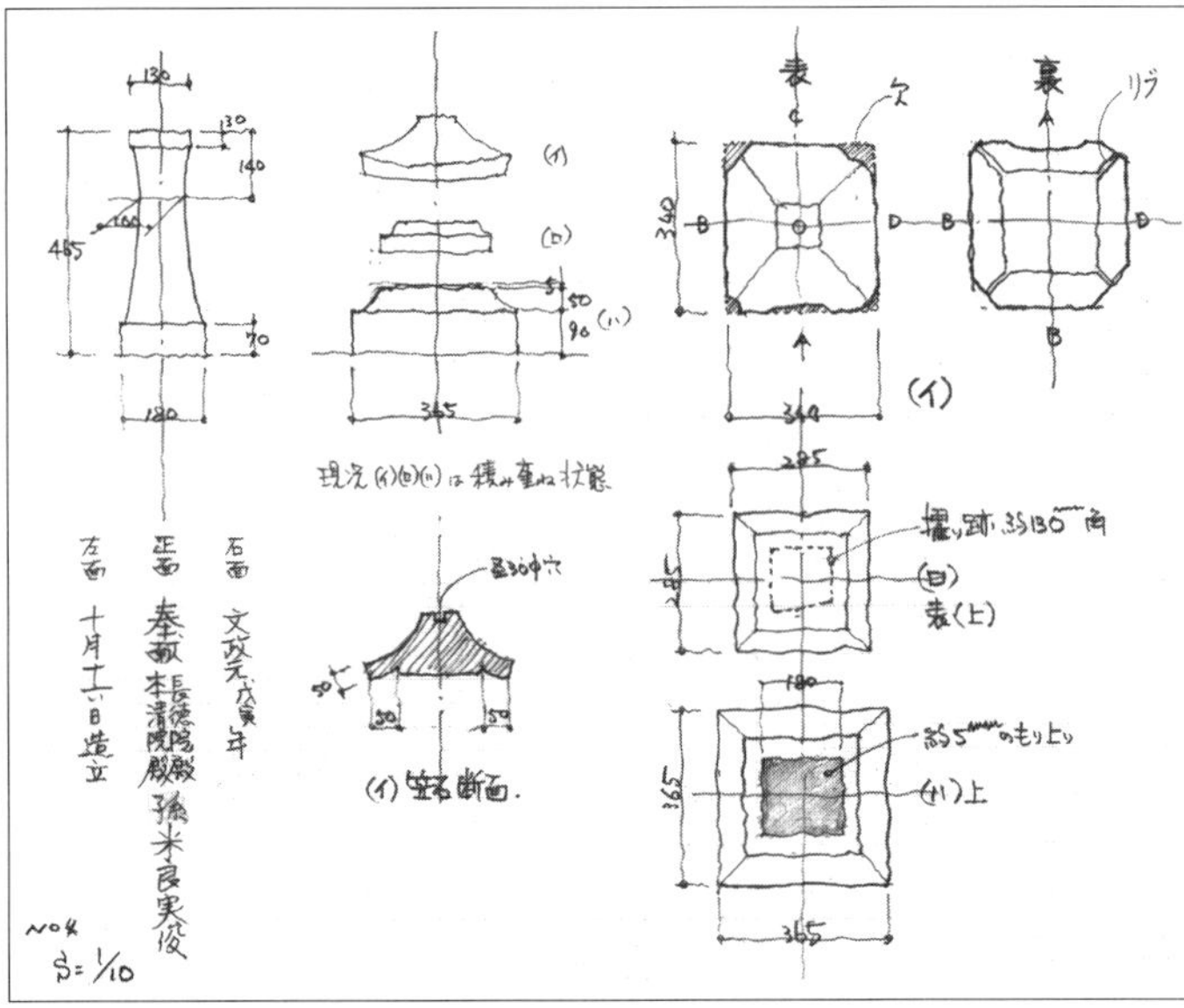

岳林寺管理墓地（島崎・小山田霊園）
奉献石灯籠測量図（眞藤國雄氏作成）

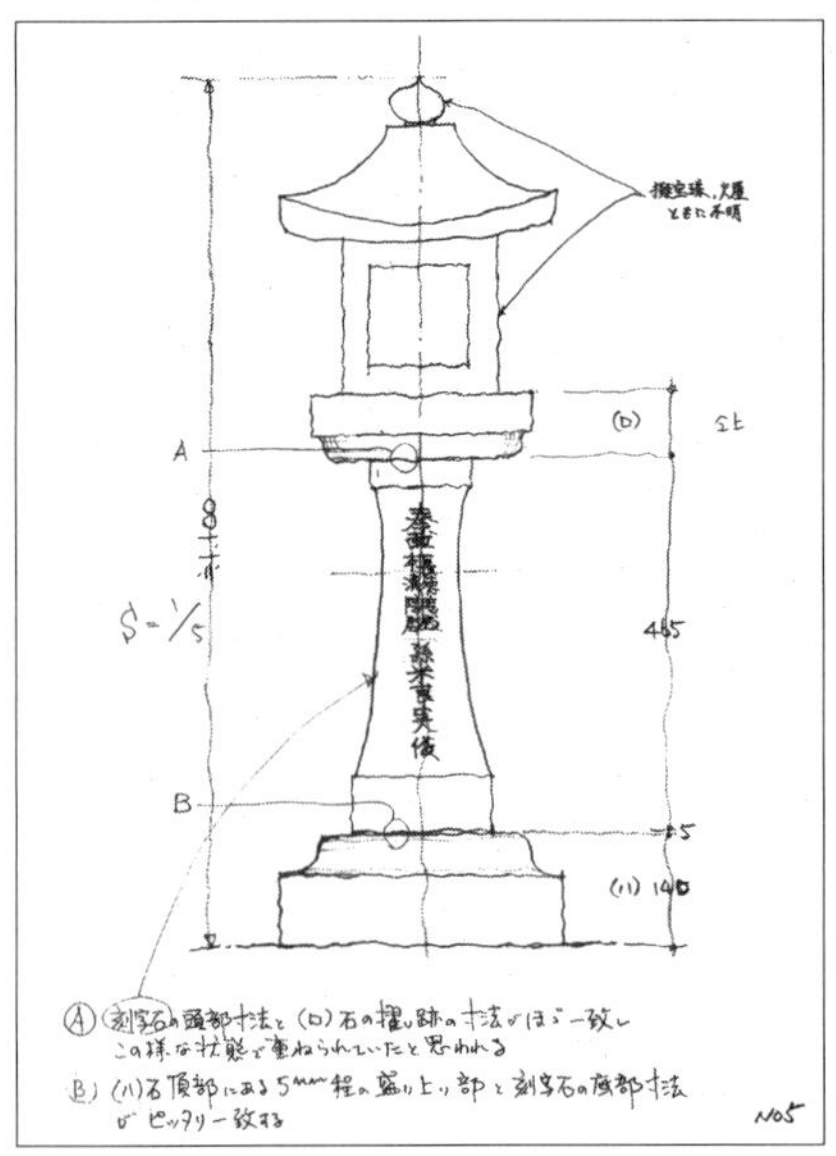

岳林寺管理墓地（島崎・小山田霊園）奉献石灯籠復元図　文政元年（1818）10月16日，四代勘兵衛の三十三回忌に六代四助実俊が奉献した石灯籠（眞藤國雄氏作成）

〈「孫米良実俊」の意味〉

六代米良四助実俊は、四代勘兵衛の弟左五之丞の子で、勘兵衛の甥にあたる。刻字に「孫米良実俊」とあるのは、次のような経緯による。

勘兵衛の家督は養子茂十郎（五代）に引き継がれる。だが、この茂十郎のときに知行の返上がなされ、茂十郎の家督は実俊に引き継がれるわけだが、当時、家督の相続は子に限られていた。そのため、実俊（十九歳）は茂十郎（二十三歳）の養子という体裁をとることで、実俊は勘兵衛の「孫」ということになる。

だが、「米良家先祖附写」には「米良四助儀、天明六年（一七八六）十一月代々御知行被下置候家柄ニ付父米良勘兵衛へ被下置候御扶持方直ニ被下置御留守居御中小姓被召出……」とある。実俊が勘兵衛の養子となって五人扶持を相続していることが記されている。つまり、「米良家先祖附写」のこの部分を見る限り、実俊は勘兵衛の「子」となる。

本来、知行を返上して絶家にした茂十郎は、歴代に加えられなくても当然なのだが、「米良家先祖附写」では茂十郎を歴代の中に入れている。「孫米良実俊」という表現は、米良家が茂十郎を無視していないことを現している。裏を返せば、茂十郎の知行返上にやむを得ない事情があったことを示唆するものとも考えられる。

知行の返上は、米良家を根幹から揺るがす大事件であったはずである。茂十郎、二十三歳のことである。知行返上を申し出たのは、おそらく隠居していた勘兵衛（五十三歳）だろう。

天明六年九月には、隠居の先代勘兵衛にお心付け（堪忍分）として五人扶持が与えられているが、勘兵衛の心労は甚大だったようで、翌十月十六日に病死（五十三歳）している。

米良実俊（六代）は、十一月に勘兵衛に下されていた扶持を賜り、御留守居御中小姓に召し出される。このとき実俊は十九歳で、後に妻となる勘兵衛の娘志保は十四歳である。

二十三歳で隠居した茂十郎は、寛政十年（一七九八）五月九日、三十五歳で没している。

奉献石灯籠

〈なぜ石灯籠に初代勘助元亀の名が刻まれているのか〉

四代勘兵衛（本清院）の名とともに初代勘助元亀（長徳院）の名が刻まれているのは、次のような理由からである。

現在、米良周策家にある「米良家先祖附写」の記述には、初祖吉兵衛を「高祖父」、初代勘助元亀が「初代曾祖父」、二代勘助実専が「二代祖父」とある。つまり、この「米良家先祖附写」を最初に記したのは、この勘兵衛ということになる（藩庁へ提出の永青文庫「先祖附」は、三代市右衛門実高が最初に記したものである）。

この時代の米良家の認識として、初祖吉兵衛はあくまでも「高祖父」または「大御先祖」であって、「初代」は勘助元亀と位置づけられていた。それゆえ、父勘兵衛の名とともにご先祖様である初代長徳院の名を連ねたものと考えられる（本書の代数のカウントもこの認識に倣っている）。

〈石灯籠の造立年月日が意味するもの〉

この石灯籠は文政元年（一八一八）十月十六日に、六代実俊（五十一歳）が奉納したものである。勘兵衛が没したのは、天明六年十月十六日である。つまり、文政元年は勘兵衛の三十三年忌法要の年であり、造立日はまさに勘兵衛の命日と合致する。

米良家の再興を実現した実俊は、悲運のうちに没した養父の御霊を慰めるべく、三十三回忌法要に石灯籠を奉献した。実俊は、勘兵衛から受け継いだ五人扶持を、一五〇石（文政八年）にまで回復させた米良家中興の祖である。

〈石灯籠の形状について〉

江戸期の墓前に奉献された石灯籠の大半は、火を灯す「火屋（ほや）」が欠損している場合が多く、この石灯籠も屋根である笠石（かさいし）と竿（さお）が火屋のない合体した状態になっている。火屋は地震、移転などで壊れやすいもので、よくあるケースである。

〈奉献石灯籠が示唆するもの〉

奉献石灯籠はどこに置かれていたのか。笠石の破損具合や、火屋がないことも地震の被害と考えれば納得できるのだが、それらしい場所が見当たらない（眞藤國雄氏）。

墓前に石灯籠を奉献したのであれば、石灯籠に記されている初代長徳院（勘助元亀）の墓碑もなければならない。私は、全ての墓碑を宗岳寺から移せなかったのだろうと考えている。また、文政以後に初代長徳院と本清院（四代勘兵衛）を合葬して一つの墓石にまとめた可能性も考えられるが、この点については史料的な裏付けが取れないため、何とも言えない。

3　墓碑移転の経緯

「米良家法名抜書」には宗岳寺という記述が四カ所ある。その最初が、寛文十三年（一六七三）十月二十七日没の初祖吉兵衛の娘（妙諦信女）の記述で、最後が天保四年（一八三三）五月二十九日没の七代米良亀之進の嫡子米良新五良（孝外院智友童子）である。つまり、米良家の墓が宗岳寺にあったことが史料から確認できるのは、天保四年までとなる。

天保四年から四郎次が渡道する明治二十二年までの米良家の死亡者を、時系列に並べると、次のようになる。

- [宗岳寺] 天保四年（一八三三）五月二十九日没　七代亀之進の嫡子、米良新五良（孝外院智友童子）
- [　？　] 天保七年（一八三六）六月十六日没　七代亀之進の先妻（岡田相雪氏女）（夏月院清屋智光大姉）
- [岳林寺] 安政六年（一八五九）十一月二日没　七代亀之進（西渓院秀巌孤泉居士）
- [岳林寺] 慶応二年（一八六六）八月二十日没　七代亀之進の後妻（真月院貞誉智光大姉）亀之進墓碑に合葬
- [岳林寺] 明治三年（一八七〇）四月五日没　八代四助実明（泉渓院悟菴実明居士）

・[岳林寺] 明治五年(一八七二)九月十日没　八代四助実明の三男米良毎雄(露幻禅童子)
・[岳林寺] 明治九年(一八七六)十月二十五日没　十代亀雄実光(大雄院守節義光居士)
・[岳林寺] 明治十年(一八七七)六月十八日没　九代左七郎(義俊院達道宗意居士)
・[?] 明治十二年(一八七九)四月十九日没　八代四助実明の妻キト(寿仙院彭屋妙算大姉)実明墓碑に合葬かどうかは墓碑破損のため不詳
(これ以降四郎次が渡道しているため、熊本での米良家の死亡者はキトまでである)

眞藤氏は、常題目墓地の墓石の材質と神風連の乱の特異性から、墓碑の移転を次のように説き明かしている。①亀雄(明治九年没)、④毎雄(明治五年没)の墓は、全く同じ自然石の石材であり、同時期に造られたものと思われる。造られたのは、米良亀雄の死亡時期となる。八カ月後の明治十年に左七郎が死亡しているにもかかわらず、墓石の形式が全く異なることからもそれが窺える。

当時、神風連の乱に加担した亀雄は「罪人」であり、菩提寺(宗岳寺)への埋葬は許されなかったはずである。それゆえ、この地が選ばれて①亀雄、④毎雄墓が造られ、数カ月後、②左七郎(明治十年没)墓が造られるとともに、③実明⑤亀之進の墓が宗岳寺から移されたのではないか。

以上の眞藤國雄氏の見解を踏まえ、明治初年の米良家の系譜を俯瞰(ふかん)しながら、墓碑移転の時期を総括すると次のようになる。

八代四助実明と九代左七郎は兄弟で、父は七代亀之進である。

実明の家族構成は、妻キト、長男亀雄(十代)、娘はつ(天野正寿妻)、次男四郎次(十一代)、三男毎雄である。さらに、左七郎の妻帯の有無は不詳であるが、「米良周策家過去帳」に春道院自性妙心大姉という法名が見られる。米良家の史料を見渡すと、この女性は、左七郎の妻以外に該当者が見当たらないことは、前述したとおりである。

亀雄の母キト（年齢不詳）にとっては、夫実明（四十五歳）を明治三年に、三男毎雄を明治五年（夭折）に、そして長男亀雄（二十一歳）を明治九年に亡くしたことになる。逆賊の母となったキト自身も明治十二年に死亡している。

これを四郎次の視点から見ると、五歳で父、七歳で弟、十一歳で兄、十四歳で母を亡くしていることになる。叔父左七郎の死亡は、十二歳のときである。

十四歳で全ての家族を失った四郎次を養育したのは、その二年前に夫左七郎を亡くした春道院ではなかったか。左七郎夫婦には子（男子）がなかったのだろう。旧幕軍として西南戦争で西郷軍に加担した左七郎もまた、賊徒の汚名を被った。つまり、春道院も逆賊の妻となっていたのである。それゆえ、明治二十二年に四郎次（二十四歳）が屯田兵に志願し渡道する際、養母春道院を伴ったのではないか。

明治初年の米良家の状況を見ると、墓碑を移した時期がおもむろに浮かび上がってくる。

米良家が墓碑を移す契機となったのは、明治九年十月に神風連の乱で自刃した亀雄に起因する。賊徒となった亀雄を、菩提寺（宗岳寺）に被葬できず、やむなく常題目に葬（ほうむ）った。母キトにとって亀雄の死は、夫、三男に次ぐ家族の死で、わずか六年の間の出来事である。しかもキトは、逆賊の母の誹（そし）りを受け、世間に背を向けながら生きてゆかなければならなかった。

亀雄を常題目に葬る際に、三男毎雄の墓を建立し、時を同じくして宗岳寺から近親者の墓を移した。当時の困窮士族にとって、宗岳寺から全ての墓を移すことは不可能であった。移動できた最低限の墓が、夫実明と父母である亀之進墓、それと石灯籠であった。この石灯籠は祖父実俊が造ったものであり、四代勘兵衛と初代勘助元亀の名が刻まれている。石灯籠は、祖父母以前の先祖の墓を象徴するものではなかったか。これらの移転を実際に差配したのは、左七郎であっただろう。この時期、米良家の成人者は、キトとキトの義弟左七郎、その妻春道院の三名だけである。

さらに、米良家の屋敷は、初代勘助元亀の時点で現在のホテル日航熊本のある手取（てとり）にあり、宗岳寺までは至近距離であった（三二ページ「手取屋敷図」参照）。しかし、左七郎、亀雄・四郎次の代の屋敷はいずれも島崎にあり、地の利的にも常題目が身近であったということになる。

ほかに考えられる墓碑移転の時期としては、左七郎の墓を造った時点（明治十年六月以降）、キトが死亡した時点（明治十二年四月以降）が可能性として考えられる。キト死亡時点とする推論は、キトの死亡により、夫実明の墓碑を移して合葬したのではないかというものだが、残された十四歳の四郎次と春道院の二人だけでは難しいだろうと思われる。両時期とも成人男性がいないことを考えると、可能性としては低いと考えざるを得ない。

いずれにせよ米良家は、宗岳寺に檀家の籍を置きながら、身近な常題目に近親者の墓を移したということになる。

二　様似の墓

現在の米良家の墓は、北海道様似（さまに）郡様似町の小高い山の上にある。様似の墓地は、寺院ごとに墓があるのではなく、宗派に関係のない町の共同墓地（町営様似共同墓地、様似町潮見台一二四番地の四）である。

四郎次には、先妻、後妻、合わせて十四人の子がいたのだが、昭和八年（一九三三）の四郎次の死亡時点で生活をともにしていたのは、後妻チナ（四十八歳）と、繁実（二十三歳）、フユ（二十一歳）、キク（十四歳）と周策（十歳）である。そのフユも翌年に嫁いでいる。

米良家の墓は、五男繁輔（昭和七年死亡）と四郎次（昭和八年死亡）の墓が、北海道浦河郡浦河町常盤町の曹洞宗日高山光照寺（俗称「山寺」）にあった。その後、米良家は浦河を引き払い、様似で銭湯を経営していた五女アキ夫婦（夫三橋嘉朗）のもとで生活していた時期がある。それは、繁実が浦河町役場を辞めて色丹村役場に移るころか、または弟周策が様似町役場に勤務する以前、銭湯を経営する傍らタクシー会社を始めていた三橋嘉朗のもとで働くようになった時期あたりと推測される。当時の記録がなく、また、周策、キクの記憶も曖昧である。

昭和二十六年（一九五一）ごろにアキの次男三橋英朗（ひであき）（長男は夭折。英朗は筆者の母京子の兄）とチナの二人で、浦河の墓を様似に移している。米良家の墓は墓標がないいわゆる土饅頭で、骨壺を掘り起こして様似に運んだという。英朗が十代後半のことで、チナと二人でこの作業を行ったという話を、筆者は平成二十二年に英朗から直接聞いている。様似に墓を移した後、周策が墓碑を建てている。墓を移転した時期を昭和二十六年だと仮定すると、それぞれの年齢は満年齢で英朗が十八歳、チナ六十五歳、周策二十七歳となる。

米良家が様似に墓を移してからも、しばらくは浦河の菩提寺である光照寺の住職に来てもらって法要などを行っていた。しかし、昭和十年代当時、浦河―様似間の交通の便は非常に悪く、二〇キロ弱の距離ではあったが、住職に来てもらう手段にとぼしかった。そこでやむなく三橋家の菩提寺であった天台宗の等澍院（とうじゅいん）（帰嚮山厚沢寺）の住職に、お経だけをあげてもらうようになっていた。そんなことから、米良家はいつの間にか等澍

現在の米良家の墓（北海道・様似町，平成24年）

院の檀家になったというのが、現在の米良家の菩提寺の経緯である。

現在の様似町の米良家の墓は、平成二年に周策が建て替えたもので、墓碑に「先祖代々之墓」とあり、墓碑を乗せている上台には横書きで「米良家」とある。また、線香などを立てる香炉部分に「丸に右二つ巴」の家紋が彫られている。そして墓誌には次の五名が刻まれている。

墓誌

米良家先祖代々之霊位

頓誉良田儀忠居士	昭和八年六月二十八日	四郎次	六十九才（ママ）
清誉浄願善大姉	昭和三十三年五月十三日	ツナ（ママ）	七十三才
至誠院実誉勇道居士	昭和二十一年三月七日	繁実	三十六才
謙誉誠心清居士	昭和七年七月二十八日	繁輔	十八才
浄月院梅誉良香大姉	平成四年二月二十八日	ツキ	六十才

四郎次の死亡年齢が「六十九才」とあるのは、「六十八才」の誤りである。また、四郎次の妻の名も「ツナ」とあるが、正しくは「チナ」である。チナは周りから「ツナ」と呼ばれていたようで、現在九十三歳になる娘キクの認識も「チナ」ではなく「ツナ」である。当地特有の訛（なま）りを含んだ発音が「ツナ」と呼ばせているのか、戸籍吏の誤記（考え難い）かは定かではないが、本書では戸籍謄本の記載に従い「チナ」と表記した。また、

家紋，左三つ巴。岳林寺 島崎・小山田霊園 米良毎雄墓前にある線香置きに彫られた家紋

周策の先妻ツキも生前周りからは「ツギ」と呼ばれていたが、戸籍謄本の記載は「ツキ」である。家紋については、前述したとおり、「肥陽諸士鑑（ひようしょしかがみ）」にある「左三つ巴」が米良家本来の家紋である。

この墓誌や家紋の齟齬からも明白なように、時間が経過した事実を正確に記し伝えることの難しさを、改めて感じさせられる。

三　菩提寺の変遷

最後に、これまでの米良家の菩提寺の変遷をまとめると次のようになる。ただし、熊本での菩提寺は①の宗岳寺であるが、墓を管理する寺として②岳林寺を加えた。

①泰雲山宗岳寺（曹洞宗）
所在地　熊本市中央区上林町（かみばやしまち）三－四五
期　間　寛永七年（一六三〇）または寛文七年（一六六七）～明治九年（一八七六）
被葬者　初祖から八代までと推定（後に七代、八代の墓を岳林寺に移転と推定）。昭和四十四年に無縁墓の整理が行われており、現在、米良家の墓碑は存在しない。

②霊峰山岳林寺（曹洞宗）
所在地　熊本市西区島崎（しまさき）五－四〇－四八

期　間　明治九（一八七六）～二十二年
被葬者　七代から十代まで。墓碑数五基。墓は岳林寺管理墓地（島崎・小山田霊園）にある。

③寺院不詳
所在地　札幌市。かつての篠路(しのろ)兵村(へいそん)付近と推定。
期　間　明治二十三年（一八九〇）～大正十四年（一九二五）
被葬者　春道院、四郎次先妻ツル、長男義陽、次男（不詳）、三男（不詳）と推定。ツルと義陽の墓は、さらに別に存在する可能性もある。

④日高山光照寺（俗称「山寺」　曹洞宗）
所在地　北海道浦河郡浦河町常盤町二〇－一
期　間　昭和七年（一九三二）～十年代
被葬者　十一代四郎次、四郎次五男繁輔であったが、等澍院へ移転したため、現在は被葬者なし。

⑤帰響山厚沢寺（通称「等澍院」　天台宗）
所在地　北海道様似郡様似町本町二
期　間　昭和十年代～現在
被葬者　四郎次、後妻チナ、四郎次四男繁実（十二代）、五男繁輔、六男周策（十三代）妻ツキ。墓碑数一基。墓は町営様似共同墓地（北海道・様似町）にある。

なお、菩提寺に被葬されていない者で、名前が判明している者が三名いる。米良七兵衛とその嫡子米良勘吾（法名涼月宗清童子。天明二年（一七八二）没）。この親子は米良家系譜の中での不詳者である。墓所は、熊本の甲佐手永辺場村（現在の熊本県上益城郡甲佐町白旗辺場と推定）とある。それと夭折した四郎次七女の佐山スエである。スエの墓は、北海道幌泉郡えりも町の佐山家の墓所にあるのではないかと推測している。

【史料編】

［佐藤　誠］

凡例

一、本編は、熊本藩士米良家に伝来する文書、および米良家に関係する史料を翻刻したものである。本編は、眞藤國雄氏および、佐藤誠・近藤健が本書編集のために集めたものである。

一、翻刻に際しては底本の表記に従ったが、次の点に留意した。

1 史料には適宜、句読点・並列点を付した。

2 漢字は原則として常用漢字に改めた。

3 古文書特有の記号はこれを廃した。

4 底本に修正のあるものは抹消線などを用い、右側に示した。

5 欠字・平出は底本の通り表記した。

6 挿入文字は「」で示した。

7 明らかな誤字・脱字は訂正し、もしくは右に（ママ）・（〇〇カ）などと注記した。ただし、近世一般に慣用されていた文字はそのまま記載した。

8 変体仮名は原則として平仮名に改めた。ただし、助詞などについてはその限りではない。

9 編纂者の加えた傍注はすべて（）で示した。

10 他本で校合したときは（イ〇〇）と傍注した。

11 必要な箇所には詳細な補注を付した。

12 除籍謄本については訂正文字や抹消文字などが多いので、本文以外の訂正箇所などについては割愛した部分がある。

一、本編の編集は佐藤誠が行った。また、史料選定および調査などでは眞藤國雄氏のご教示に与るところが多い。

一、本編の編纂に当たっては、史料の所蔵者をはじめ、協力者・関係諸機関のご高配を得た。ここに記して感謝申し上げる次第である（なお、ご芳名は巻末に列記）。

一、史料中の差別的名辞・賤称などについては、歴史学研究の立場からそのまま掲げた。もとより我々はこれらの用語を容認するものではない。従って正しい歴史認識の立場で本書を利用されることを望んでいる。

1　米良家先祖附写

百五拾石（イ二百石）

米良　左七郎（イ四助）

一高祖父米良吉兵衛儀
妙解院様（細川忠利）御代御奉行処御役人被召出、其後御代官役等相勤、寛永七年病死仕候
一初代曾祖父米良勘助（元亀）儀、承応元年歩御小性被　召出相勤居申候処、寛文元年御扶持方御切米御加増被為拝領歩
御小姓組脇被　仰付相勤申候内、同六年十一月御知行百石被為拝領、翌年之春新組被　召出、其後度々御加増被
為拝領、都合三百石被成下、元禄九年二月新組之組脇被　仰付御次之御奉公・定御供三十五年相勤申候、年罷
寄難相勤段奉願候処、同十四年十一月隠居被　仰付候
一二代祖父米良勘助（市右衛門重但）儀、元禄十四年十一月家督無相違被為拝領御番方被　召加、同月御小姓組被　召加、翌年江戸
御供被　召連罷登相勤申候、同十六年二月於江戸浅野内匠頭（長矩、播磨赤穂城主）殿御家来御預被成、右之面々切腹之節堀部弥兵衛（金丸）
介錯仕候、同年於江戸御使番被　召直、御奉行所御目附被　仰付相勤申候内、江戸御供三度幷御使「者」番一度、
大坂詰三度、長崎へも壱度被差越相勤、其外当前之御奉公相勤居申候処、享保二年七月御鉄炮拾挺頭（被脱）仰付、
同三年長崎へ囚人被差越候付而海陸警固被　仰付罷越相勤申候、同四年江戸御留守詰被差越相詰居申候内、同
年十月御作事奉行加役被　仰付候、同年十一月御鉄炮二十挺頭被　仰付、同五年罷下申候、同九年江戸御供被
召連罷登相勤、翌年罷下申候処病気ニ罷成、御作事奉行加役御断申上候処、同十一年十一月御懇之以　御意先
相勤可申旨被　仰渡、御紋附之御羽織被為拝領候、同十二年四月御鉄炮改（三）十挺頭被
仰付相勤居申候処、病気勝不申候付而御作事奉行加役御断申上候処、同十四年十二月加役被成　御免相勤居申

候得共弥以病気差重御役儀御断申上候処、同廿年二月被成 御免御番方被 召加、同年四月病死仕候
一三代（イ父米良）米良市右衛門（実高）儀、実ハ河方安安（衍）右衛門弟ニ而御座候、養父勘助養子仕度段奉願候処、享保七年十二月願之
通被 仰付、同二十年七月跡目之御知行無相違被為拝領御番方被 召加組並御奉公之内、元文四年三月 御参勤
之節久住人馬奉行被 仰付相勤、其外御番御目附被 仰付相勤申候、宝暦三年正月南関御番被 仰付相勤居申候
処、同年十一月御番方組脇役被 仰付当前相勤居申候処、同五年八月十九日閉門被 仰付旨被 仰渡候付、同晦（イ）
日（同月晦日）迄御番当前無御座候、宝暦六年十月依願組脇役 御免被成御留守居御番方ニ被 召加候（閉門日数三十日）
一右市右衛門儀、宝暦七年二月隠居被 仰付、被下置候御知行之内、弐百石嫡子四代目勘兵衛ニ被為拝領御番方
ニ被 召加候、明和三年八月八代御城附被 仰付候、安永八年十二月四十六歳ニ而隠居被 仰付候
一五代目米良茂十郎儀、勘兵衛養子ニ而候、安永八年十二月十六歳ニ而父ヘ被下置候御知行無相違被下置、八代
御番頭之支配被 召加置、同九年正月十一日八代御城附被 仰付候、天明六年六月茂十郎儀不本心様子ニ付被下
置候御知行差上度由一類より奉願、願之通被 仰出候
一右茂十郎御知行差上候付、天明六年九月隠居米良勘兵衛ヘ被為附御心五人扶持被下置、同年十月病死
一米良四助（実俊）儀、天明六年十一月代々御知行被下置候家柄ニ付、父米良勘兵衛ヘ被下置候御扶持方直ニ被下置、御
留守居御中小姓被 召出、寛政九年十月御穿鑿役当分増人被 仰付、享和二年五月御穿鑿役本役被 仰付、御足
給拾五石被下置、文化四年十二月数年心懸能出精相勤候付今迄被下置候御足給・御合力米被直下、猶御足給五
石被下置、同九年五月数年出精相勤候付御擬作高百石被下置、御知行取格被 仰付、同年九月小国・久住御郡
代当分被 仰付、同十年六月西本願寺より御国中寺々宗意しらへニ付而御使僧罷越候節、右一件之御用各別致
心配候付御紋附御帷子一被下置、同十二年二月今度御囲籾一件ニ付而致心配、且久住町在焼失之砌諸官宅御作
事一件ニ付而茂致心遣、将又北里手永湯田村と 公料津江若林村与年来境論有之候処、宜布（敷）取計永久申分無之様
相決ニ付、御小袖一・銀五枚被下置旨以奉書申渡、同十三年七月八代御郡代所替、同十四年八月御郡代定役、

文政元年八月小国・久住所付之節阿蘇山変動ニ付而支配所蒙災害非道之凶作ニ而何角与致心配候付、御帷子一被下置、文政三年三月今度日光御修覆御用銀之内、御郡代間歩金よりも御出方ニ相成無御滞相済候付、御紋付御上下一具被下置、同四年二月本山御作事之節支配所より出夫等之儀ニ付而心配致候段達 尊聴候旨及達、同六年十月八代大牟田新地御築立一件始末差はまり厚心配致出精、高嶋新地御買上壇手御普請御郡受被仰付候ニ付而茂致心配、且先御役以来多年出精相勤候付、旁被対今迄被下置候御擬作高百石地面被直下、同八年二月飽田・詫摩御郡代ニ所替被 仰付、上益城助勤兼帯被 仰付、同年七月七百町新地御築上御用懸被 仰付、支配所之儀ニ付諸事主ニ成取計大造之儀ニ候処、初発より去秋迄之間昼夜格別心配致候付、御知行五拾石御加増被 仰付、同九年五月病気ニ付願之通当御役被遊 御免、多年出精相勤候ニ付、御紋附御帷子一被下置、御留守居御番方被 仰付、須佐美権之允組被 召加、同年十月五十九歳ニ而病気ニ付隠居被 仰付

一米良亀之進儀、右四助嫡子ニ而候、享和三年三月句読習書出精之段達 尊聴、金子弐百疋被下置旨於講堂申渡、文化五年九月 御目見仕候、文政元年六月犬追物稽古心懸厚出精芸術宜候段御褒詞、同六年十一月剣術数年心懸厚出精相進並射術も心懸候段於講堂御言賞、同九年十月三十六歳ニ而父へ被下置候御知行雖為新知、父四助儀多年出精相勤候付無相違被下置、御番方被 仰付、横山藤左衛門組被 召加、嘉永二年五月病気ニ付、五十九歳ニ而隠居

一米良勘助（のち四助）儀、右亀之進名跡相続之二男にて候、弘化三年十月御目見仕、同年同月居合・小具足・兵法数年心懸厚出精之段御賞詞、嘉永二年五月二十四歳ニ而父へ被下置候御知行雖為新知、芸術心懸宜候付無相違被下置、御番方被 仰付、宮村平馬組被 召加

一居合　天保七年正月大塚庄八門弟罷成序書相伝

一小具足　同年同月同人門弟罷成陰之位并陽之位口伝

一兵法　同年同月同人（門脱）弟罷成
一拍子引渡

一槍術　同十一年九月水足五次郎
門弟罷成目録相伝

文久二年三月相州詰として被差越候、同二年（イ三年）八月罷下、元治元年七月組並ニ而出京被　仰付罷登居候処、船中備前牛窓湊より引返同八月帰着、同年十一月小倉出張、慶応元年正月罷帰、同二年六月小倉出張同年八月帰着、同三年十一月組並ニ而出京、明治元（同四）年六月罷下、同年十一月足軽十三番隊之副士被　仰付、同二年二月東京詰として被上京候、同年八（七）月○「○当前之御番多年無懈怠相勤候付、御紋附御上下一具被下置旨於東京申渡、同年八月」罷下、同年同月右副士被遊　御免、同年十月四助与改名、同年十一月重士被　仰付、四番隊被　召加、同三年三月病気之由ニ而内意之趣ニ付、留守隊被召加、同年四月四十五歳ニ而病死

一米良市右衛門（のち左七郎）儀、右四助弟ニ而御坐候、相州御備場且東西京詰・小倉出張等兄へ差添罷越申候、文久二年十二月御備場詰内学問心懸厚出精、剣術・居合・槍術游出精、平日之慎方も宜候付、白銀三枚被下置、慶応元年十月体術・槍術・居合・兵法数年心懸厚出精趣も芸術相進候段於講堂御賞詞、明治元年七月兼々心得方宜、父母存生中能事、病中看病懇ニ有之、兄姉へも事方手厚有之間、御紋附御上下一具被下置、同二年（慶応二年の誤り）九月小倉戦争之節延命寺赤坂鳥越へ為応援罷越差入、及苦戦陳（陣）払之節も諸事行届候付、御紋附御上下一具被下置、同三年六月四助養子奉願置病死いたし候付、名○「跡相」続被　仰付、家督無相違、直ニ六番隊重士被　仰付

一体術　江口弥左衛門々弟ニ而文久
元年三月目録相伝

一居合　大塚庄八門弟ニ而安政
五年二月目録相伝

一兵法　大塚又助門弟ニ而文久二
年三月目録相伝

一槍術　水足平九郎門弟ニ而文久
二年三月目録相伝

同年七月左七郎与改名（イではこの箇所異筆）

〔北海道　米良周策氏蔵〕

【解説】本史料は米良家の先祖書（熊本藩では「先祖附（せんぞづけ）」という）で、熊本藩庁に提出したものの控であろう。藩庁文書（永青文庫蔵・熊本大学附属図書館寄託）にも同文の史料がある。本史料はこれをもって校合したが、明らかな相違がある箇所については凡例に従って傍注した。発見の経緯については本文に詳しい。

「先祖附」は記述の書体から宝暦年間（一七五一～六四）ごろに編纂されたと考えられ、その後は書き継がれて明治三年（一八七〇）に至る。

なお、本史料によれば初代を初祖吉兵衛の子勘助としている。これは吉兵衛が正式に細川家から禄を拝領していなかったからであろう。

初祖吉兵衛を「高祖父」、初代勘助を「初代曾祖父」、二代市右衛門を「二代祖父」としていることから、本史料を最初に記したのは、四代勘兵衛であることが推定できる。

また、永青文庫「先祖附」でも吉兵衛を「高祖父」としているが、これは後に貼紙をして訂正したもので、貼紙の下には「曾祖父」と記されている。同様に初代勘助については「祖父」を「曾祖父」と、二代勘助については「養父」を「祖父」と、三代目市右衛門については「私」の字が消されて、「父米良市右衛門儀」となっている。つまりこの「先祖附」は三代市右衛門実高によって書かれ、四代勘兵衛により加筆されていることがわかる（眞藤國雄氏ご教示）。

熊本藩の「先祖附」は藩庁の役人が整理したと思われる。従って米良家に残る本史料が提出の控であるならば、「先祖附」提出の形態を残しているかしも考えられる。

いずれの先祖附も明治三年七月の九代米良左七郎の記述で終わっているが、「米良家先祖附写」の冒頭が「百五拾石　米良左七郎」なのに対し、永青文庫「先祖附」は左七郎の兄八代米良四助実明のままで、「弐百石米良四助」と記されている。この「四助」の記述は貼紙に記されたもので、その下には「勘助」とある。つまり、実明の通称「勘助」を改名後の「四助」に訂正したものであることがわかる。

諸藩ではこのような家中の先祖書を提出させ、編集したものが残っている。中には家伝の文書あるいはその写を提出させた大名家もある。熊本藩の家中の「先祖附」は膨大であるが、今後、翻刻されることを期待するものである。

［佐藤・近藤］

2 米良家法名抜書

―米良家文書―

別峯院殿椿翁堅松居士	寛文七乙未 九月二十二日
妙諦信女	寛文十三癸丑 十月二十七日
峰岳上座	貞享二乙丑 八月二十日
浄体院天誉妙光大姉	元禄十丁丑 四月十日
実相院真如元性大姉	宝永八辛卯 正月二十三日
嶺光院玉潤元水居士	正徳四甲午 七月二十八日
長徳院齢岳元亀居士	正徳五丁未 正月二十六日
寿心院隆岸智清大姉	享保元丙申 十一月十八日

大御先祖　米良吉兵衛殿
宗岳寺過去帳ニ
妹与有之、全別峯院殿御女ニ而宦女可成、当文化二丑迄ニ凡百三十二
宗岳寺過去帳ニ米良勘助殿俗弟、黄檗道心者、菊池ニ而死去与有之
　　　　吉兵衛妻
前　　　勘助妻
　　　　米良惣兵衛殿
前　　　米良勘助（元亀）
法念寺過去帳ニ関氏○「奥○」与有之、惣兵衛殿長女ニ而関角之進ヱ
嫁、当時角之進江向合御時、兎角角之進加役由、角之進不持ニ附依而

於家廃、文化五辰七月

義石元仁居士　享保十六辛卯八月四日　後勘助弟　米良半蔵

浄徳院殿要道宗賢居士　享保二十乙卯四月十四日　後　米良勘助殿（実専、市右衛門）

瑞岳院秋月涼江大姉　延享四丁卯九月十六日　後　勘助妻

本源自性童子　明和八辛卯五月二十五日　市右衛門子　米良敦平

清浄院心蓮普香大姉　明和八辛卯六月二十五日　市右衛門　妻

香林院瑞翁怡泉居士　安永九寅（庚）子五月二十四日　米良市左（右）衛門藤原実高

涼月宗清童子　天明二壬寅十月十日　米良七兵衛殿嫡子米良勘吾殿、十六才ニ而死、墓甲佐手永部（辺カ）場村有リ

清寿院普恩慈了大姉　天明三癸卯十月十六日　勘兵衛　後妻

本清院霜屋真了居士　天明丙午十月十六日　米良勘兵衛

俊良院清雲玄英居士　寛政十午正月二十二日　六十三卒　米良左五之丞、文政四三月宗岳寺天年和尚俊良院贈

大林院椿翁宗寿居士　寛政十午五月九日

清安院夏月妙賢大姉　寛政十二四月廿九日　友岡山三郎母

二十弐歳卒

覚林院悟峯良水居士　文化十癸酉六月十六日　香林院殿（米良夫高）第三御子終身在家、凡病臥三年

米良源治　年七拾有四卒

良忠院温山義恭居士	文政十一戊子 七月四日	米良四助実俊　霊位 六十一歳卒
清竜院浄雲智水居士（大姉カ）	文化十二乙亥 三月二十四日卒	的場氏女ニ而米良四助母公や、六十有九ニテ卒
水泡童女	文化十四丁丑 十一月四日	亀之進次女　名胤
桂月院円空慈照大姉	文政十二己丑 七月十日	米良実俊妻　名志保霊位 五十七歳卒
孝外院智友童子	天保四癸巳 五月廿九日	亀之進嫡子　米良新五良　十五歳ニ卒 墓処宗岳寺ニ実俊君追葬
夏月院清屋智光大姉	天保七丙申 六月十六日	米良亀之進妻 岡田相雪娘
西渓院秀巌孤泉居士	安政六己未 十一月二日	米良四助　亀之進 長男（誤記）
真月院貞誉智光大姉	慶応二丙寅 八月二十日	米良亀之進　後妻 水野氏長女
泉渓院悟菴実明居士	明治三午 四月五日	勘助事　後四助
露幻禅童子	明治五壬申 九月十日	米良勘助三男
大雄院守節義光居士	明治九子 十月廿五日	戦死　勘助長男（米良亀雄 実光）
義俊院達道宗意居士	明治十丑 五月八日	戦死　勘助弟（左七郎）
寿仙院彭屋妙算大姉	明治十二 旧四月十九日	米良勘助妻

片内山喜三良（郎）妹キト

初代目之妻　相ハカリ申サズ
二代目ノ妻　大　小笠原旧身（旧臣カ）　麻玉（麻生カ）庄兵衛方ヨリ
三代目ノ妻　吉村直助方ヨリ
四代目ノ妻　米良方ノ実子ナリ
本清院ノ妻　奥村方ヨリ来リ病気ニ附カエリ
後妻来リ、八木田勝助伯母ナリ
本清院ノ弟　覚林院ナリ
香林院長男　本清院ナリ
俊良院妻　的場半之丞方、前四助母ナリ
香林院ノ二男　前四助父左五之丞
本清院ノ娘　前四助ノ妻シヲ
同（香林院五男）　四男　道化（家）方ニ養子ニ行道化（家）左八良（郎）
同（香林院四男、のちの斎藤芝山）　五男　済藤勧（権）之助方ニ行同勧（権）之助
済藤勧（権）之助末妹（娘カ）　財津三左衛門母ナリ
米良亀ノ助（進）娘ウタ　成田源兵衛妻ナリ
同　亀ノ進長女シサ　■伝（余田）八之丞妻ナリ
同　亀ノ進二女寿ナ（キ）　神山語七ノ妻ナリ
米良四郎次あねはつ　八代　夫（天）野「正」寿妻ナリ

〔北海道　米良周策氏蔵〕

【解説】本史料は米良家歴代の法名・没年月日などを熊本の菩提寺である宗岳寺（そうがくじ）の記録から書き抜いたものと考えられる。米良亀雄・左七郎と思われる人物が記載されていることから、明治十年（一八七七）以降のものであることは確実である。米良四郎次が熊本から北海道に渡る際に作成したものか。

「浄徳院殿」が赤穂義士堀部弥兵衛金丸（あきざね）を介錯した米良市右衛門重但（勘助実専）、「大雄院」は神風連の乱で自刃した米良亀雄、「義俊院」は西南戦争で戦死した米良左七郎である。〔史料1〕と本史料とによって米良家の系譜を知ることができる。本史料は米良家歴代の法名・没年月日、妻子女の没年月日を知る唯一の史料である。ただし、初祖吉兵衛の没年が〔史料1〕では寛永七年（一六三〇）であるのに対して（永青文庫本「先祖附」も同じ）、本史料では「寛文七年」（一六六七）となっている。

〔佐藤〕

3　米良周策家過去帳

北海道日高国様似郡

様似町字様似四一八番地

帰嚮山　等澍院

文化元年徳川十一代
将軍家斉公建立

一　念

三　千

智行　書

別峯院殿
椿翁堅松居士　寛文七乙未　九月廿二日

妙諦信女　寛文十三癸丑　十月廿七日

峰岳上座　貞享二乙丑　八月二十日

浄体院天誉妙光大姉　元禄十丁丑　四月十日

実相院真如元性大姉　宝永八辛卯　正月廿三日

嶺光院玉潤元水居士　正徳四申（甲）午　七月廿八日

長徳院齢岳元亀居士　正徳五丁未　正月廿六日

寿心院隆崕（岸）智清大姉　享保元丙申　十一月十八日

義石元仁居士　享保十六辛卯　八月四日

浄徳院殿要道宗省（賢）居士　享保廿乙卯　四月十四日

瑞岳院秋月涼江大姉　延享四丁卯　九月十六日

本源自性童子　明和八辛卯　五月廿五日

清浄院心蓮普香大姉　明和八辛卯　六月廿五日

香林院瑞翁怡泉居士	安永九寅子 五月廿五(四)日
涼月宗清童子	天明二壬寅 十月十日
清寿院普思(恩)慈了大姉	天明三癸卯 十月十六日
俊良院清雲玄英居士	寛政十年 正月廿二日
大林院椿翁宗寿居士	寛政十年 五月九日
清安院夏月妙省(賢)大姉	寛政十二年 四月廿九日
覚林院悟峰(峯)良水居士	文化十年 六月十六日
清竜院浄雲智水居士	文化十二年 三月廿四日
桂月院円空慈照大姉	文政十二年 七月十日
水泡童女	文化十四年 十一月四日
良忠院温山義恭居士	文政十一年 七月四日
孝外院智友童子	天保四年 五月廿九日
夏月院清屋智光大姉	天保七年 六月十六日
西渓院秀巌孤泉居士	安政六年 十一月二日
真月院貞誉智光大姉	慶応二年 八月廿日

泉渓院悟菴実明居士　明治三年四月五日

露幻禅童子　明治五年九月十日

大雄院守節義光居士　明治九年十月廿二(五)日

義俊院達道宗意居士　明治十年五月八日

寿仙院彭屋妙算大姉　明治十二年四月十九日

春道院自性妙心大姉　明治廿三年一月八日

卒艶妙風扶(孩カ)女　大正七年五月廿日
俗名　米良(佐山)スエ
当才

謙誉誠心清居士　昭和七年七月廿八日
米良繁輔　十八才

頓誉良田儀忠居士　昭和八年六月廿八日
米良四郎次　六九才

至誠院実誉勇道居士　昭和廿一年三月七日
米良繁実
三十六才

戒名

清誉浄願善大姉　　昭和三十三年五月十三日
米良チナ（七十三才）米良チナ
（七十三才）
浄月院梅誉良香大姉　平成四年二月二十八日
米良ツキ
（六十才）

〔北海道　米良周策家蔵〕

【解説】 本史料は〔史料2〕を写し取ったものと思われるが、米良周策によると、この過去帳は〔史料2〕からではなく、仏壇にあった柾目の板に書かれてあった戒名を写し取ったものだという（平成二十年五月聴き取り）。この柾目の板というのは、位牌の代わりになるもので、〔史料2〕から写し取られたものだろうと思われる。ただし、「春道院自性妙心大姉　明治廿三年一月八日」は、〔史料2〕には存在しない。周策によると過去帳ができた段階で柾目の板は処分したという。

この過去帳は、等澍院先代住職智行和尚によって周策の母チナの代に書かれたものである。書かれた年代は不明であるが、様似町に町制が布かれるのが昭和二十七年（一九五二）であるので、過去帳冒頭表記の住所からすると、昭和二十七年以降、チナが死亡する昭和三十三年の間となる。

この過去帳には三人の筆跡が見られる。最初の「別峯院殿椿翁堅松居士（初祖米良吉兵衛）」から「春道院自性妙心大姉」までは同じ筆跡なので、智行住職の筆である。「春道院自性妙心大姉」以外は、〔史料2〕の記述とほぼ合致する。「卒艶妙風扶女（米良〔戸籍上は佐山〕スエ）大正七年五月廿日」から「至誠院実誉勇道居士（米良繁実）昭和廿一年三月七日」までの四名は、異なる筆跡により書かれている。最後の二人米良チナとツキは、米良周策の筆である。

米良四郎次が昭和八年（一九三三）に死亡していることから、二人目の筆跡はチナが自ら書いたものか、誰か別の人に書いてもらったものだろうと推測される。

本史料と〔史料2〕には相違点がある。まず、〔史料2〕の「本清院霜屋真了居士」が、本史料では欠落している。これは、単に過去帳作成段階で書き落とされたものと思われる。

次に本史料の「春道院自性妙心大姉」が、〔史料2〕にはない。この春道院に該当する人物が米良家にはいないことから、智行住職が誤って他家の人物を書き込んでしまったとも考えられる。あるいは十代米良左七郎の妻の可能性も想定できる。

また、本史料の「清竜院浄雲智水居士」から「良忠院温山義恭居士」までの四名の順序が〔史料2〕とは異なっている。これは過去帳作成時に、書き落としたものを、後で書き加えたために順序が異なったものと推測する。

〔近藤〕

4 「米良家法名抜書」〔史料2〕と菩提寺の記録「宗岳寺人別帳」との相違（法名のみ）

―宗岳寺人別帖―

別峯院殿椿翁堅松居士……………椿翁堅松居士
峰岳上座……………………………「黄檗道心者、菊池にて死去」の記載あり
浄体院天誉妙光大姉（記載なし）
実相院真如元性大姉………………真如玄照大姉
嶺光院玉潤元水居士（記載なし）
寿心院隆岸智清大姉（記載なし）

義石元仁居士（記載なし）
浄徳院殿要道宗賢居士……………浄徳院殿要道宗省居士
清浄院心蓮普香大姉（記載なし）
清寿院普恩慈了大姉（記載なし）
俊良院清雲玄英居士……………清雲玄英居士
清安院夏月妙賢大姉（記載なし）
清竜院浄雲智水居士（大姉ヵ）……………清竜院浄雲智水大姉
露幻禅童子（記載なし）
義俊院達道宗意居士……………「佐七良」の記載あり

〔熊本市中央区上林町　宗岳寺蔵〕

【解説】 上部が〔史料2〕による米良家の法名で、下が米良家の菩提寺宗岳寺（曹洞宗）の記録によるものである。中には記載のないものもある。これによると初祖吉兵衛および二代市右衛門の法名に院殿号（いんでんごう）が付されている。江戸期の米良家の家格から院殿号は考えられない。院殿号の使用は、歴代将軍家や大名家などに限られていた。それゆえ、後の追号とも考え難く、誤って記されたもの、あるいは近代になってから、米良家の近親者（米良四郎次）によって意図的に加筆されたものではないかと思われる。この法名の相違調査は、平成二十一年四月に宗岳寺住職堀田雪心氏によって行われたものである。〔近藤〕

5　熊本藩の侍帳にみる米良家 1

―松本寿三郎（すみお）編『肥後細川家侍帳』―

《『肥後細川家侍帳』（二）》

「御侍帳」（元禄五年比カ）

（御使番　柏原要人組）

一、三百石　　　　米良　勘丞

【解説】「勘丞」になっているが、初代米良勘助のことであろう。勘助の代に三百石になった。　［近藤］

「御侍帳」（元禄五年比カ）

（十二番　津田治左衛門組）

一、五人扶持弐拾石　　　　米良惣右衛門

【解説】米良家の一族と思われるが、系譜関係は不明。　［佐藤］

《『肥後細川家侍帳』（四）》

「肥後　御家中新旧御知行附」（天保四年）

一、同（百五十石）　　米良亀之進

【解説】七代米良亀之進である。米良家は一度上知しているので、再興された最終の石高は一五〇石である。　［近藤］

「弘化二年写　御家中御知行高附」

め之部

新

一、百石　　米良四助

【解説】七代米良四助（亀之進）の時代にあたるもので、百石となっている。

〔近藤〕

6　熊本藩の侍帳にみる米良家２

―松本寿三郎編『熊本藩侍帳集成』―

〔細川藩政史研究会発行〕

《「御侍帳」（元禄初年）》

（松山三郎四郎組自分）

一、五人扶持弐拾石　米良惣右衛門

《「肥陽諸士鑑（一）」（宝永五年頃）》

㋣

道家平蔵氏一　御側鉄炮十五丁頭御番方小姓組一番

屋敷山崎

一脇坂若狭　子道家帯刀一成　子七郎右衛門

実米良惣右衛門子

子角左衛門入道哲斎　子平蔵宗成　子市之允平蔵氏一

初一親

弐百石

百五拾三石七斗五升六合壱勺五才　上玉名大田黒

卅七石五斗五升六合四勺五才　下玉名上椛

八石六斗八升七合四才　同　中椛

《「肥陽諸士鑑（五）」（宝永五年頃）》

Ⓜ め

米良市右衛門　御奉行日付御鉄炮頭

屋敷手取

一　子　子

養子実河方安右衛門二男

子勘介元亀　子勘介重但実専　子　市右衛門

三百石

百石　飽田柿原

五拾石　合志住吉

五拾石　下玉名中村

八拾六石九斗七升四合弐勺八才　上益城古閑

拾三石弐升五合七勺弐才　　同　上田口

【解説】ここでいう市右衛門は三代のことであろうが、「肥陽諸士鑑（ひようしょしかがみ）」が宝永五年（一七〇八）ごろだとすれば、二代勘助（市右衛門）が当主でなければならない。二代勘助が隠居するのは享保二十年（一七三五）である（先祖附）。あるいは「肥陽諸士鑑」の成立年代がもっと下る可能性もある。〔佐藤〕

《「御侍帳」（享保八年写）》

メ

一、三百石　　米良　勘助

【解説】二代米良勘助の時代のものである。〔近藤〕

《「御国中御侍以呂波寄」（宝暦期）》

ゆ（めカ）

一、二百石　一番与　米良　勘兵衛

【解説】ここにある勘兵衛は、四代米良勘兵衛である。勘兵衛は三百石のうち、二百石が下されたことは「先祖附」に見える。〔佐藤〕

《「士席以上名録　文政三年正月調」》

御郡代

同（御郡方御奉行触）

一、高百石之御擬作　　八代　米良　四助

【解説】ここにある四助は、六代米良四助で、長年の勤務ぶりが認められて疑作となり、のちには知行に直され、最終的に一五〇石となった。米良家中興の祖とも言うべき人物である。［近藤］

《「士席以上名録　文政三年正月調」》

御郡代所附

八代　　米良　四助

坂本庄左衛門

【解説】六代米良四助［近藤］

《「御知行取以呂波世勢」》

め

新　百石　　米良　亀之允

百石

【解説】七代米良亀之進［近藤］

《「肥後世襲士籍　文久二年戌十二月十六日写之」》

メ之部

一、百五拾石　　米良　亀之丞

【解説】亀之丞は、七代米良亀之進。［近藤］

《「御家中知行附」》
め之部
一、百五十石　米良　勘助
【解説】八代米良勘助〔近藤〕

《「御侍帳　万延二年三月朔日」》
（嶋田四郎右衛門組）
百五拾石　同（御番方三番組）米良　勘助
【解説】八代米良勘助〔近藤〕

《「宝暦六年以後御知行被召上候家々（抄）付　世禄断絶例」》
天明六年六月廿八日
一、高弐百石　米良茂十郎
【解説】五代米良茂十郎。茂十郎が上知を願い出たため、米良家は一時断絶となったが、四助によって再興された。

以上、侍帳数種を羅列して掲載した。米良家の石高の変遷がよくわかるであろう。〔近藤〕

〔細川藩政史研究会発行〕

7 初代勘助

―細川藩政史研究会編『熊本藩年表稿』―

〔熊本大学附属図書館発行〕

延宝三年（一六七五）九月　是月　この月より御積書米良甚（勘カ）助、御近習にて段々取立、御勝手方御用専ら相勤由（「度支年譜（たくしねんぷ）」永青文庫蔵）

8 二代勘助（はじめ市右衛門）、堀部弥兵衛を介錯す

―細川家記　続編七　綱利七―

（元禄十五年壬午）

一十二月十五日、月次之御登城被成候処、浅野内匠頭殿（長矩、赤穂城主）家来大石内蔵助（良雄）・吉田忠左衛門（兼亮）・原惣右衛門（元辰）・片岡源五衛門（高房）（右衛門）・間瀬久太夫（正明）・小野寺十内（秀和）・間喜兵衛（光延）・磯谷十郎左衛門（儀貝）（正久）・堀部弥兵衛（金丸）・近松勘六（行重）・冨森助衛門（正因）（右衛門）・潮田又之允（高教）（丞）・早水藤左衛門（満堯）・赤垣源蔵（赤埴）（重賢）・奥田孫太夫（重盛）・矢田五郎衛門（助武）（右衛門）・大石瀬左衛門（信清）、右十七人御預ヶ被仰付候、尤乾トいたし不申憐愍を加へ可差置候、委細ハ仙石伯耆守（久尚）可被申談と也、「依之」仙石殿江御相談被成候而早速御手配被仰付候、御受取被成候時ニ御家来迄を被遣候而ハ御心元なく候、不苦候ハヽ、御自身（細川綱利）ニも御出被成度段被仰達候得共、夫ニは及申間敷候、家来迄を可被差出由也、

去年辛巳の春、勅使御馳走之御用内匠頭殿御勤、三月十四日　勅答ニ付而登城之時、日比（頃）の遺恨故にや、於殿中吉良上野介殿（義央、高家肝煎）と被及刃傷候処、有合たる人内匠殿を押留、本意を不被遂候、此儀時所をも弁（ワキマ）へなき仕方不届之由ニ而切腹被仰付、上野殿は其まゝにて蟄居被仰付候、右之通ニ付内匠殿家来共重畳申談候上、領知播

州赤穂城事故なく引渡、諸方へ離散いたし候、左候而家老大石内蔵助を先として同志之面々上野殿を討、旧君の憤り(イキトウ)を遂んことをはかり、様々に心をくたき、四十六人の義士今暁吉良殿本所相生町の屋敷に押入上野殿を討取、高縄(高輪)泉岳寺ニ参り、内匠殿の墳ニ首を手向、吉田忠左衛門と冨森助右衛門とハ両国橋より直ニ愛宕下仙石伯耆守殿館に至、しかくの趣ニて、いつれも泉岳寺江退き罷在候、如何様とも被仰付を奉待由申達候、頓て及上聞、四十六人之内十七人は綱利君ニ御預ケ、十人は

大石主税良金　堀部安兵衛武庸　中村勘助正辰
萱屋(菅谷)半之允(丞)政則(利)　不破数衛門(右衛門)正種　千馬三郎兵衛光忠
「木村岡衛門(右衛門)貞行」　岡野金衛門(右衛門)包秀　貝賀弥左衛門友信
大高源五忠雄

松平(久松)隠岐守殿(定直)、十人は　岡嶋八十右衛門常樹
吉田沢衛門(右衛門)兼貞　武林只七(唯七)隆重　倉橋伝助武幸
村松喜兵衛秀直　杉野十平次次房　勝田新左衛門武堯
前原伊助宗房　間新六光風　小野寺幸衛門(右衛門)秀富

毛利甲斐守殿(綱元)、九人ハ　間十次郎(重治)光興
奥田定衛門(貞右衛門)行高　矢頭吉右衛門(右衛門七)教兼　村松三太夫高直
間瀬孫九郎正辰　横川勘平宗利(俊)　茅野和助常成
神崎与五郎則休　三村次郎左衛門包常

水野監物(忠之)殿江御預被仰出候

即晩御預り人為請取御家老三宅藤兵衛(重経)、御用人鎌田軍之助、御小姓頭平野九郎右衛門、同横山五郎太夫、御留守居堀内平八・匂坂平兵衛、其外御物頭・平士彼是騎馬四十人余、歩士并足軽共ニ数百人(駕ハ用心駕共ニ廿二挺、惣人数七百五十四人之由)、伯

著守殿屋敷ニ罷越、此方様御預り一番ニ引渡由ニ付藤兵衛・軍之助・平八三人を被召出、十七人之面面と同席にて、其方共細川越中守ニ御預ヶ被仰付旨御申渡、又三人ニ向ひ名付書たる壱通を以此者共請取可申候、委細は於殿中越中守殿へ申談置候と被仰、尋常の預人ニは異り候、様子等畏承て罷立、十七人之面々も広間出る、其内に請取の人数・乗物十七挺式台前ニすへ置、十七人の兵具已下紙入等迄帳面を以て引合受取申候、一番ニ内蔵介を平八連て式台江下る時、九郎右衛門・五郎太夫左右ニ有て是ハ御大法と云て懐に手を入、乗物ニのせ、守護之者付添てかたへによると二番の乗物をかきよせ、作法已前之通ニ而十七番まで受取終り、路次の警衛堅固にして高挑(ちょうちん)灯・小挑灯星のことくとほしつらね、騎馬の士・歩士・足軽等乗物を引まとひ、三宅藤兵衛殿りにて子の刻比白銀の御館にいたり候

御家伝略記云、藤兵衛・左仲玄関江上り広敷江通、御預人御渡候段を被仰聞、玄関より壱人宛罷出、此時九郎右衛門・五郎太夫乗物之左右ニ居、御大法之由申候而懐中を改、先大石内蔵助罷出、其後壱人宛段々ニ出る、如前改る、堀部弥兵衛懐中より小キ笛出る、上野殿を討候時合図ニ吹候笛之由申候、不残乗物ニのせ御門内並置、十七人之者共刀・脇差幷弓・鑓・長刀・鉢巻・籠手等受取候而門くゝりより出し、先ニ左仲・九郎右衛門騎馬、其次より乗物壱挺ニ騎馬二人前後ニ乗り歩行・足軽乗物之脇ニ付候、御鉄炮頭所々ニ騎馬にて乗候、跡ニ藤兵衛・五郎太夫騎馬、子ノ刻御下屋敷目黒御門より入、御楽屋の玄関ニて乗物より出し、櫛形の間裏座敷囲候而被召置、途中乗物に網も縄も懸不申候也、早速諸事用相達候者被仰付候と云々

或書ニ乗物一挺ニ警固の騎馬三人・徒士三人・足軽十人つゝ相添、留守居堀内平八・旅家老三宅藤兵衛・側用人鎌田軍之助・医師両人(本道下村周伯 外科原田玄沢)押而其勢二千計、四ヶ所の大名総勢合五千人余、是ハ路次ニ而上杉家を気遣ひせしゆへなりと云々、目黒御門より入、御役者間の御玄関より倡(侶カ)ひ入、綱利君早速御出被成、内蔵助か向ふに御着座、今度いつれ茂忠義の至御感心被成候、誠に天命ニ応ひたると被思召候、御館ニ御預り被成候事武門の御本望也、心易くくつろき数月の辛苦、昨「夜の」労をも休め可申候、何事ニよらす存る旨あ

らハ隔意なく申候へ、為よき筋あらハ随分御精力を尽さるへし、大法なるゆへ公義に被越（対）御家来少々出し置れ候へ共番人といふにはあらす、一ッは用事を達する為なれハ無遠慮可申旨被仰、詰人の方に御向ひ被成、いつれも相応之用事承り候へと御意、各難有とも申得さるなと感涙に咽ひ御請申上候、夜もいたく更ぬ、はやく料理をと御意有て御入被成候、頓て吉章君（細川綱利嫡子）も御出被成何にても越中守ニ申度儀遠慮之事もあらハ我等まて可被申と被仰、殊の外御懇之御様子ニて被為入候、八木十太夫・吉弘加左衛門・堀内伝左衛門（右衛門）（勝重）・林兵助・村井源兵衛を御馳走役ニ被仰付候、両人宛昼夜明さる様ニ詰申候、追付御料理出、濃茶・菓子も添けれハ所々ニ居風呂を立、湯あミさせ、浅黄之染小袖と（をカ）一重宛給り、待（彼カ）等本よりの衣類等は銘々是をしたゝめ置、臥具は大夜着、小夜着・蒲団・寝巻の小袖なと山の如く積置（候）、内蔵助を初御居間の方を通ひの者に向ひ其方に向ひ頂戴しけるとなり、此櫛形の間と申ハ四間ニ十五間を中にて仕切、其立具ハ彼等か勝手に明建をせさセ、前は縁頬通り小庭あり、後口をハ立しめて、裏表屏風にてはさみ二タ間共々四尺余ニ五尺余の置火燵有り、御料理ハ始終二汁五菜、献立をも御自身御覧有て御差図被成、茶菓子・酒肴の類到来して風味よきは是を賜り、時としてハ御料理の内別て御意に叶たるハ是を彼等ニと被仰、其事ニ預りもの俄に白銀の御屋敷ニ至り已前ニ少も不速様ニ仕立すゝめ候而、惣而御客様御饗応之節とても此義士のことく御自身御心をつくされ候は稀なりとなり、又いかなる不意か可有之とて警固（衛）の御手当、或ハ火災の節、其難を避るの役人等乗物中間ニ至迄常に備へ置しかのミならす、明日ニも御宥免あらバ可賜とて、銘々紋付の小袖・上下・刀脇差等ならへ置、事に合たる刀・脇差は夫々袋ニ入、箱ニ納めて綺麗ニ仕立、衣服・着込・頭巾等迄服紗につゝみ、注文添て直し置く、馳走人昼夜出て寒暖鬱労を訪ひ、それも隔心ありてハ却而休息の妨ならん、和順を本とすへきとなれハ、日を重るにしたかひ親子兄弟のことく昵く給仕の者共迄よく馴染親ミ、昼夜勤れとも少も不倦、ひたすら義士の心に叶ふ様ニ心を用、或時は生花を賜り、或時は軍書物語様のもの数多とり出て望に応し、とかくに気を転し、心情を慰めよとの事なり、扨親族・朋友に書通せよとて硯料紙等数々出し、或ハ画図を出しめなと、其外万端の親切懇情に義士等難有うちいたみ入、中ニも朝夕昼夜膳部の結構数の多きを恐れ、唯一汁一菜を願ひ候へ共、終に一度も軽からす、依之後ハ一二菜之外は手をも付さりしと也

（中略）

一元禄十六年辛未、於江府御越年

一御あつかりの面々、越年の賀祝入念被仰付候間、無事ニ有し時とても且而無之難有仕合と申せし由、旧臘より年始之着服とて熨斗目・服紗・麻上下等夫々ニ下し賜れとものしめ（熨斗目）ハ辞して戴かす、麻上下も憚入候得共綱利君への御礼儀、且ハ御座席ニ恐れあり、其上御馳走の役ニ対し彼是ゆへとて頂戴いたし候、又染小袖を賜り新春の祝せよとの御意難黙止御請仕、都て御憐愍の厚きによりて一日ニ千歳を招きたる心とて二六時中の詞ニも唯冥加の程恐入奉ると云より外なし、五人の御馳走役を初め通ひの役々等まて報讐の次第、其夜の働等聞まほしく思ひしか共、敢て問尋ぬましきとの事、三宅藤兵衛より始に申聞置候、義士も亦語らまほしからす、復讐の事ハ已々の働にあらす、只天命の擁護によれるものかとのミ申せしと也、しかハあれとも深切ニ語り合ひ、又ハ密に尋し人にハありし次第共語りたるも有之、扨綱利君御意に櫛形の間ハ庭せはく、千種の詠めもなしとて正月中旬よりは役者の間に移され候、此所は庭も広く舞台の続きに修飾（シツライ）て晴やかに池水たゝへ、前栽の木立物ふりて春の気色をはらはす、義士共ます〳〵難有存る体、ことはり過てミゆるほと也、此亭にうつりても内蔵助と惣衛門とは昼夜額をよせ、何かハしらす書つらね、封して認置、死に極て後綱利君に差上けると也

[考]原惣右衛門自筆の覚書有れしハ此書付ならんか

寔に忠義無双の勇士とも、御預り被成候事御喜悦不大方、何とそ御助命有之様ニと御老中方ニ御出被成、永く御預り被置度との御訴江再三に及ひ、しかのみならす四拾六人生命安全の立願、諸山の御祈かす〳〵なりし、然るに下旬ニ至親類書可差出旨、四家同様ニ御老中より被仰越候、惣而刑人の親類書を召るゝハ死刑定りたる上の御法なるよし、左あれハ諸人胆をつふし、殊に冬已来馴染語りし輩はさこそと思ふたのミ（頼み）も切れ、忙然た

る体なれ共、義士は唯広大の御恩恵報する期なきをのミ嘆き合しと也

一二月四日、御奉書にて御預りの面々御仕置之事申来候

御預被置候浅野内匠家来御仕置被仰出候ニ付、追付御目附荒木十左衛門（一ニ十右衛門）・御使番久永内記可被差越候、其節御自分被出合ニ不及候、家来計可被差出候、巳上

二月四日　稲葉丹後守（正通）

秋元但馬守（喬朝）

小笠原佐渡守（長重）

土屋相模守（政直）

阿部豊後守（正武）

細川越中守殿

右御奉書、巳ノ刻比来り、早速白銀御屋敷ニ早打之御使者を被下、十七人の面々江各事一度は御免之吉左右可申聞と存る処、只今御老中より御仕置之御奉書到来、残念至極ニ候つれ（と脱カ）も妻子親類等ニ遺書認可申候、且遺体之儀望之通ニ送せ可申候、検使之入来も晩景ニ可及間、心静ニ支度可仕旨被仰下候処、いつれも謹而承之、旧臘より大方ならさる御慈愛、其上死骸の事迄御意被成下難有とも可申上様無御座候、旧臘十四日既ニ相果申たる屍共ニ候へハ、今更故郷ニ可申越事も無御座候、無御座候乍然母又ハ幼少之者共へは壱封遣■（候）儀も可有御座哉、宜頼入候段御使者江申達候、無程御料理出被入念種々御馳走、各休（沐）浴いたし麻上下・御小袖二ツ宛被下候、綱利君も御越被遊ひそかに内蔵介に御対面被成候而、御深切之御意（いか様共不伝）有之■（候）哉、内蔵介儀（涙）に咽ひ退出いたし候、扨比類なき義士ともに候間、軽きもの、介錯ニ而ハ武門の礼にあらすとて、内蔵介は御物「頭」格之者、其余ハ御小姓組を不「残」列座被仰付、今度御預りの面々ハ後世武の鑑とも成へき者なれハ人指不被仰付、上座より次第之通ニ十六人の介錯可仕旨被仰付候（名付左ニ記）、如斯万端厚キ被仰付、御愛憐深く、御家中の面々いつれ

も名残を惜ミ被附置候者ともハ、奴僕等ニ至迄愁傷して親子の情も是ニは過しと見へけれ共、十七人の者ハいさゝか憂ふる色もなし、何に付ても御厚志を感悦し難有といひあへるのミなり、未刻、荒木十左衛門殿・久永内記殿御入来、御徒目附・御小人目付等被 召連候、扨十七人は衣服を改メ、麻上下着、国の間に列居、上使より申渡之趣

浅野内匠儀、伝奏御用之節吉良上野介江含遺恨、場所・時節をも不弁(ワキマエ)、上を軽シメたる仕形不届ニ被思召候ニ付、御仕置被仰付、上野介儀ハ無御構被差置候、然処其方共内匠継意「趣」徒党仕、飛道具抔持参、上野宅江致推参、上野介を討取、不憚上仕形不届被思召ニ付、切腹被 仰付者也

二月四日

御請相済、上使其座を御立候、上銘々ニ土器出御酒を被下、其時盃を所望したる族も有之候、切腹之場所は大書院御舞台脇の白洲なる故、各役者の間より直ニ出る、綱利君ハ小書院より潜ニ御出、御書院之間御唐紙に御立御覧被成候、場所ニは莚畳を敷、其上に袷蒲団を曳、向に白幕を打廻し、一番に内蔵介切腹、そのまゝ白張の屛風を以検使の前を立塞(フサ)キ、死骸を蒲団につゝみ、幕の透目より持出棺ニ入、乗物ニ載る、其内に莚畳幕陰へ取払ひ跡を清めて、又如前莚畳を敷、其作法十七人共ニ同様ニて介錯人一人もあやまちなく首尾能仕廻候、切腹の輩場に直りて左右の股を割キ、刃を試しも有、又肌を脱や否や介錯ありと聞て肌を不脱、心元を突通たる人もあり、いつれも神妙なる最後の体、感慨ニも尚余り有

或評(評)曰、渠等切腹して其血畳ニ溜たるを、掃部の下部共集りて泪を浮めて其血を歃(すす)りしとなり、奴僕のなす事賞するにはあらねとも、人倫義を感慨せし余りに如斯、是を以其場・其時の愁気を感し知しめん為に無益の事なから筆之と云々

介錯人の名付・歳付等、御目附衆御持帰有之、其姓名

大石　内蔵介良雄	四十五歳	介錯　御歩頭	安場　市平　久幸
吉田忠左衛門兼亮	六十三歳	同　御小姓組	雨森(冨カ)清太夫　房親
原　惣右衛門元辰	五十六歳	同　同	増田貞右衛門　長白
片岡源五右衛門高房	三十七歳	同　同	二宮新(右衛門)衛門　久重
間瀬久太夫　正明	六十三歳	同　同	本庄(後彦兵衛)　喜助　重秩
小野寺十内　秀和	六十一歳	介錯　御小姓組	横井儀右衛門　時武
間　喜兵衛光延	六十九歳	同　同	粟屋平右衛門
礒(貝)谷十郎左衛門正久	廿五歳	同　同	吉冨五左衛門(後二伊兵衛)
堀部　弥兵衛金丸	七十七歳	同　同	米良市右衛門(後勘助)　重但
近松　勘六行重	三十四歳	同　同	横山作之允　喜重
冨森　助右衛門正因	三十四歳	同　同	氏家平吉(後平十郎)　良直
潮田　又之允高教	三十五歳	同　同	一宮源四郎
早水　藤(左)右衛門満堯	四十歳	同　同	魚住惣右衛門　正広
赤垣　源蔵重賢	三十五歳	同　同	中村角太夫　隆経
奥田　孫太夫重盛	五十七歳	同　同	藤崎長左衛門　正楯
矢田五郎(右衛門)衛門助武	廿九歳	同　同	竹田平太夫　定祐

大瀬〔石〕瀬左衛門信清　二十七歳　同　同　吉田孫四郎十〔近〕貞

死骸は望之通泉岳寺ニ被送候、乗物一挺ニ高挑灯一ツ・足軽弐人宛付、騎馬前後を乗、待請之為泉岳寺ニも数十人被遣置候、隠岐守（松平定直）殿・甲斐守（毛利綱元）殿・監物（水野忠之）殿御預りの面々ニも同時に泉岳寺ニ被送、仏寺終（事）て内匠頭殿の石碑の側に埋申候（内匠頭殿の石碑の右に四十六士の石塔一所ニ有、寺内ニ而乞候へハ委くいたしたる一枚の絵図も有之）追而金五十両（一書白銀百枚と有）泉岳寺ニ御寺納被成候、扨御座敷清め之事奉伺候へハ其儘差置可申候、十七人の男士共ハ御屋敷の守神と被　思召旨御意、草葉の陰にても無難有可存と皆々感涙を催し候由、惣而今度四十六士御預の事尋常に異事趣、伯耆守殿御差図も有之上、義に感するは人心の常なれハ、御預の四家わけて憐愍を加へられ候事、勝り劣りもあるましきなれ共、綱利君の御慈愛御懇篤等の事共、都鄙語り伝て知るも知らぬも感歎せさるハなかりしと也

私云、元禄十四年三月十四日、殿中ニ而の刃傷已来、四十六士執讐の始末、御仕置の今日に至る迄の事跡、諸国余多の記録区にて東都講師の奇説抔様々也、其内ニは伝聞にあやまり、或は記せる処の実にすぎ、或ハきく「を」潔くして虚実をはかり難きもまゝ有之、此に出せるは壬午臘月十五日義士十七人御預り之日より、翌年二月四日切腹のゆふへ迄、綱利君御愛憐の篤きと、上を重せらるそのあらましの伝りたる実事迄にして、執讐の次第其外御家にかゝわらさる事ハ記し侍らす、されハ御預の面々馳走の為出役せしものハ年を越て五十日ほとの間隔なく訪慰めしかハ、折にふれては向〔問〕となく語るとなく対話せしあらましともまさしく記したるも有之なれ共、こゝに出して紛雑なるも煩らはし、しかりとはいへ共、原惣右衛門自筆の覚書・堀内旦夕か対話せし次第等の切なるハ、御当家にての事なれハ、抜萃して後日の追加をも可仕也

〔東京大学史料編纂所架蔵謄写本〕

【解説】本史料の名称「細川家記　続編」は外題で、原題は「御家譜続編」である。熊本藩主綱利（一六四三〜一七一四）から治年（はるとし）（一七五八〜八七）までの細川家史で二十五巻・附録三巻・雑録二巻からなる（本書の底本

である東大史料編纂所架蔵謄写本は全十五冊）。寛政二年（一七九〇）、藩命によって熊本藩士小野武次郎景湛（『綿考輯録』編者）・山本理兵衛兼信らが編纂を始め、文化七年（一八一〇）夏に草稿を吟味して浄書が命ぜられた。そして校合修補を経て、十年（一八一三）春に完成した。赤穂事件の経過については若干の誤謬があるものの、細川家御預の経過がよく纏められているので、御預から切腹に至るまでの記事を掲載した。本史料の特徴としては、介錯人の諱が記されていることで、これは他の細川家の赤穂義士御預に関する史料には見られないものである。なお、文中の[考]は編者小野の考えである。

吉良邸討入後、大石内蔵助以下十七名は、熊本藩細川家に御預となった。細川家では義士の待遇が頗る厚かったといわれているが、翌年二月四日の義士切腹に際しても、十七人の切腹人に対し各一名の介錯人が当てられた（ほかの御預大名松平・毛利・水野の各家は、切腹人二人に対し介錯人一名）。米良家二代目の市右衛門重但（のち勘助実専）は、そのうち一党の最長老である堀部弥兵衛金丸の介錯を命ぜられた。　[佐藤]

9　二代勘助の長崎勤役　――御蔵入目録――

年　欠　　御蔵入目録

六拾番

一、長崎より天草島原江御渡海之御船被差出御目附米良勘助御舟中御用御奉行代役之趣ニ付被差越候ニ付而諸事覚書幷書状控壱冊外ニ写一冊　（朱書）「十一」

一、長崎御船中米良勘助勤之覚帳一冊「十一(朱書)」

〔人間文化研究機構国文学研究資料館編『藩の文書管理』所収〕

―肥後先哲偉蹟　巻二―

10　斎藤芝山

一先祖斎藤権之佐、越前中納言(結城秀康)へ三百石にて相勤、後浪人仕、豊前へ罷越、元和四年召出され、二百石御馬廻、有馬御陣にて討死、二代忠三郎、三代権之助、四代源兵衛高行、実は関角左衛門二男なり、五代伝之允、六代権之助、実は米良市右衛門(実高)四男、宝暦七年跡目、天明元年二月河尻御作事頭当分、同五年定役、同七年御免、同年二月騎射犬追物師役、御物頭列、寛政四年十一月差除らる、同六年十二月高橋町御奉行、享和三年十月御作事頭、文化元年十二月御鉄炮十挺頭、権助と改め申候、七代三郎、御郡代、八代常之助、九代権蔵、実は道家寛八子なり、　諸家先祖附

〔武藤厳男編『肥後先哲偉蹟』正続〕

【解説】 斎藤芝山(しざん)（一七四三〜一八〇九）は通称を権之助（晩年は「権助」と改める）、諱は「高寿(たかとし)」という。実は三代米良市右衛門実高の子で、十五歳の時に斎藤氏を継いだ。徂徠(そらい)学を独学で学び、熊本藩では犬追物の復興に努め、また川尻御作事頭・高橋町奉行などを勤めた。文化五年十月二十一日没（六十六歳）。墓所は蓮政寺。勤王家として有名な高山彦九郎（一七四七〜九三）は、熊本滞在中に芝山ともしばしば会っていたという。

本書では、『肥後先哲偉蹟』のうち、「先祖附」の抜粋を掲載した。ここでは三代市右衛門の四男となっているが、同書所収「芝山先生行状」では「米良市右衛門之第三子也」、〔史料2〕では「五男」とある。

『肥後先哲偉蹟』の編者武藤厳男(いつお)（一八四六〜一九二三）は、細川侯爵家政所肥後藩史編纂常務委員・同家記

編纂顧問となって藩史編纂などに従事した。〔佐藤〕

11　細川重賢御書出写

―重賢公御書出扣―

肥後国於飽田・益城・玉名三郡之内弐百石目録在別紙事、父米良市右衛門（実高）江所遣置之先知之内如右宝暦七年二月廿二日充行之訖、全可領知之状、如件

明和六年二月朔日　重賢

米良勘兵衛とのへ

〔松本寿三郎編『熊本藩御書出集成　二』所収〕

【解説】本史料は、熊本城主細川重賢が米良家に与えた御書出（おかきだし）（領知判物）の写である。熊本藩では領知宛行状を「御書出」と呼んでいる。継目（つぎめ）の発給に際しては前のものを提出させ、新たな御書出を作成して、古いものとともに交付する。

宛所の米良勘兵衛は米良家四代目の当主で、先代の市右衛門実高の知行三百石のうち、二百石の相続が認められた。そのため「父米良市右衛門江所遣置之先知之内」という表現がとられているのである。〔佐藤〕

12　細川斉護御書出写

―斉護公御書出扣―

肥後国於合志郡之内富納村、益城郡之内梅木村百石、父米良四助江文政六年十月十七日遣之、同国於玉名郡之内

柿原村五拾石同八年七月三日為加増遣之、都合百五拾石目録別紙在事、当十月廿一日充行之訖、全可領知之状、如件
文政九年十一月廿五日　斉護
米良亀之進とのへ
〔松本寿三郎編『熊本藩御書出集成 二』所収〕

【解説】本史料は〔史料11〕と類似の史料で、宛所の「米良亀之進」は米良家七代目の当主である。五代目の茂十郎が上知を願い出たため、米良家は四代目勘兵衛に五人扶持が給された。それを継いだのが六代目四助実俊で、数々の精勤ぶりを賞せられて一五〇石までになった。四助が百石を与えられたのが「文政六年十月十七日」で、五十石加増が「同八年七月三日」と文中にある。
〔佐藤〕

13　米良左源次手討一件
――手討達之扣――

明和三年二月
小笠原斎組米良勘兵衛弟米良左源次儀、二月十日用事有之、下益城岩下村江罷越井芹儀三太宅江立寄申候処、儀三太門前出小屋前ニ而何方之者とも不相知致慮外候ニ付、不届之様子申聞候得とも不致承知悪口いたし、其上可致手向程之体ニ相見江至極難差通有之候故討放申候、右之者鬢体衣類之様子、小者風情と相見申候得とも脇差を帯、袈沙取を懸居申候由ニ而、右之趣勘兵衛在宅より出府いたし、翌十一日相達申候ニ付勘兵衛・左源次共ニ在宿ニ而慎居候様ニと申聞置、尚又得斗承繕、同十一日御奉行所江罷出其段相達置候処、勘兵衛・左源次共に在宿慎居候ニ不及旨、即夕御奉行所より申来候事
〔熊本県立図書館寄託　上妻文庫〕

【解説】四代米良勘兵衛の弟左源次に関する記述が、熊本の眞藤國雄氏によって発見された。それが本史料である。これは熊本の史家上妻博之氏（一八七九〜一九六七）が筆写したもので、作者は不明ながらも藩庁の記録を抜粋したと思われる。

〔史料2〕にある「米良源治」が本史料にある左源次だと思われる。内容は、左源次が出先で無礼を働いた者を手討ちにしたというもの。兄の勘兵衛が届け出たが、結局は咎めなしとなったようである。大意は次のとおり。

明和三年二月

小笠原斎の組の米良勘兵衛弟である左源次は、二月十日に用事があって下益城岩下村へ参り、井芹儀三太の家へ立ち寄ったところ、儀三太の家の門前の出し小屋前でどこの者かわからないが悪さをしたので、不届きであると注意したものの、納得せずに却って悪口を言った。その上、手向かいするように見え、とても通れるものではないので、その者を討ち果たした。

右の者は鬢や衣類の様子から、小者程度の者だと思うが、脇指を帯び、袈裟取（たすきか？）を懸けていたので、この事件を勘兵衛は自宅より熊本へ出て翌十一日に届け出、勘兵衛・左源次はとりあえず自宅で慎んでいるようにとの指示であったので、そのようにした。同十一日、御奉行所へ勘兵衛が出頭してそのことを届け出たところ、勘兵衛・左源次ともに自宅にて慎むことは無用である旨、この日の夕方に通達された。

〔佐藤〕

14　米良左源次の勇猛

—風説秘記—

一米良左源次者、生質極て勇猛也、或時上野の七滝ニ猟人猪を追落し、中程の滝坪に打込て取術なくあきれ居たり、其処に左源次通り合せ、我ニ得させ候ハヽ行て取へしと云、猟人等驚き止めしかと不聞入、走に岩角を伝登りしに水勢はけしく、猪を打めくらす事車のことし、左源次飛付引上んとせしに、其身も共ニ打めぐされ既ニ死ぬへしと覚へしかと如何なるとも手ハ放たしと取付居、終に引上て滝坪江投落しけり、又或時、砥用とやらの酒屋ニて酒を呑居けるに、山伏一人来て左源次を嘲り無礼の言なと云けるか、御士手相を見て可進とて左源次か手を見て、其元の御手ニ者剣難筋ありとて嘲笑、左源次怒ニ不堪、拙者も手相を知れり、汝か手を見せ候得と云、山伏手を見せけれハ、汝か手ニこそ剣難の相ありと云、山伏嘲笑我手ニ豈剣難の相あらんやと云処を、是者如何と抜打に斬捨けり、此山伏烏乱者ニて生所も不知しかハ、酒店の前道端に埋メ、米良左源次殿御手討之者一人、何所之者不相知候間、此所ニ埋置者也と札を立置しとそ、其後左源次此所を通る時者手向の水とて小便を仕懸るとなん

〔熊本県立図書館寄託　上妻文庫〕

【解説】本史料も眞藤國雄氏の調査によって見出されたものである。この作者は不明であるが、本史料の奥書によれば、「宮村氏雑撰録　巻四十二」に所載してあるものを昭和十一年（一九三六）に上妻博之氏が筆写している。

史料の少ない米良家にとっての逸話が本史料である。史実のほどは明確にし得ないが、米良左源次の勇猛さと豪胆ぶりを示唆する二話である。大意は次のとおり。

米良左源次は性格が極めて勇猛である。あるとき、上野の七滝で猟師が猪を追い落としたが、滝の中

程の滝壺に打ち込んでしまったので、猪を取る術もなく茫然としていた。そこへ左源次が通りかかり、「あの猪を俺にくれるのならば、行って取ってくる」と言った。

猟師達は驚き、留めようとしたけれども左源次は聞き入れず、走って岩角を伝って滝に登ったが水の勢いは激しく、猪が廻る様子は車のようであった。左源次は猪に飛びついて引き揚げようとした。しかし自身も水に打たれて（車のように）打ち廻されたが、左源次は死にものぐるいで手を放さじと猪に取り付き、遂に猪を引き揚げて下の滝壺に投げ落としたのであった、ということである。

またある時、砥用（ともち）とかいう所にある酒屋にて酒を飲んでいたところに一人の山伏が来て、左源次に無礼な言葉を吐きかけた。さらに「あなたの手相を観ましょう」と左源次の手を見て「あなたの手には剣難の相がある」と嘲（あざけ）った。左源次は怒りを抑えることができず「拙者も手相を観るのには心得がある。おまえの手も見せろ」と言った。山伏が手を見せたところ、左源次は「おまえの手こそ剣難の相がある」と言うと、「私にどうして剣難の相がありましょう」と山伏が嘲った。左源次は「これでどうだ」と刀を抜き打ちにその山伏を斬り捨ててしまった。この山伏は胡乱（うろん）な者で、生国も知らないので、酒屋の前の道の端に埋め「米良左源次殿が討ち取った者一人、どこの者か知らないので此処に埋めた」という札を立て置いたということである。

その後、左源次はこの所を通るたびに手向けの水と称し、小便をかけたということである。

［佐藤］

―中村恕斎「恕斎日録」―

15　八代米良勘助

（嘉永三年四月条）

十五日　今日組脇上羽（駒助）同道、頭対面、宗門誓紙書物差出候事、
今日伍列組入、組合付被相渡、左之通、

二番組

山鹿新町在宅 出府所小松原	志方半内	白木村在宅 出府所財津直人宅 成田源兵衛
山崎　代判頼置	田辺又助	本庄伝兵衛
嶋崎在宅	米良勘助	中村庄右衛門

（嘉永三年十月条）
二日　頭衆より志方半三郎伍列ニ被差加候段中来候事、
半内嫡子也　九月廿八日隠居家督済候也、
伍列順　成田源兵衛　田辺又助　本庄伝兵衛　米良勘助　小子　志方半三郎

〔『肥後　中村恕斎日録　第二巻　自弘化二年至明治三年』所収〕

【解説】本史料は熊本藩士中村恕斎（じょさい）（誠卿、一八〇四〜七〇）の日記で、熊本藩の芸能・政治を知る一次史料として貴重である。

本書に収録したのは八代米良勘助の記述である。新たに番方組入が改められたようで、中村庄右衛門（恕斎）の二番組のみが記されている。同年十月二日の記事には、同組に志方半内嫡子半三郎が同組に加えられ、六名の名前は前記同様の記載である。

この勘助の記述から、米良家の居所が島崎（熊本市）であることがわかる。

〔佐藤〕

16　明治初期の米良家

―有禄士族基本帳―

改正禄高等調　禄高帳一号六百五十五

一元高知行百五拾石

改正高弐拾八石七斗　○米良左七郎

旧名市右衛門

一明治三年閏十月廿七日予備隊第二小隊編入、同四年正月豊後国別府出張、同三月十五日帰着、同九月解隊

一明治三年七月御布告之趣ニ付市右衛門事、左七郎ト改名仕候

右之通相違無之候、以上

第四大区四小区島崎村三百十五番宅地

士族

明治七年二月十日　米良左七郎㊞

養子

一九年八月廿日隠居家督　米良　亀雄

白川県権令安岡良亮殿

一明治九年十月廿~~五~~六日自刃

（以下異筆）

飽田　弟　印（印文「芦田」）　米良四郎次

一明治十年十一月十九日遺跡相続

〔熊本県立図書館蔵〕

【解説】本史料は明治初年における熊本県の士族台帳である。近代の米良家当主の相続関係がわかる。本史料によれば、米良亀雄の自刃が明治九年（一八七六）十月二十六日になっている。しかし、亀雄の墓碑銘（後掲）には「旧九月九日」とあり、これは新暦の十月二十五日に当たる。また、〔史料2〕も二十五日である。従って米良亀雄の自刃は、明治九年十月二十五日と判断する。

本史料は、熊本市の眞藤國雄氏のご教示による。

〔佐藤〕

17 米良亀雄の武者振

—徳富猪一郎『蘇峰自伝』—

予（徳富蘇峰）は年と与（とも）にだん〳〵とホームシックも減じ、漸くその境遇に吾身もあてはまる様になつた。遂には先生（兼坂諄次郎）の宅を去つて、一般塾生同様、塾に寄宿することになつた。その時分には塾も漸次衰へて、折角新築——とは云ふものゝ、古家（ふるいえ）を何処からか引張つて来たものらしかつた——した塾も、二階などは殆どガラアキであつた。その時分に年長の塾生が強盗の真似をして、二階から抜刀のまゝ下り来り、予等を脅したり、又時々附近の神風連から石を見舞はれたりした事等があつた。先生の塾の程遠からぬ処に、兼松某、米良某など、いづれも神風連の荒武者がゐた。彼等は明治九年の暴動に何れも切腹して死んだが、予は途中彼等に出会（しゅっかい）することを頗る危険に感じてゐた。されば成可（なるべ）くそれを避けてゐたが、時たま余儀なく出会せねばならぬ場合にも遭遇した。彼等は殊更に横へたる双刀を、前に一尺ほども突出して佩し、結髪は勿論、大手を振つて途中を歩き、若し万一間違つて彼等に触りたらば、忽ち打つとか殴るとかいふことになるから、さはらぬ神に祟なしで、成可く近付かない事にした。予は仕合せに一度も彼等にいぢめられなかつたが、併しその為には可成り心配をした。

〔中央公論社刊〕

【解説】明治・大正期のジャーナリストで『近世日本国民史』の著作で知られる徳富蘇峰（一八六三〜一九五七）の自叙伝である。父一敬は明治三年（一八七〇）水俣から熊本に移住し、自身が横井小楠の高弟だったことから、息子の蘇峰にも横井小楠門下の塾に通わせた。そのため幼少期の蘇峰は、小楠門下の元田永孚（一八一八〜九一）・竹崎律次郎（茶堂、一八一二〜七七）、そして最後に兼坂諄次郎（止水、一八三三〜一九〇一）の塾（衆星堂）に学んだ。

この記載は、渡辺京二氏によれば明治五、六年のことという〔同氏『神風連とその時代』〕。そうすると米良亀雄十七、八歳のころの様子ということになる。神風連の乱で自刃した米良亀雄の数少ない証言である。

〔佐藤〕

18 米良亀雄の自刃

―熊本県賊徒　九年十二月三日処刑人名　西村条太郎所持―

熊本県暴動
賊徒人名
並官吏死傷

十月廿五日古京町　米良亀雄

岩間宅ニテ自殺

〔熊本県立図書館蔵〕

【解説】神風連の乱ののち、参加者たちは「賊徒」とされた。本史料は米良亀雄についての記録である。しかし、遺族たちにとって「賊徒」呼ばわりされたことは、心の傷になったことは想像に難くない。この事件のことを語らなかった遺族もいれば、乱のことを語り継がせなければ、という思いから遺族の一人である石原醜男（しこお）（神風連の幹部・石原運四郎の子）は『神風連血涙史』を著した。

〔佐藤〕

19 米良左七郎、西南戦争に従軍す

―熊本隊士安藤経俊「戦争概略晴雨日誌」―

明治十年丁丑正月廿八日ヨリ田原坂ニ熊本春日本陣より出兵

大隊長　池辺吉十郎

拾五番隊

隊長　岩間小十郎

半隊長　可児才八

分隊長参謀兼務　野々村三郎次（三郎）

分隊長参謀補助　原田弥忠太

分隊長　中川郡次

右同断　大塚又次郎

斥候　河越新吉
教導　米良佐(左)七郎
仮長
斥候兼務　三尾谷仁(二)九平
押伍　財津新蔵
壱番　中川武吉(太)郎
長塩敬太郎
佐分利重治(弘)
奥津平三郎

〔『一神官の西南戦争従軍記』所収〕

【解説】本史料によれば、米良左七郎は熊本隊十五番隊の教導となっている。しかし、戦死の際は一番中隊伍長である。おそらく、戦闘による兵力の減少によって何度も編成替えがなされたのであろう。〔近藤〕

20　米良左七郎の戦死　1

——古閑俊雄『戦袍日記』——

一番中隊

高隈山ニテ戦死ス　伍長　米良左七郎
同病院ニテ死ス　斥候　雑賀長十郎
寺田ニテ　一宮　之家

【解説】本史料は西南戦争における熊本隊の行動を書き記した日記で、著者の古閑俊雄は熊本隊の幹部の一人である。高隈（熊）山は現在の鹿児島県大口市で、慰霊碑には左七郎の名も刻まれているという。なお、一番中隊の隊長は岩間小十郎で、米良亀雄が自刃した屋敷の主である。

〔青潮社刊〕

〔佐藤〕

21 米良左七郎の戦死 2

――宇野東風編『硝煙弾雨 丁丑感旧録』――

（明治十年）
六月一日、東軍大挙して来たり各方面に迫る。葺山の我が隊、嶮に拠りて防き之を撃退す。敵屈せず、再び迫り其の勢甚た猛なり。米良佐七之に死し、長塩敬太郎、中川武吉郎銃創を負ふ。我が隊奮激防戦すれども、敵兵益々重畳して来たり、薩肥の兵、遂に支へずして人吉に退き、球磨川を渡りて南方へ退く。

〔文献出版復刊〕

【解説】本史料は西南戦争における熊本隊の行動を、諸史料を基に編纂されたものである。編者代表の宇野東風（はるかぜ）（一八五九～一九三八）は漢学者。細川侯爵家の古文書を調査した人物で、『肥後文献叢書』の校訂者の一人。『丁丑感旧録（ていちゅうかんきゅうろく）』の編纂委員の中には、熊本隊幹部・田屋誠一郎の子寅童らの遺族もいる。

本史料から見ると米良左七郎の戦死場所は「葺山（なばやま）」とあり、〔史料20〕と相違する。また、戦死した日も本史料では〔史料2〕の明治十年（一八七七）五月八日ではなく、六月一日となっている。また熊本市岳林寺管轄の左七郎の墓碑銘（史料23）には、六月十八日に高隈山で戦死とある。こうした記録間の齟齬（そご）は、残念ながら現段階では判断できなかった。いずれにしても左七郎が西南戦争において戦死を遂げたことは明らかである。

22　米良左七郎、賊徒となる

第十五番小隊

第二大区九小区三百八十九番地士族

米　良　左　七　郎

―熊本賊徒本陣並隊名簿―

〔熊本県立図書館蔵〕

〔佐藤〕

【解説】米良左七郎は十五番小隊であったことは〔史料19〕で確認できる。また、本史料での「第二大区九小区三百八十九番地」という住居表示は、「有禄士族基本帳」〔史料16〕では「第四大区四小区島崎村三百十五番宅地」〔明治七年二月十日記載〕となっている。これは明治七年二月から八月にかけて大区小区の区画区分の変更が行われ、「第四大区四小区」が「第二大区九小区」に改正になったための相違である。新第二大区地区への改正の布達は、三月七日に発せられている。

〔近藤〕

23　米良家墓碑銘

―米良家墓地―

〔配列は左より〕

《米良亀雄墓碑銘〔自然石〕》

〔正面〕　明治九年
　米良亀雄実光墓
　旧暦九月九日卒　歳二十一

《米良左七郎墓碑銘（角柱墓）》
〔正面〕　米良君左七郎之墓
〔左側面〕　明治十年六月十八日於鹿児島
　県下薩摩国伊佐郡高隈山戦死

《破損に付き被葬者不明》

《米良毎雄墓碑銘（自然石）》
〔正面〕　米良毎雄之墓
　明治五年
　申九月十日
〔背面〕　米良実明三男

《奉献石灯籠》
〔竿　正面〕　奉献長徳院殿 本清院殿　孫米良実俊
〔竿右側面〕　文政元戊寅年

〔竿左側面〕　十月十六日造立

《米良亀之進夫妻墓碑銘（柱石墓）》

〔正面〕　米良君亀之進墓
　　　　孺人水野氏祔
〔右側面〕　先考安政六年十一月二日没
〔左側面〕　孺人慶応二年八月二十日没

〔熊本市西区島崎　岳林寺管轄墓地所在〕

【解説】 米良家の菩提寺は熊本市の宗岳寺である。しかし、現在宗岳寺には米良家の墓碑は確認できない。熊本に米良家の墓所があるのは現在、岳林寺管轄の墓地である。

米良亀雄の墓所について、荒木精之（せいし）氏が『誠忠神風連』に紹介している。それによれば本妙寺常題目（じょうだいもく）の地にあり、周囲は藪（やぶ）だらけだったという。荒木氏の著書が戦前のものなので、現存状況を確認できなかったが、高田泰史編『平成肥後国誌』でこの墓所が紹介されているので、墓碑はまだ残っているのだろうということが確認できた。そして平成二十年九月六日、当時熊本市在住の高久直広氏によって発見されたのである。

場所は熊本市西区島崎の岳林寺（曹洞宗）管轄の墓地内にあった。当初は移葬されたのかと考えたが、その辺一帯はもともと本妙寺常題目管轄の地で、後に管轄が本妙寺から岳林寺へ移管されたらしい。そのため、亀雄の墓碑は当初の場所にあるものだとわかった。さらに、亀雄の先代・左七郎をはじめ、米良家の墓碑合わせて五基の存在も判明した。

周囲は藪であったと思われ、現在でも荒木氏が『誠忠神風連』で書かれたその情景を彷彿とさせる。亀雄・左七郎の墓所以外はいつのころか不明だが、本来の菩提寺である宗岳寺より改葬したものであろう。おそら

くは亀雄の死後か、あるいは四郎次が北海道へ移住する際に先祖の墓石を整理したのかもしれない。〔佐藤〕

24 米良亀雄らの顕彰・供養 ―高麗門連招魂碑銘―

〔正面〕

招魂碑

植野常備　小篠清四郎
井上平馬　高田健次郎
上野継緒　小篠源三
小篠一三　井上豊三郎
山田彦七郎　兼松群記（喜）
西川正範　米良亀雄
大石虎猛　兼松繁彦

〔正面台座〕

万延年間郷党先輩井口
呈助先生組織高麗門連
奨励子弟而地域偏狭同
志不多雖然先輩誘導何
宜有為之士彬々輩出焉
明治維新之際国論鼎沸

憂国家之前途者多当此
時吾同志亦欲為邦家致
身者不尠然而新政施設
反所期痛憤不已偶明治
九年敬神党当挙兵各同
志潜通気脉共襲熊本鎮
台事敗或戦死或自刃者
十有四士何其壮烈嗚呼
此等志士雖不能達其志
憂国之至誠与慨世之気
象足以奮興役昆仍有志
遺族相謀建碑表之

〔背面〕

明治十五年
十月建設

桜間　鼎　中村　義雄　中根大次郎
野々村三郎次　妻木源十郎　加納総次郎
岩尾九十郎　岩越　朴　加納伊十郎
江口　弥三　河井熊太郎　加来　軍次
高田五郎三郎　大河原郷虎　大石　永勝
岩越　朴　高田　九郎　妻木　弘雄　清原　亀喜

昭和七年 河井熊太郎 井上 一馬 上野 景介 小篠ジュキ
十月改修 大石 永勝 植野 廉太 江口 正士
井上 直 弓削 可祝 岩越 勝彦
加納 軍次 西川 正雄 門地 能彦

〔熊本市中央区横手　安国寺所在〕

【解説】安国寺は曹洞宗の寺院で、山号を泰平山という。加藤忠広時代の建立である弘真寺が前身と伝えられる。後に興廃したが、小倉安国寺の住僧梵徹が細川氏とともに肥後に入国し、安国寺と改称したという。本招魂碑は井口呈助（いのぐちていすけ）の薫陶（くんとう）を受け、神風連の乱で死んだ高麗門連十四名を顕彰・供養したもので、高麗門連の有志と遺族によって建てられた。

安国寺にはこのほかにも「有馬戦死各霊之墳」、「小倉戦死各霊之墳」など、熊本細川家中の戦死者を供養する塔が建てられており、現在でも細川家より香華が供えられている。

〔佐藤〕

25 熊本県からの屯田兵入植者一覧

—伊藤　廣『屯田兵物語』—

篠路兵村

番号	入植年月	氏名	番号	入植年月	氏名
1	明二二・七	西　茂次	24	明二二・七	桜井富作
2	〃	真勢正一	25	〃	緒方文提
3	〃	堤　益次郎	26	〃	上妻平蔵

4 〃 渡辺正綱
5 〃 須子碁一郎
6 〃 柿山庄太郎
7 〃 梶山巌
8 〃 鶴林芳馬
9 〃 佐藤代平
10 〃 城虎五郎
11 〃 山田尋源
12 〃 西島貞喜
13 〃 小谷亀太郎
14 〃 森永政広
15 〃 米良四郎次
16 〃 前田俊蔵
17 〃 下川猪熊
18 〃 篠原繁
19 〃 西村今太郎
20 〃 那須長松
21 〃 中山清基
22 〃 江藤虎喜
23 〃 有働常雄

27 〃 久光正喜
28 〃 金森長平
29 〃 田尻市太郎
30 〃 丸野万次郎
31 〃 山田常彦
32 〃 佐藤郁次郎
33 〃 小山良辰
34 〃 田代惟義
35 〃 金光豊吉
36 〃 塚本八十太郎
37 〃 大加田宇一
38 〃 安東岩蔵
39 〃 吉野律
40 〃 佐伯久人
41 〃 稲野寅記
42 〃 田代辰十郎
43 〃 上野雄好
44 〃 一宮盛種
45 〃 宇野清太
46 〃 津江亭次郎

（北海道教育社発行）

【解説】明治二十二年（一八八九）七月、広田本部差し回しの御用船相模丸にて、熊本より入植した人々である。「米良四郎次除籍謄本」（史料26）では、入植後、11山田尋源の養女となっていた長女栄女が、明治三十三年三月三十日に復籍している。

〔近藤〕

26 米良家除籍謄本（戸主 米良四郎次）

【戸主】 米良四郎次

［本籍地］ 北海道浦河郡浦河町大字浦河村番外地

［前戸主］ 米良亀雄

［前戸主トノ続柄］ 亡兄 米良亀雄弟

［父］ 亡 米良四助 ［母］ 亡 キト 二男

［出生］ 慶応弐年五月拾九日

［戸主トナリタル原因］ 原因不詳、明治拾年拾壱月参日相続、戸主トナル

明治弐拾弐年九月弐拾四日熊本県飽田郡島崎村二百二十二番地ヨリ転籍届出、同日受付入籍、明治四拾五年四月拾七日札幌郡琴似村大字篠路村字兵村六十五番地ヨリ転籍届出、同日受付入籍㊞

昭和八年六月弐拾八日午后参時本籍ニ於テ死亡、同居者米良繁実届出、仝月弐拾九日受附㊞

昭和八年六月弐拾九日米良繁実家督相続アリタルニ因リ本戸籍ヲ抹消ス㊞

【妻】　ツル
［父］　亡　鳥井繁蔵　　［母］　亡　ヤヱ　　三女
［出生］　元治元年拾月弐拾日

明治拾七年弐月弐拾九日熊本県託摩郡本庄村鳥井繁蔵三女婚姻届出、同受付入籍、昭和四拾五年拾月拾六日認印遺漏発見㊞
大正拾四年弐月拾五日午前九時札幌市北三条西一丁目二番地ニ於テ死亡、同居者米良義陽届出、仝月拾六日札幌市長高岡直吉受付、同月拾九日送附㊞

【長男】　義陽
［父］　米良四郎次　　［母］　ツル　　長男
［出生］　明治拾九年七月拾四日

神沢まつト婚姻届出、大正拾四年九月拾五日受付㊞
昭和五年弐月弐拾日午后拾壱時網走郡美幌町大字美幌村市街地東二条通南二丁目二十番地ニ於テ死亡、戸主米良四郎次届出、仝日美幌町長加藤源太郎受附、仝月弐拾五日送附㊞

【長女】　栄女
［父］　米良四郎次　　［母］　ツル　　長女
［出生］　明治弐拾弐年弐月拾参日

明治参拾参年参月参拾日札幌郡篠路村字兵村五十七番地山田尋源養子協議離縁届出、同日受付入籍、昭和四拾五年拾月拾六日認印遺漏発見㊞
北海道札幌区北三条西一丁目二番地佐藤政之丈ト婚姻届出、大正四年弐月弐日、札幌区長阿部宇之八受附、同月八日送付除籍㊞

【二女】 照
［父］ 米良四郎次　［母］ ツル　二女
［出生］ 明治弐拾四年壱月拾七日

茨城県新治郡高浜町大字高浜八百八十九番地戸主久保庭宗重叔父了造ト婚姻届出、大正六年壱月弐拾弐日高浜町長須田政治受附、仝月弐拾七日送付除籍㊞

【孫】 英男
［父］ （空白）　［母］ 米良照　男
［家族トノ続柄］ 二女照 男
［出生］ 明治四拾参年七月弐拾九日

明治四拾参年八月五日出生届出、同日浦河郡浦河町西舎村杵臼村組合戸籍吏瀬島新平受付、仝年九月弐日届書発送、同月五日受付㊞
父茨城県新治郡高浜町大字高浜八百八十九番地戸主久保庭宗重叔父了造認知届出、大正六年壱月弐拾弐日高浜

町長須田政治受附、仝月弐拾七日送付除籍㊞
昭和四拾五年拾月拾六日出生事項文末認印遺漏発見㊞

【四男】 繁実
［父］ 米良四郎次　［母］ 佐山チナ　四男
［出生］ 明治四拾四年参月拾参日
昭和参年五月弐拾壱日父四郎次・母チナ婚姻ニ因リ嫡出子ト為ル㊞

【孫】 美津
［父］ （空白）　［母］ 米良栄女　女
［出生］ 明治四拾五年五月拾弐日
明治四拾五年五月拾四日出生届出、仝日札幌区戸籍吏青木定謙受付、仝日届書発送、仝月拾八日受付㊞
父北海道札幌区北三条西一丁目二番地佐藤政之丈認知届出、大正四年壱月弐拾九日札幌区長阿部宇之八受附、弐月六日送附除籍㊞

【五男】 繁輔
［父］ 米良四郎次　［母］ 佐山チナ　五男
［出生］ 大正四年七月六日

幌泉郡幌泉村大字歌別村番外地戸主佐山チナ、浦河郡浦河町大字浦河村番外地ニ於テ出生、父米良四郎次届出、
大正四年七月拾弐日受附入籍㊞
昭和参年五月弐拾壱日父四郎次・母チナ婚姻ニ因リ嫡出子ト為ル㊞
昭和七年七月弐拾八日午前六時浦河町大字向別村番外地ニ於テ死亡届出、米良四郎次届出、仝日受附㊞

【六男】周策
［父］米良四郎次　［母］佐山チナ　六男
［出生］大正拾参年参月八日
幌泉郡幌泉村大字歌別村番外地戸主佐山チノ、浦河郡浦河町大字浦河村番外地ニ於テ出生、父米良四郎次届出、
大正拾参年参月弐拾九日受附入籍助役㊞
昭和参年五月弐拾壱日父四郎次・母チナ婚姻ニ因リ嫡出子ト為ル㊞

【婦】まつ
［父］亡　神沢長吉　［母］亡　まゆ　二女
［出生］明治参拾壱年四月弐拾壱日
青森県青森市大字蜆貝町四番地戸主神沢長太郎妹、大正拾四年九月拾五日米良義陽ト婚姻届出、仝日入籍㊞
青森市大字蜆貝町四番地戸主神沢長太郎家籍ニ入籍届出、昭和六年拾壱月拾参日受附㊞昭和七年拾弐月弐拾九
日入籍届出ニヨリ除籍㊞

【二女】　照

［父］　米良四郎次　［母］　ツル　二女

［出生］　明治弐拾四年壱月拾七日

夫茨城県新治郡高浜町大字高浜八百八十九番地戸主久保庭宗重叔父了造ト協議離婚届出昭和弐年七月弐拾九日高浜町長小泉栄受附、仝年八月弐日送附復籍㊞

東京市本所区柳島梅森町二十六番地戸主栗崎近之助ト婚姻届出、昭和参年弐月弐拾五日本所区長田村瑞穂受附、仝年参月壱日送附除籍㊞

【三女】　ハル

［父］　米良四郎次　［母］　佐山チナ　三女

［出生］　明治参拾八年五月五日

幌泉郡幌泉村大字歌別村番外地戸主浦河町佐山チナ子、父米良四郎次認知届出、昭和参年五月弐拾壱日受附入籍㊞

昭和参年五月弐拾壱日父四郎次・母チナ婚姻ニ因リ嫡出子ト為ル㊞

千葉県千葉市千葉五百七十五番地戸主中尾真三郎長男静夫ト婚姻届出、昭和参年八月弐拾九日幌泉村長宇野与三五郎受附、仝年九月弐日受附㊞、仝月弐拾八日入籍通知ニ因リ除籍㊞

【四女】　アキ

〔父〕　米良四郎次　〔母〕　佐山チナ　四女
〔出生〕　明治四拾参年壱月拾日
幌泉郡幌泉村大字歌別村番外地戸主佐山チノ子、父米良四郎次認知届出、昭和参年五月弐拾壱日受附入籍㊞
昭和参年五月弐拾壱日父四郎次・母チナ婚姻ニ因リ嫡出子ト為ル㊞
有珠郡壮瞥村字滝之町二百五十五番地戸主三橋嘉朗ト婚姻届出、昭和六年拾月弐拾六日壮瞥村長受附今泉武雄受附、仝月参拾壱日送附除籍㊞

【五女】　フユ
〔父〕　米良四郎次　〔母〕　佐山チナ　五女
〔出生〕　大正弐年壱月拾参日
幌泉郡幌泉村大字歌別村番外地戸主佐山チノ子、父米良四郎次認知届出、昭和参年五月弐拾壱日受附入籍㊞
昭和参年五月弐拾壱日父四郎次・母チナ婚姻ニ因リ嫡出子ト為ル㊞

【六女】　キク
〔父〕　米良四郎次　〔母〕　佐山チナ　六女
〔出生〕　大正九年拾壱月五日
幌泉郡幌泉村大字歌別村番外地戸主佐山チナ子、父米良四郎次認知届出、昭和参年五月弐拾壱日受附入籍㊞

昭和参年五月弐拾壱日父四郎次・母チナ婚姻ニ因リ嫡出子ト為ル㊞

【妻】 チナ

［父］ 亡 田中清兵衛 ［母］ 亡 佐山ユキ 女

［出生］ 明治拾九年四月弐拾七日

幌泉郡幌泉村大字歌別村番外地戸主廃家ノ上、昭和参年五月弐拾壱日米良四郎次ト婚姻届出、仝日入籍㊞

【孫】 芳

［父］ 佐藤政之丈 ［母］ 栄女 三女

［養父］ 米良義陽 ［養母］ まつ 養子

［出生］ 大正拾壱年八月参拾日

札幌市北三條西一丁目二番地戸主佐藤政之丈三女、米良義陽・仝人妻まつト養子縁組家組、承諾者仝人及佐藤政之丈・仝人妻栄女届出、昭和四年参月弐拾七日美幌町長三村俊受附、仝年四月九日送附入籍㊞

養母米良まつト協議離縁届出、仝人及離縁協議者父佐藤政之丈・仝人妻栄女届出、昭和五年九月弐拾六日札幌市長橋本正治受附、仝月参拾日送附㊞

第２０７８５号

この謄本は除籍の原本と相違ないことを認証する

昭和四九年拾弐月拾壱日
北海道浦河郡浦河町長　浜口光輝　印

27　米良家除籍謄本（戸主　佐山チナ）

【戸主】　佐山チナ
［本籍地］　北海道幌泉郡歌別村番外地
［前戸主］（空白）
［前戸主トノ続柄］（空白）
［父］　亡　田中清兵衛　［母］　亡　佐山ユキ　女
［出生］　明治拾九年四月弐拾七日
［戸主ト為リタル原因及ヒ年月日］　母ノ家ニ入ルコトヲ得サルニ因リ一家創立ス、明治参拾八年参月参日届出、仝日受付

本籍ニ於テ子出生、母佐山ユキ死亡ニ付分娩ヲ介抱シタル田中清兵衛明治参拾八年参月参日出生届出、仝日受付、母ノ家ニ入ルコトヲ得サルニ因リ一家創立、明治参拾八年参月参日届出、仝日受付㊞、明治参拾八年参月参日幌泉郡歌別村番外地田中清兵衛ノ子認知届出、仝日受付㊞
出生事項中出生ノ場所、届出人ノ氏名並ニ其資格身分登記ニ依リ記載㊞
認知事項中認知届、父田中清兵衛身分登記ニ依リ記載

廃家届出昭和参年五月弐拾壱日浦河町長住谷尚平受附、同月参拾壱日送付㊞
北海道浦河郡浦河町大字浦河村番外地米良四郎次ト婚姻届出、昭和参年五月弐拾壱日浦河町長住谷尚平受附、
同月参拾壱日送付全戸除籍㊞

【子】 ハル
［父］（空白） ［母］ 佐山チナ 女
［家族トノ続柄］（空白）
［出生］ 明治参拾八年五月五日

本村大字幌泉村番外地ニ於テ子出生、同居者米良四郎次明治参拾八年五月拾参日出生届出、仝日受付㊞
出生事項中出生ノ場所、届出人ノ氏名並ニ其資格身分登記ニ依リ記載㊞
父北海道浦河郡浦河町大字浦河村番外地米良四郎次認知届出、昭和参年五月弐拾壱日浦河町長住谷尚平受附、
同月参拾壱日送付除籍㊞

【子】 ナツ
［父］（空白） ［母］ 佐山チナ 女
［家族トノ続柄］（空白）
［出生］ 明治参拾九年九月参拾日

浦河町大字浦河村番外地ニ於テ出生、母佐山チナ届出

明治参拾九年拾月九日浦河郡浦河町外参ケ村組合戸籍吏瀬島新平受付、仝日届書発送、拾月拾七日受付
大正弐年参月拾八日北海道浦河郡浦河町大字浦河村番外地戸主幾蔵弟浜崎清蔵（ママ）ト養子縁組届出、同日浦河町外
二ケ村組合戸籍吏瀬島新平受附、同月参拾壱日届書及入籍通知書発送、同年四月壱日受附除籍、出生事項中出生
ノ場所、届出人ノ氏名並ニ其資格身分登記ニ依リ記載㊞

【子】　アキ
［父］（空白）　［母］　佐山チナ　　女
［家族トノ続柄］　（空白）
［出生］　明治四拾参年壱月拾日

浦河町大字浦河村番外地ニ於テ子出生、母佐山チナ明治四拾参年弐月参日出生届出、仝日受附㊞
出生事項中出生ノ場所、届出人ノ氏名並ニ其資格身分登記ニ依リ記載
父北海道浦河郡浦河町大字浦河村番外地米良四郎次認知届出、昭和参年五月弐拾壱日浦河町長住谷尚平受附、
同月参拾壱日送付除籍㊞

【子】　フユ
［父］（空白）　［母］　佐山チナ　　女
［家族トノ続柄］　（空白）
［出生］　大正弐年壱月拾参日

浦河町大字浦河村番外地ニ於テ子出生、母佐山チナ大正弐年壱月弐拾壱日出生届出、同日浦河郡浦河町外二ケ村組合戸籍吏瀬島新平受附、同日届書発送、同月弐拾参日受附㊞
出生事項中出生ノ場所、届出人ノ氏名並ニ其資格身分登記ニ依リ記載
父北海道浦河郡浦河町大字浦河村番外地米良四郎次認知届出、昭和参年五月弐拾壱日浦河町長住谷尚平受附、同月参拾壱日送付除籍㊞

【子】 スエ
［父］（空白）［母］ 佐山チナ 女
［出生］ 大正六年拾弐月四日

北海道浦河郡浦河町大字浦河村五拾七番地ニ於テ子出生、母佐山チナ届出、大正六年拾弐月拾壱日浦河町長宮城昌章受附、同月弐拾日送付入籍書記
大正七年五月弐拾日午前六時北海道浦河郡浦河町大字浦河村五拾弐番地ニ於テ死亡、同居者米良四郎次届出、同日浦河町長代理助役早坂英憲受附、同月弐拾五日送付㊞

【子】 キク
［父］（空白）［母］ 佐山チナ 女
［出生］ 大正九年拾壱月五日

北海道浦河郡浦河町大字向別村番外地ニ於テ子出生、母佐山チナ届出、大正九年拾壱月拾六日浦河町長西口右

平受受〔衍〕附、大正拾年壱月拾日送付入籍㊞
父北海道浦河郡浦河町大字浦河村番外地米良四郎次認知届出、昭和参年五月弐拾壱日浦河町長住谷尚平受附同月参拾壱日送付除籍㊞

この謄本は、除籍の原本と相違ないことを認証する。
平成拾九年拾壱月壱日
北海道幌泉郡えりも町長　岩本溥叙　㊞

28　米良家除籍謄本（戸主　米良繁実）

【戸主】　米良繁実
［本籍］　北海道浦河郡浦河町常盤町弐拾弐番地
［前戸主］　米良四郎次
［前戸主トノ続柄］　亡　米良四郎次　四男
［父］　亡　米良四郎次　［母］　チナ　四男
［出生］　明治四拾四年参月拾参日

出生事項及認知事項知ルコト能ハザルニ付其記載省略㊞
昭和参年五月弐拾壱日父四郎次・母チナ婚姻ニ因リ嫡出子ト為ル㊞

昭和八年六月弐拾九日前戸主四郎次死亡ニ因リ家督相続届出、仝日受附㊞
昭和拾年四月弐拾五日字名改正地番変更ニヨリ本籍欄中「大字浦河村番外地」ヲ「常盤町弐拾弐番地」ニ更正㊞
昭和弐拾壱年参月七日午前拾時ソ連ムリー第一地区ポートワニ病院で死亡、北海道札幌地方世話所長報告、昭和弐拾四年参月拾五日送付除籍㊞
全員除籍につき昭和参拾参年五月参拾日本戸籍消除㊞

【母】　チナ
［父］　亡　田中清兵衛　　［母］　亡　佐山ユキ　　女
［出生］　明治拾九年四月弐拾七日

出生事項知ルコト能ハザルニ付其記載省略㊞
幌泉郡幌泉村大字歌別村番外地戸主廃家ノ上、昭和参年五月弐拾壱日米良四郎次ト婚姻届出、仝日入籍㊞
夫四郎次昭和八年六月弐拾九日死亡ニ因リ婚姻解消㊞
昭和参拾参年五月拾参日午前四時参拾五分様似郡様似町字様似四百三十五番地で死亡、同居の親族米良周策届出、同日同町長受附、同月参拾日送付除籍㊞

【妹】　フユ
［父］　亡　米良四郎次　　［母］　チナ　　五女
［出生］　大正弐年壱月拾参日

出生事項知ルコト能ハザルニ付其記載省略㊞
幌泉郡幌泉村大字歌別村番外地戸主佐山チナ子、父米良四郎次認知、昭和参年五月弐拾壱日受附入籍㊞
昭和参年五月弐拾壱日父四郎次・母チナ婚姻ニ因リ嫡出子ト為ル㊞
浦河郡浦河町大字向別村番外地戸主佐々木務ト婚姻届出、昭和九年四月拾日受附除籍㊞

【妹】　キク
［父］　亡　米良四郎次　　［母］　チナ　　六女
［出生］　大正九年拾壱月五日
出生事項知ルコト能ハザルニ付其記載省略㊞
幌泉郡幌泉村大字歌別村番外地戸主佐山チノ女、父米良四郎次認知届出、昭和参年五月弐拾壱日受附入籍㊞
昭和参年五月弐拾壱日父四郎次・母チナ婚姻ニ因リ嫡出子ト為ル㊞
浦河郡浦河町字西舎四百拾四番地山本晃ト婚姻届出、昭和拾九年拾壱月参日受附除籍㊞

【弟】　周策
［父］　亡　米良四郎次　　［母］　チナ　　六男
［出生］　大正拾参年参月八日
幌泉郡幌泉村大字歌別村番外地戸主佐山チナ、浦河郡浦河町大字浦河村番外地ニ於テ出生、父米良四郎次届出、大正拾参年参月弐拾九日受附入籍㊞

昭和参年五月弐拾壱日父四郎次・母チナ婚姻ニ因リ嫡出子ト為ル㊞
本田ツキと婚姻、夫の氏を称する旨届出、昭和参拾弐年壱月弐拾六日受附、浦河郡浦河町常盤町二十二番地に
新戸籍編製につき除籍㊞

【姉】照
［父］亡 米良四郎次 ［母］亡 ツル 弐女
［出生］明治弐拾四年壱月拾七日
東京市本所区東駒形四丁目拾四番地ノ拾戸主栗崎憲之助母、戸主米良繁実姉入籍届出、昭和拾壱年九月参拾日
受附㊞
昭和弐拾四年拾壱月弐日午后弐時東京都北多摩郡狛江村和泉千六百六拾七番地で死亡、同居の親族久保庭武男
届出、同月五日北多摩郡狛江村長受附、同月八日送付除籍㊞

第20783号
この謄本は除籍の原本と相違ないことを認証する
昭和四九年拾弐月拾壱日
北海道浦河郡浦河町長 浜口光輝 印

29 米良家除籍謄本（筆頭者 米良周策）

［氏名］ 米良周策
［本籍］ 北海道浦河郡浦河町常盤町二十二番地

婚姻の届出により昭和参拾弐年壱月弐拾六日夫婦につき本戸籍編録㊞
様似郡様似町潮見町九番地に転籍、米良周策・同人妻ツキ届出、昭和四拾弐年九月壱日同町長受附同月四日送付、本戸籍消除㊞

【夫】 米良周策
［父］ 亡 米良四郎次 ［母］ 亡 チナ 六男
［出生］ 大正拾参年参月八日

大正拾参年参月八日浦河郡浦河町大字浦河村番外地で出生、父米良四郎次届出、同月弐拾九日受附入籍㊞
本田ツキと婚姻届出、昭和参拾弐年壱月弐拾六日受附、浦河郡浦河町常盤町二十二番地米良繁実戸籍より入籍㊞
母死亡昭和四拾壱年拾壱月拾壱日、母欄更正㊞

【妻】 ツキ

〔父〕　本田巳三郎　　〔母〕　トミ　　長女
〔出生〕　昭和七年参月拾九日
昭和七年参月拾九日様似郡様似村字冬島八十二番地で出生、本田巳三郎届出、同月弐拾弐日受附入籍㊞
昭和参拾弐年壱月弐拾六日米良周策と婚姻届出、様似郡様似町字冬島八十二番地本田巳三郎戸籍より㊞（ママ）同日入籍㊞

【長男】　優樹
〔父〕　米良周策　　〔母〕　ツキ　　長男
〔出生〕　昭和参拾弐年参月九日
昭和参拾弐年参月九日様似郡様似町字様似三百二十一番地で出生、父米良周策届出、同月拾参日同町長受附、同月弐拾日送付入籍㊞

【二男】　優二
〔父〕　米良周策　　〔母〕　ツキ　　二男
〔出生〕　昭和参拾四年五月弐拾六日
昭和参拾四年五月弐拾六日様似郡様似町字様似四百三十五番地で出生、父米良周策届出、同年六月八日同町長受附、同月拾壱日送付入籍㊞

第２０７８４号
この謄本は除籍の原本と相違ないことを認証する
昭和四九年拾弐月拾壱日
北海道浦河郡浦河町長　浜口光輝　印

30　米良繁実軍歴

陸軍軍歴（米良繁実）北海道保険福祉部　提供

米良繁実様の軍歴

年	月	日	任官・進級・昇級	記事
昭和6	12	1		第1補充兵役編入
18	5	23	二等兵	臨時召集のため歩兵第28聯隊補充隊に応召
	5	23		要塞建築勤務第9中隊に編入
	5	25		樺太豊原着
19	1	10	一等兵	
	7	10	上等兵	
21	3	7	兵長	
	3	7	伍長	ソ連ムリー第1地区ポートワニ病院において栄養失調
				兼急性肺炎により戦病死

北海道保険福祉部福祉局福祉援護課援護グループ

【解説】

※　第一補充兵役編入とは、二十歳到達時の徴兵検査に合格し、現役欠員時の補充兵として登録したことを意味する。軍隊の兵役は次の通りである。

・常備兵役　現役
　予備役（現役修了者）
・後備兵役（常備兵役修了者）
・補充兵役　第一補充兵役（現役欠員時の補充兵員）
　第二補充兵役（戦時要員）
・国民兵役　第一国民兵役（後備、補充兵役修了者）
　第二国民兵役（上記全兵役に参加しない者）

※　歩兵28聯隊とは、第7師団第14旅団（後に第7歩兵団）の中に28歩兵聯隊があり、第9中隊第28歩兵聯隊は通称熊9208部隊といわれ、明治三十三年（一九〇〇）十二月二十二日旭川にて組織される。日露戦役では白襷(しろだすき)隊として203高地強襲全滅、シベリア出兵、満州事変に参戦し、ノモンハン事件では、一七七〇名中一二四三名が戦死傷し聯隊長自決。昭和十七年（一九四二）八月にはガダルカナル島に出兵し、聯隊は玉砕、聯隊長自決、軍旗奉焼。その後再編成され、第9中隊が樺太へ派兵、武装解除されている。

※　樺太豊原は、昭和十六年（一九四一）時点で人口約三万七〇〇〇人、明治三十八年（一九〇五）から昭和二十年まで日本の統治下にあった。豊原は、現在のサハリン州の州都ユジノサハリンスク市（人口十七万人）である。ソ連軍が樺太豊原地区（樺太庁豊原支庁）に軍事進攻を開始したのは、昭和二十年八月二十四日である。

※　昭和二十一年三月七日の兵長、伍長は、死亡につき二階級特進を意味する。

当時の階級は次のようになっている。

	将校（士官）									准士官	下士官			兵			
	将官			佐官			尉官										
陸軍	大将	中将	少将	大佐	中佐	少佐	大尉	中尉	少尉	准尉	曹長	軍曹	伍長	兵長	上等兵	一等兵	二等兵
海軍	大将	中将	少将	大佐	中佐	少佐	大尉	中尉	少尉	兵曹長	上等兵曹	一等兵曹	二等兵曹	水兵長	上等水兵	一等水兵	二等水兵

※　ムリー地区については、『戦後強制抑留史（三）』に次のような記述がある。

「ムリー河畔コムソモリスク対岸ピアニー（ピーアン）より沿海州東海岸ソフガワニ湾に至る延長約四百五十キロにわたるバム鉄道沿線上に散在する収容所を総括してムリー地区と称した。この地はおおむね山麓に沿う地域であり、鉄道沿線を除いてほとんど密林であって大きな都邑はなく、鉄道開設後の開墾地でいわば未開地である。

地区は百二十九か所の分所及び十四か所の病院から成り更に支部編成をとり三か所の支部に分割されていた。この地区に入所した大隊は満州編成大隊二〇個大隊、千島・樺太編成大隊三五個大隊合計五五個大隊、五万二千三百五十六人（終戦より一九五一年八月まで）であった」

繁実の死亡した昭和二十一年までに着工が行われていた作業を同書掲載の「主要建設工事の地域別成果一覧表」で見ると、ポートワニの海軍倉庫22棟の建築および水道鉄管一キロの敷設工事が、作業人員千人で、昭和二十年十月から開始されている。

また、ポートワニ―コムソモリスク間の鉄道建設工事がソフガワニで行われ、着工が昭和二十年九月で、作業人員は六百人となっている。そのほかに、ソフガワニ―ピアニー間三四〇キロの鉄道建設などがある。

また、村山常雄氏ホームページには、ムリー（1）地区の作業所は、「サラワッカ駅、トゥムニン駅前、ペレワール駅、イェンナ河、ガラガラ山分所、スートゥイリ河、ドゥブリカン河、プレーヤ河、ヤウリン河、4地区1支部温泉」と挙げている。

※　ポートワニ病院とは、第3475特別病院の分院ではないか、というのが厚生労働省の見解である。

〔近藤〕

31　ソ連邦抑留中死亡者名簿（米良繁実）

平成3年提供ソ連邦抑留中死亡者名簿（厚生労働省HPより抜粋）

整理番号　収容所名・埋葬地名	通番	生年	階級	死亡年月日	カナ氏名	地方
2014第2収容所 サブガバニースキー地区チシキノ居住区	23	明43	兵	210221	マイロ　ギエ（ギヨ）ネマ	ハバロフスク地方

平成7年提供ソ連邦抑留中死亡者名簿（厚生労働省HPより抜粋）

連番	通番	氏名	生年	階級	死亡年月日	埋葬場所（収容所等）
200968	2083	メイラ　シネミ	明43	兵	210221	第3475特別病院

極　秘

ソビエト社会主義共和国連邦　内務省

捕虜並びに抑留者業務総局

公文書保管所　No. Oya28308

収容所又は病院 No.	登録文書 No.
３４７５ 特別病院	１４２７

登　録　文　書

捕　虜　日本人　メイラ

（姓）

シネミ

（名前及び父称）

本文書は　死亡　にともない終了。

１９４６年2月２１日

００４６（番号の続き判読不可）—２７７０９

1803 2005 1921

証明書

日本軍捕虜、兵

マイラ　シネミ、1910年生まれ（注：マイラとなっている）

登録文書作成前に3475特別病院で死亡したため

規定の方法で同人に関する

完全なデータをまとめ、

調査票やカルテを完全な形で

記載するのは不可能である。

3475特別病院長

軍医少佐　　署名

1946年10月21日

1803 2005 1922

カルテNo.292

姓名　　メイラ　シネミ

1910年生まれ　（前部、一部が欠けているので、判読可能な範囲）

□□入院　１３５ｋ　（前部、一部が欠けているため判読不可）
入院日□　２月11日　（前部、一部が欠けているので、判読可能な範囲）
入院時の所見　肺炎、栄養失調
予見　クループ性両肺炎、栄養失調二度
最終所見　栄養失調三度、クループ性両肺炎
結果　１９４６年２月21日、死亡
（前部、一部が欠けているため判読不可）

患者本人の愁訴：咳

客観的データ：中背
栄養状態：悪く、顔色、青白い
脈拍：正常の律動
肺：右、乾性ラッセル音、雑音
左、拡張、乾性ラッセル音
打診音：右肺、せわしい
心音：きれい
腹、柔らかく、無痛
排便：液便、一日１回、出血なし

1　つぼ治療（注：棒の先に絡めた綿にアルコールなどを浸して燃やし、それで小さな壺型のビンの中にかざして、ビンを真空状態にし、直ちにそれを患部に当てる。すると、ビンが真空状態なため皮膚表面が盛り上がり、体内の毒素が吸引され、血行がよくなる。病院でも家庭でも広く普及している治療）

2　咳止め薬

医師　署名

2月11日　38度　容態、重篤。

2月12日　37・9度　咳と右胸郭の半分の痛み。

食欲不振。

拍動：弱い。

1803 2005 1923

診断：右肺の第四肋骨から
打診音が鈍化。
聴診：脇下ライン
六、七肋骨辺りに捻髪音（ねんぱつ）が
聞こえる。
舌は、苔に覆われ、
便は、液状。

2月13日　36・4度
36・4度
容態、重篤。
咳と右胸腔、半分が
痛むとの愁訴。
脈の拍動、弱い。
診断：右肺、第四肋骨から
打診音が鈍化。
肩甲骨、下部に水泡性のラ音。
舌、湿り気あり。
排便なし。

1　右、つぼ療法
2　薬
1・0％―6回
3　薬
20％　2㎥
一日3回
（薬は、ラテン語）

2月14日　36度
39・4度
容態、重篤。
咳と胸に痛みあり
との愁訴。
脈の拍動、弱い。
心音、鈍い。
診断：右第四肋骨下部の
打診音の鈍化。
左、肩甲骨下部の音、せわしい。
右、第四肋骨から
中程度の水泡性及び気泡性ラ音。

1　右、つぼ療法。
2　薬
1・0％―6回
4時間おき
3　薬
20％　2㎥
一日3回

左、肩甲骨下部の呼(ママ)、弱い。

2月15日 39・4度 容態、重篤。 1、2、3
38・8度 せわしい息づかい。睡眠良好。
食欲不振。脈の拍動、弱い。
診断：右、第四肋骨下部の打診音の鈍化。
聴診：右肺全体に捻髪性の

1803 2005 1924

ラ音。脇下ラインの 1 薬
第八、九、十の肋骨部分には 1・0—5回
中程度の水泡性ラ音が聞こえる。 4時間おき
左：肩甲骨下方 2 つぼ療法
弱々しい息づかい。 3 薬
舌は乾き、 20% 3㎥
白い苔に覆われている。 一日3回
唇は乾き、かさかさ。
腹は柔らかい。排便、2回。液便

2月16日　39・5度
39・4度

患者の容態、悪化。
胸が痛み、咳が出るとの愁訴。
呼吸困難。唇にチアノーゼ。
脈拍、弱く、心音、鈍い。
診断：同域内の打診音、鈍化。
聴診：右肺全体に捻髪様ラ音。
左肺、息づかい弱く、
脇下ラインの七、八、九肋骨あたり、
捻髪様ラ音。
舌渇き、苔に覆われている。
腹、柔らかく、無痛。
排便、5回。液便。

1、2、3
腹に湯たんぽ
薬
0・5×3回

2月17日　37・6度
37・0度

患者は青白く、衰弱しており
容態は、極めて悪い。
絶えず、幻覚と昏睡状態に陥る。
呼吸困難。唇と手にチアノーゼ。
脈拍、弱く、心音、鈍い。
排便、液便、8回。

2月18日　36・5度
36・5度

肺の状態同じ。容態、極めて悪い。
皮膚、青白い。
患者は、急激に衰弱。
呼吸困難、せわしい息づかい。
唇と手にチアノーゼ。

1803 2005 1925

患者は、時々、昏睡状態。
脈の拍動、弱い。
診断：右肩甲骨、
中部から下にかけての打診音の鈍化。
左肩甲骨、下部の打診音の鈍化。
聴診音：胸腔、右半分全体に
水泡性ラ音と中程度の気泡性ラ音。
肩甲骨、左側に水泡性ラ音。
舌、苔に覆われ、乾いている。
腹、柔らかく、無痛。
（1行、字が重なり、判読不可）
排便、5回。液便。

薬
1・0　一日4回
4時間おき
つぼ治療
薬20%　3㎥
（脈拍数による）
薬10%　1㎥
（脈拍数による）
腹に湯たんぽ

太文字
チシキノ居住区
分院№1の墓地
第4区画に埋葬

2月19日　36・8度
37・3度

容態、極めて悪い。
意識は、朦朧としている。
皮膚、青白く、脈拍、弱い。
診断：右（1行、字が重なり、判読不可）
左、肩甲骨中部から下部にかけて、
水泡性、及び中程度の気泡性ラ音
舌は、乾き、苔に覆われている。
腹は、柔らかく、無痛。
排便、5回、液便。

薬0・5
1×3
1　つぼ治療
2　薬
0・5×3回
3　薬
0・3×3回
4　薬
20％　3㎥
一日3回
5　腹に
湯たんぽ

2月20日　36・7度

容態、極めて悪い。
患者は、昏睡状態。呼吸困難。
唇にチアノーゼ。
患者は、急速に衰弱。
肋間が落ち窪み、脈拍、弱い。
診断：両肺に大量の
中、小の水泡性、気泡性ラ音。
舌は乾き、苔に覆われている。
腹柔らかく、無痛。

1、2、3、4、5

排便、6回、液便。粘液、出血なし。

2月21日　1946年2月21日、午前4時死亡。　医師　署名

1803 2005 1926

292　マイラ　シネミ

帽子	1
外套	1
ラシャの?（略しているため意味不明）	1
ラシャのズボン	1
綿入れ	—
セーター	1
シャツ	1
暖かいズボン下	1
靴下	3
短靴	
手袋	1
判読不可	1

毛布　1

日本製コート　1

1803 2005 1927

体温リスト　79（注：一部、カルテに記入された体温と不一致）

2月12日　36・3

2月13日　36・4

2月14日　39・4

2月15日　39・7—38・8

2月16日　39・5—39・4

2月17日　37・6—37

2月18日　36・5—36・5

2月19日　36・8—

1803 2005 1928

カルテ　No.292

マイラ　シネミ（注：メイラではなく、マイラとなっている）

1946年3月6日
ソフガワニ地区　チシキノ居住区
第3475特別病院
分院№1の墓地、第4区画に埋葬

統計医　　署名

1803 2005 1929

証書　292

以下に署名するところの我々、内科部長・軍医上級中尉［氏名］、付添看護婦［氏名］、看護婦長・軍医中尉［氏名］は、下記事項に関して当証書を作成した。

第Ⅲ度栄養失調症およびクループ性両肺炎の診断を受けて1946年2月11日から第3475後送病院「マスタヴァーヤ」分院に入院していた新たな特別人員(注)メイラ・シネマが、1946年2月21日午後4時に心機能低下により死亡した。

内科部長・軍医上級中尉【署名】
看護婦長・軍医中尉　　【署名】

付添看護婦　　　　　　　　　　　　　　　　【署名】

（注）特別人員 спецконтингент とは、旧ソ連において、戦争や革命で疲弊した産業を復興させるために政府によって安価な労働力として「徴用」された、囚人・流刑者・戦争捕虜・抑留者などの特殊な人員のことを表わす。

1803 2005 1930

証書　1946年2月21日

以下に署名するところの我々
1　物資供給主任・大尉　［氏名］
2　分院医事統計係　　　［氏名］
3　日本人兵士　［氏名］［氏名］
は、下記事項に関して当証書を作成した。

本日、戦争捕虜マイラ・シェネミ――［生年］1910年、［階級］兵、［民族］日本人、1946年2月21日に第□収容所（未記載）第3475病院にて死亡――の遺体埋葬が行われた。

遺体は、区画番号№4、墓碑番号№292[注]に埋葬された。墓は第1小病院墓地にある。

物資供給主任・大尉【署名】
分院医事統計係　　【署名】
日本人兵士　【署名】【署名】

（注）墓碑番号が三桁である事例はほとんど見かけないため、カルテ番号の292を誤記したものではないかと推察される。原文では、29に訂正線を引いて（＝~~29~~）2を清書した可能性も疑われるが、詳細は不明。

1803　2005　1931

証明書

ソフガワニ地区　ワニノ居住区
第3475特別病院・分院
1946年2月21日付

以下に署名する我々
物資供給主任　大尉　署名
調査主任　署名
医事統計主任　署名
は、死亡した日本人捕虜
メイラ　シネミの

貴重品と所持品のリストを作成したが、これに該当する物はなかった。

物資供給主任　大尉　署名
調査主任　署名
医事統計主任　署名

【用語解説】

クループ性肺炎：クループ（英語croup）とは、声門下での上・下気道の炎症性狭窄（きょうさく）に伴う一連の病態のこと。クループ性肺炎（大葉性肺炎）などの病名がある。

ラ音：肺の聴診をするときに聴きとられる正常呼吸音以外の複雑音を、ラ音と言う。ラッセル音（独語Rasselgerusch）の略。ラッセル音は、その原因となる疾患によって、「ピュー」、「ブンブン」、「ギー」、「バリバリ」などの音質（聞こえ方）がある。

ラッセル音には、狭くなっている気管支を空気が通る際に起こる乾性ラッセルと、気管支内部に分泌された液体に発生した気泡が破裂する湿性ラッセルがある。さらに湿性ラッセルは、捻髪（ねんぱつ）音と水泡音に分類される。

〔乾性ラ音〕呼気時に高く連続した音が聞こえる。この音は胸腔内を広く放散する。呼気時に発生するのが通常で、呼気性呼吸困難を伴うのが一般的である。この音は、細気道が何らかの原因により狭窄したために発生すると考えられている。

〔湿性ラ音〕

［捻髪音］：吸気時に「プツ・プツ・プツ」という細かい断続（途切れた）音が聞こえる。捻髪音は、呼気時に虚脱した細気道が、「プツ」と音を立てて再開放するために発生するものと考えられている。

［水泡音］：呼気時の乾性ラッセルに加え、「ボコ・ボコ・ボコ」という粗く断続した音が聞こえる。水泡音は細気道内に貯留した分泌物が、吸気時の気流により「ボコ」と音を立てて破裂することで発生すると考えられている。

チアノーゼ：チアノーゼ（独語 Zyanose、英語 cyanosis）とは、呼吸機能が低下し血中酸素濃度が低下するために皮膚や唇が紫色になること。主因の一つに、呼吸器または循環器の疾患がある。

ラシャ：ラシャ（ポルトガル語 raxa）とは、毛織物の一種「羅紗」とも書く。ラシャは紡毛を密に織って起毛させた厚地の生地で、丈夫で保温性が高いため、軍服への需要が多かった。乗馬ズボンや帽子などには引き続き利用されている。

［近藤］

【付　記】

平成17年個人資料について

平成十七年（二〇〇五）にロシア側から提供を受けた「個人資料」は、個人別の資料の原本を撮影したマイクロフィルムである。

筆者（近藤）が厚生労働省社会・援護局から提供を受けた、平成十七年提供「個人資料」は、資料番号「1803 2005 1920」〜「1803 2005 1931」までの全十二枚のロシア語の原文である。翻訳は総務省の外郭団体である㈶全国強制抑留者協会に依頼したが、そのうち「1803 2005 1929」〜「1803 2005 1930」の二枚は、厚生労働省による翻訳である。

これまで厚生労働省がロシアから提供を受けた名簿および資料は、以下の三点である。

・平成三年提供の「ソ連邦抑留中死亡者名簿」（通称：平成3年名簿、ゴルバチョフ名簿）
・平成七年提供の「ソ連邦抑留中死亡者名簿」（通称：平成7年名簿）
・平成十七年提供の「ソ連邦抑留中死亡者『個人資料』」（通称：平成17年個人資料）

このうち平成3年名簿および平成7年名簿は一般に公開しているが、平成17年個人資料については、いまだ公開までには至っていない。

米良繁実の陸軍応召からシベリア抑留死までの略経緯

米良繁実は、米良四郎次四男で、明治四十四年（一九一一）三月十三日、北海道浦河郡浦河町に生まれる。母は佐山チナである。

昭和十八年五月二十三日、臨時召集のため歩兵第二十八聯隊補充隊に応召し、要塞建築勤務第九中隊に編入される。二日後の二十五日には樺太豊原（現在のサハリン州の州都、ユジノサハリンスク市）に到着。

終戦後の昭和二十年八月二十四日、旧ソ連軍による豊原への軍事侵攻が開始される。武装解除された日本軍部隊は、集成大隊に編成替えさせられ、ソ連領内の約四十六地区の収容所に移送・抑留される。繁実の具体的な抑留先および労働内容は不明。

繁実は第Ⅲ度栄養失調およびクループ性両肺炎で、昭和二十一年二月十一日に入院。病院は、第3475特別病院のムリー第一地区ポートワニにある分院、つまりハバロフスク地方第二収容所ソフガワニ地区チシキノ居住区にある第3475特別病院のマスタヴァーヤ分院である。二月二十一日、心機能の低下により死亡（死亡時間が訳文によって「午前四時」、「午後四時」とある）。亡骸は、三月六日にマスタヴァーヤ分院付属墓地（区画番号№4、墓碑番号№292）に埋葬（墓碑番号は、誤記の可能性が高い）。なお、除籍謄本にある三月七日という死亡日は、一日のずれはあるものの、埋葬日であった可能性が高い。

また、旧厚生省が平成九年に現地調査を行ったが、墓地の発見には至らなかった。

繁実、享年三十六歳。独身。法名「至誠院実誉勇道居士」。墓所は北海道・町営様似共同墓地。〔近藤〕

33 米良周策軍歴

【解説】「学力」欄の「国高了」は、「国民学校高等科修了」を、「青本五在」は「青年学校本科五年在学」を意味する（中村元(もと)氏ご教示）。また、「氏名」欄下段にある「誕辰」とは誕生日のことで、「辰」は「日」の意である。なお、軍歴については、本文を参照されたい。〔近藤〕

海軍軍歴（米良周策）厚生労働省 社会・援護局 提供

番号入籍	横徴 水 第94323号 横志 第 号	兵種	水兵	所管	19.9.1 横須賀鎮守府
氏名	米良 周策 誕辰大正 13. 3. 8	入籍時 学力	国高了 青本五在	服役年期	18.12.1 (入籍時) 三ヶ年 *12 0975*
		入籍時 職業	運転手		
本籍地及族稱	北海道浦河郡浦河町常盤町二十二番地	相貌特徴			
寄留地		特技章		離現役時被服寸法	帽 服 靴
家族	兄 繁實				

年	月 日	所轄	記事	従軍年加算数
	19. 9. 1			
昭和18.	12. 1		現役編入	
19.	9. 25	武山海兵団	入団海軍二等 水兵 ヲ命ズ	
19.	10. 3	横須賀海軍通信学校	㊞ 兼久里浜第二警備隊附	
19.	12. 5		海軍一等水兵ヲ命ズ ㊞	
19.	12. 5		第73期普通科電信術練習生 ㊞	
20.	1. 4	第二相模野海軍航空隊	㊞ 第115期普通科飛行機整備術練習生	
		第十六突撃隊		
20.	9. 1		海軍上等水兵ヲ命ズ 海軍上等水兵ヲ命ズ	
20.	9. 1		予備役編入	
			58. 6. 30	
			昭和 年 月 日軍歴証明書交付	法60共
			（北海道市町村職員共済組合理事長）	
			昭和四拾弐年弐月拾参日	
			昭和 年 月 日 軍歴証明書交付	

616

〈裏面記載〉

（丸印） 厚生労働省 21. 3. 09 調査資料室

この写は当課保管資料の原本と相違ない。
21年 3月 9日
厚生労働省社会・援護局業務課

米良家年譜

〔佐藤 誠・近藤 健〕

年号	干支	西暦	改元日	天皇	将軍	熊本藩主	米良家	事項
						細川忠利（小倉城主）	初祖吉兵衛	米良吉兵衛（初祖）、細川忠利に仕官し、細川家御奉行所役人・代官などを勤める〔米良家先祖附写〕。
寛永7	庚申	1630		明正	家光	忠利	初祖吉兵衛	9月22日、米良吉兵衛病死ヵ〔米良家先祖附写〕（「米良家法名抜書」では寛文7年病死）。法名「別峯院殿椿翁堅松居士」〔米良家法名抜書〕。宗岳寺過去帳には「椿翁堅松居士」とある。
9	壬戌	1632		明正	家光	忠利（熊本城主）		12月9日、細川忠利、肥後入封。
18	辛未	1641		明正	家光	忠利 光尚		3月17日、細川忠利死去〔寛政重修諸家譜〕。5月5日、細川光尚、忠利の遺領も継ぐ〔寛政重修諸家譜〕。
慶安2	己卯	1649		後光明	家光	光尚		12月26日、細川光尚死去〔寛政重修諸家譜〕。
3	庚寅	1650		後光明	家光	綱利		4月18日、細川綱利、光尚の遺領を継ぐ〔寛政重修諸家譜〕。
4	辛卯	1651		後光明	家光 家綱	綱利		4月2日、将軍家光死去。8月18日、家綱、将軍となる。
承応1 5	壬辰	1652	9・18	後光明	家綱	綱利	初代元亀	この年、米良勘助元亀（初代）、歩御小姓となる〔米良家先祖附写〕。
万治4 寛文1	辛丑	1661	4・25	後西	家綱	綱利	初代元亀	この年、米良勘助、御扶持方御切米を加増され、歩御小姓組組脇となる〔米良家先祖附写〕。
2	壬寅	1662		後西	家綱	綱利	初代元亀	この年、米良勘助子市右衛門重但（のちの2代）生まれる（「御預人一

								途之御控帳」にある重但の堀部弥兵衛金丸介錯時の年齢より推定）。
寛文6	丙午	1666		霊元	家綱	綱利	初代元亀	12月、米良勘助、知行百石を拝領する〔米良家先祖附写〕。
7	丁未	1667		霊元	家綱	綱利	初代元亀	9月22日 米良吉兵衛病死ヵ〔米良家法名抜書〕（「米良家先祖附写」では寛永7年病死）。 この春、米良勘助、新組となる。その後度々加増され、都合三百石となる〔米良家先祖附写〕。
13 延宝1	癸丑	1673	9・21	霊元	家綱	綱利	初代元亀	10月27日、米良吉兵衛女没す〔米良家先祖附写、米良家法名抜書〕。法名「妙諦信女」（宗岳寺過去帳に、「妹とこれ有り。全別峯院殿御女にて宦女成るべし」）〔米良家法名抜書、宗岳寺過去帳〕。
3	乙卯	1675		霊元	家綱	綱利	初代元亀	9月、この月より御積書米良甚（勘ヵ）助、御近習にて段々取立、御勝手方御用専ら相勤由〔熊本藩年表稿〕。
8	庚申	1680		霊元	家綱 綱吉	綱利	初代元亀	5月8日、将軍家綱死去。 8月23日、綱吉、将軍となる。
貞享2	乙丑	1685		霊元	綱吉	綱利	初代元亀	8月20日、米良勘助弟の黄檗宗僧、菊池にて没す。法名「峰岳上座」〔米良家法名抜書、宗岳寺過去帳〕。
元禄9	丙子	1696		東山	綱吉	綱利	初代元亀	2月、米良勘助、新組脇となる（御次の間の奉公や定御供を三十五年間勤める）〔米良家先祖附写〕。
10	丁丑	1697		東山	綱吉	綱利	初代元亀	4月10日、米良吉兵衛妻没す。法名「浄体院天誉妙光大姉」〔米良家法名抜書〕。
14	辛巳	1701		東山	綱吉	綱利	初代元亀 2代実専	11月、米良勘助（初代）、願いにより隠居し、子市右衛門（のち勘助）重但（のち実専、2代）相続し、御番方に召し加えられ、御小姓組となる〔米良家先祖附写〕。
15	壬午	1702		東山	綱吉	綱利	2代実専	この年、米良重但、江戸参勤の供を命ぜられ、江戸に上る〔米良家先祖附写〕。2月25日綱利熊本発、4月3日江戸着〔熊本藩年表稿〕。 12月14日、赤穂城主浅野内匠頭長矩旧臣四十七人、本所の吉良邸に討ち入る〔冨森助右衛門筆記ほか〕。 12月15日、浅野長矩旧臣大石内蔵助良雄以下十七名、細川家に御預けと

和暦	干支	西暦	月日	天皇	将軍	藩主	米良家	事項
								なる〔御預人一途之御控帳、細川家記続編七〕。
元禄16	癸未	1703		東山	綱吉	綱利	2代実専	2月4日、細川家下屋敷において赤穂義士（大石良雄以下十七名）切腹す。米良重但、堀部弥兵衛金丸の介錯を勤める（42歳）〔米良家先祖附写、御預人一途之御控帳、細川家記続編七〕。 この年、米良重但（のち実専）、御使番・御奉行所目附となる。これより後、江戸御供三度、使者一度、大坂詰三度、長崎出張一度を勤める〔米良家先祖附写〕。
宝永4	丁亥	1707		東山	綱吉	綱利	2代実専	1月、米良勘助（重但）、宝永4年正月より佐々牛右衛門、米良勘助が受込として（水道を）掘ったものという〔肥後国誌〕。水道を設けた理由は、元禄年間の火事（元禄2年10月に高田原で九十三カ所・九十三屋敷が消失）による大被害のためとされるから、出町の水道と同じく消火用の水道となる。現在の熊本市水道町の語源になった〔新熊本市史〕。 1月、米良勘助「〔水道〕五代細川綱利の宝永4年1月に佐々牛右衛門、米良勘助が担当して、三宮神社脇の水呑の水道口から立田山の南麓の小磧の横穴を貫き、白川の右岸を西に走って子飼交叉点から水道は二手に分かれて、一つは旧市電通りを通っていた」〔平成肥後国誌〕。
5	戊子	1708		東山	綱吉	綱利	2代実専	3月10日、坪井竹屋町より出火、千二百余軒類焼、死人・怪我人が多く出たため、草葉町、広町ができる。なおこの節、小磧より水をとり水道丁、声取坂に打ち出す。宣紀時代にこの水道止めとなる〔「肥後国誌」に、佐々牛右衛門、米良勘助等之に当り、のち之を新屋敷水道端を経て世継神社附近より高田原、山崎町を経て御花畑へと改む〕〔「本藩年表」永青文庫蔵、「官職制度考」肥後文献叢書、「肥後近世史年表」生田宏著、圭室諦成校訂〕〔熊本藩年表稿〕。
6	己丑	1709		東山 中御門	綱吉 家宣	綱利	2代実専	1月10日、将軍綱吉死去。 5月1日、家宣、将軍となる。
8 正徳1	辛卯	1711	4・25	中御門	家宣	綱利	2代実専	1月23日、米良勘助（初代）妻麻生氏（小笠原旧臣麻生庄兵衛方より嫁ぐ）没す。法名「実相院真如元性大姉」〔米良家法名抜書〕。宗岳寺過去帳には「真如玄照大姉」とある。

正徳2	壬辰	1712		中御門	家宣	綱利 宣紀	2代実専	7月11日、細川綱利隠居し、養子宣紀が継ぐ〔寛政重修諸家譜〕。 10月14日、将軍家宣死去。
3	癸巳	1713		中御門	家継	宣紀	2代実専	4月2日、家継、将軍となる。
4	甲午	1714		中御門	家継	宣紀	2代実専	7月28日、一族の米良惣兵衛没す。法名「嶺光院玉潤元水居士」〔米良家法名抜書〕。
5	乙未	1715		中御門	家継	宣紀	2代実専	1月26日、初代米良勘助没す。法名「長徳院齢岳元亀居士」〔米良家法名抜書、宗岳寺過去帳〕。
6 享保1	丙申	1716	6・22	中御門	家継 吉宗	宣紀	2代実専	4月30日、将軍家継死去。 8月13日、吉宗、将軍となる。 11月18日、一族米良惣兵衛長女没す。法名「寿心院隆岸智清大姉」〔「法念寺過去帳に、関氏奥と之有り。惣兵衛殿長女にて関角之進へ嫁す。当時角之進へ向合御時兎角角之進加役の由、角之進不持に付、依りて家を廃す。文化五辰七月」〕〔米良家法名抜書〕。
2	丁酉	1717		中御門	吉宗	宣紀	2代実専	7月、2代米良実専、御鉄炮拾挺頭を命ぜられる〔米良家先祖附写〕。
3	戊戌	1718		中御門	吉宗	宣紀	2代実専	この年、米良実専、長崎へ囚人を護送するため海陸警護を勤める〔米良家先祖附写〕。
4	己亥	1719		中御門	吉宗	宣紀	2代実専	10月、米良実専、御作事奉行加役を命ぜられる〔米良家先祖附写〕。 11月、米良実専、御鉄炮二拾挺頭を命ぜられる〔米良家先祖附写〕。 この年、米良実専、江戸御留守詰となる〔米良家先祖附写〕。
5	庚子	1720		中御門	吉宗	宣紀	2代実専	この年、米良実専、肥後へ帰国す〔米良家先祖附写〕。
7	壬寅	1722		中御門	吉宗	宣紀	2代実専	12月、米良実専、願いにより河方安右衛門の弟（のちの3代市右衛門実高）を養子とすることを許される〔米良家先祖附写〕。
9	甲辰	1724		中御門	吉宗	宣紀	2代実専	この年、米良実専、江戸参勤の供を命ぜられ、江戸に上る〔米良家先祖附写〕。藩主宣紀、1月27日熊本発、3月1日江戸着〔熊本藩年表稿〕。
11	丙午	1726		中御門	吉宗	宣紀	2代実専	11月、米良実専、病気につき御作事奉行加役御免を願い出るも慰留され、藩主より紋付羽織を拝領す〔米良家先祖附写〕。

享保12	丁未	1727		中御門	吉宗	宣紀	2代実専	4月、米良実専、御鉄炮三拾挺頭を命ぜられる〔米良家先祖附写〕。
14	己酉	1729		中御門	吉宗	宣紀	2代実専	12月、米良実専、病気につき御作事奉行加役御免〔米良家先祖附写〕。
16	辛亥	1731		中御門	吉宗	宣紀	2代実専	8月4日、米良実専弟半蔵没す。法名「義石元仁居士」〔米良家法名抜書〕。
17	壬子	1732		中御門	吉宗	宣紀 宗孝	2代実専	6月26日、細川宣紀死去〔寛政重修諸家譜〕。 8月25日、細川宗孝、宣紀の遺領を継ぐ〔寛政重修諸家譜〕。
19	甲寅	1734		中御門	吉宗	宗孝	2代実専	この年、米良勘兵衛（のちの4代）生まれる〔「米良家先祖附写」隠居年齢より推定〕。
20	乙卯	1735		中御門 桜町	吉宗	宗孝	2代実専 3代実高	2月、米良実専、病気につき役儀御免、御番方に加えられる〔米良家先祖附写〕。 4月14日、米良実専没す。法名「浄徳院殿要道宗賢居士」〔米良家先祖附写、米良家法名抜書、宗岳寺過去帳〕、74歳〔「御預人一途之御控帳」にある重但の堀部弥兵衛金丸介錯時の年齢より推定〕。 7月、米良市右衛門実高（3代、実専養子）、実専の遺跡を相続し御番方に加えられ、組並の御奉公に就く〔米良家先祖附写〕。
元文1 21	丙辰	1736	4・28	桜町	吉宗	宗孝	3代実高	この年、米良勘兵衛弟（実高次男）左五之丞生まれる〔「米良家法名抜書」死亡年齢より推定〕。
4	己未	1739		桜町	吉宗	宗孝	3代実高	3月、米良実高、江戸参勤の節の久住人馬奉行を命ぜられる。その他、御番御目附を勤む〔米良家先祖附写〕。3月3日藩主宗孝熊本発、4月9日江戸着〔熊本藩年表稿〕。
5	庚申	1740		桜町	吉宗	宗孝	3代実高	この年、米良実高三男源治（左源次）生まれる〔「米良家法名抜書」死亡年齢より推定〕。
寛保3	癸亥	1743		桜町	吉宗	宗孝	3代実高	この年、米良実高四男権之助生まれる〔『肥後先哲偉蹟』死亡年齢より推定〕。
延享2	乙丑	1745		桜町	吉宗 家重	宗孝	3代実高	9月15日、将軍吉宗隠居。 11月2日、家重、将軍となる。

延享4	丁卯	1747		桜町 桃園	家重	宗孝 重賢	3代実高	8月15日、細川宗孝、殿中において板倉修理勝該に斬りつけられる〔寛政重修諸家譜〕。 8月16日、宗孝死去〔寛政重修諸家譜〕。 9月16日、米良実専妻吉村氏（吉村直助方より嫁す）没す。法名「瑞岳院秋月涼江大姉」〔米良家法名抜書、宗岳寺過去帳〕。 10月4日、宗孝養子重賢、遺領を次ぐ〔寛政重修諸家譜〕。 この年、米良勘兵衛弟左五之丞の妻公や生まれる（「米良家法名抜書」死亡年齢より推定）。 この年、米良実高五男左八郎生まれる（「道家家先祖附」死亡年齢より推定）。
宝暦3	癸酉	1753		桃園	家重	重賢	3代実高	1月、米良実高、南関御番を命ぜられる〔米良家先祖附写〕。 11月、米良実高、御番方組脇を命ぜられる〔米良家先祖附写〕。
5	乙亥	1755		桃園	家重	重賢	3代実高	8月19日、米良実高、閉門を命ぜられ、同年晦日まで御番なし〔米良家先祖附写〕。
6	丙子	1756		桃園	家重	重賢	3代実高	10月、米良実高、願いにより組脇御免、御留守居御番方に加えられる。閉門日数三十日〔米良家先祖附写〕。
7	丁丑	1757		桃園	家重	重賢	3代実高 4代勘兵衛	2月22日、米良実高隠居し、嫡子勘兵衛（4代）に三百石のうち二百石の相続が認められ、御番方に列す〔米良家先祖附写、重賢公御書出扣〕。 この年、米良実高四男権之助、斎藤家へ養子（15歳）〔肥後先哲偉蹟〕。
10	庚辰	1760		桃園	家重 家治	重賢	4代勘兵衛	5月13日、将軍家重隠居。 9月2日、家治、将軍となる。
12	壬午	1762		桃園 後桜町	家治	重賢	4代勘兵衛	この年、米良実高五男左八郎、道家家へ養子（16歳）〔道家家先祖附〕。
13	癸未	1763		後桜町	家治	重賢	4代勘兵衛	正月、米良実高五男道家左八郎、御番方を命ぜられる（17歳）〔道家家先祖附〕。
14 明和1	甲申	1764	6・2	後桜町	家治	重賢	4代勘兵衛	この年、米良茂十郎（のちの5代）生まれる〔「米良家先祖附写」家督相続年齢より推定〕。

明和3	丙戌	1766		後桜町	家治	重賢	4代勘兵衛	2月10日、米良勘兵衛弟左源次（27歳）、下益城岩下村で不届者を討ち果たす手討事件を起こす。翌11日、勘兵衛が奉行所へ届け出るもお咎めなしの沙汰となる〔手討達之扣〕。 8月、米良勘兵衛、八代城附を命ぜられる〔米良家先祖附写〕。
5	戊子	1768		後桜町	家治	重賢	4代勘兵衛	この年、米良実俊（のちの6代）生まれる〔「米良家先祖附写」隠居・死亡年齢より推定〕。
6	己丑	1769		後桜町	家治	重賢	4代勘兵衛	2月1日、細川重賢、米良勘兵衛に対して二百石（肥後国飽田・益城・玉名三郡の内において二百石）の御書出（領地判物）を発給する〔重賢公御書出扣〕。
8	辛卯	1771		後桃園	家治	重賢	4代勘兵衛	5月25日、米良実高子敦平没す。法名「本源自性童子」〔米良家法名抜書、宗岳寺過去帳〕。 6月25日、米良実高妻（実専女）没す。法名「清浄院心蓮普香大姉」〔米良家法名抜書〕。
安永2	癸巳	1773		後桃園	家治	重賢	4代勘兵衛	この年、米良実俊妻志保（勘兵衛女）生まれる〔「米良家法名抜書」死亡年齢より推定〕。
8	己亥	1779		後桃園 光格	家治	重賢	4代勘兵衛 5代茂十郎	12月、米良勘兵衛隠居（46歳）し、養子茂十郎（5代、16歳）相続し八代御番頭の支配となる〔米良家先祖附写〕。 この年、友岡山三郎母（米良家一族）、法名「清安院夏月妙省大姉」生まれる〔「米良家法名抜書」死亡年齢より推定〕。
9	庚子	1780		光格	家治	重賢	5代茂十郎	1月11日、米良茂十郎、八代城の御城附を命ぜられる〔米良家先祖附写〕。 5月24日、米良実高（藤原実高）没す。法名「香林院瑞翁怡泉居士」〔米良家法名抜書、宗岳寺過去帳〕。
天明2	壬寅	1782		光格	家治	重賢	5代茂十郎	10月10日、一族の米良七兵衛嫡子勘吾没す（16歳）。墓は甲佐手永辺場村にあり。法名「涼月宗清童子」〔米良家法名抜書、宗岳寺過去帳〕。
3	癸卯	1783		光格	家治	重賢	5代茂十郎	10月16日、米良勘兵衛後妻八木田勝助伯母没す（先妻は奥村方より嫁すが、病気により離縁）。法名「清寿院普恩慈了大姉」〔米良家法名抜書〕。

天明5	乙巳	1785		光格	家治	重賢 治年	5代茂十郎	10月26日、細川重賢死去〔寛政重修諸家譜〕。 12月12日、細川治年、重賢の遺領を継ぐ〔寛政重修諸家譜〕。
6	丙午	1786		光格	家治	治年	5代茂十郎 6代実俊	6月28日、米良茂十郎、知行返上を親類を通して願い出て許される〔米良家先祖附写〕。 8月25日、将軍家治死去（発喪は9月8日）。 9月、米良茂十郎隠居し、先代勘兵衛に五人扶持が与えられる〔米良家先祖附写〕。 10月16日、米良勘兵衛病死（53歳）。法名「本清院霜屋真了居士」〔米良家先祖附写、米良家法名抜書、宗岳寺過去帳〕。 11月、米良実俊（6代、勘兵衛甥）、養父勘兵衛に下されていた扶持を賜り、御留守居御中小姓に召し出される〔米良家先祖附写〕。
7	丁未	1787		光格	家斉	治年 斉茲	6代実俊	4月15日、家斉、将軍となる。 9月16日、細川治年死去〔寛政重修諸家譜〕。 9月19日、治年養子斉茲、遺領を継ぐ〔寛政重修諸家譜〕。
寛政3	辛亥	1791		光格	家斉	斉茲	6代実俊	この年、米良実俊嫡子（四助）亀之進（のちの7代）生まれる〔「米良家先祖附写」家督相続・隠居年齢より推定〕。
9	丁巳	1797		光格	家斉	斉茲	6代実俊	10月、米良実俊、御穿鑿役を命ぜられる〔米良家先祖附写〕。
10	戊午	1798		光格	家斉	斉茲	6代実俊	1月22日、米良勘兵衛弟（実高次男）左五之丞没す（63歳）。法名「俊良院清雲玄英居士」（「宗岳寺天年和尚俊良院贈」とある）〔米良家法名抜書、宗岳寺過去帳〕。 5月9日、米良茂十郎死去ヵ（「米良家法名抜書、宗岳寺過去帳」にある大林院椿翁宗寿居士ヵ）〔米良家法名抜書〕、35歳（「米良家先祖附写」家督相続年齢より推定）。
12	庚申	1800		光格	家斉	斉茲	6代実俊	4月29日、友岡山三郎母（米良家一族）没す（22歳）。法名「清安院夏月妙省大姉」〔米良家法名抜書〕。
享和2	壬戌	1802		光格	家斉	斉茲	6代実俊	5月、米良実俊、御穿鑿本役を命ぜられ、足給として十五石を拝領す〔米良家先祖附写〕。

享和3	癸亥	1803		光格	家斉	斉茲	6代実俊	2月、米良実高五男道家左八郎没す（57歳）〔道家家先祖附〕。 3月、米良実俊嫡子亀之進、句読習書出精につき、藩主より金子二百疋を下さる旨を講堂において申し渡される〔米良家先祖附写〕。
文化4	丁卯	1807		光格	家斉	斉茲	6代実俊	12月、米良実俊、精勤につき今まで下されていた足給に加え合力米を拝領し、さらに五石の足給を賜る〔米良家先祖附写〕。
5	戊辰	1808		光格	家斉	斉茲	6代実俊	9月、米良実俊嫡子亀之進、藩主斉茲に御目見得す〔米良家先祖附写〕。 10月21日、米良実高四男権之助（斎藤芝山）没す（66歳）。墓所、蓮政寺（熊本市手取）〔肥後先哲偉蹟〕。
7	庚午	1810		光格	家斉	斉茲 斉樹	6代実俊	11月10日、細川斉茲隠居し、斉樹が継ぐ〔熊本藩年表稿〕。
9	壬申	1812		光格	家斉	斉樹	6代実俊	5月、米良実俊、精勤につき擬作高百石を賜り、知行格となる〔米良家先祖附写〕。 9月、米良実俊、小国・久住郡代を命ぜられる〔米良家先祖附写〕。
10	癸酉	1813		光格	家斉	斉樹	6代実俊	6月16日、米良実高三男源治（左源次）没す（74歳）。法名「覚林院悟峯良水居士」。「終身家にあり。おおよそ病臥三年」とある〔米良家法名抜書、宗岳寺過去帳〕。 6月、西本願寺、宗意調につき肥後国に使僧派遣す。米良実俊、これに尽力した功により、藩主より御紋付帷子一を拝領す〔米良家先祖附写〕。
12	乙亥	1815		光格	家斉	斉樹	6代実俊	2月、米良実俊、御囲籾一件並びに久住町火災の諸役作事、北里手永湯田村・公料津江若林村境論に尽力した功により、藩主より小袖一、銀五枚を拝領す〔米良家先祖附写〕。 3月24日、米良左五之丞妻公や（的場氏、実俊母）没す（69歳、「的場半之丞方より嫁す」）。法名「清竜院浄雲智水大姉」〔米良家法名抜書、宗岳寺過去帳〕。
13	丙子	1816		光格	家斉	斉樹	6代実俊	7月、米良実俊、八代御郡代に所替えとなる〔米良家先祖附写〕。
14	丁丑	1817		光格 仁孝	家斉	斉樹	6代実俊	8月、米良実俊、御郡代定役となる〔米良家先祖附写〕。 11月4日、米良実俊嫡子亀之進次女胤早世す。法名「水泡童女」〔米良

								家法名抜書、宗岳寺過去帳〕。
文化15 文政1	戊寅	1818	4・22	仁孝	家斉	斉樹	6代実俊	6月、米良実俊嫡子亀之進、犬追物等芸術出精を賞詞される〔米良家先祖附写〕。 8月、米良実俊、小国・久住阿蘇山変動による災害凶作に対して救恤に尽力した功により藩主より帷子一を拝領す〔米良家先祖附写〕。 10月16日、米良実俊、4代米良勘兵衛三十三回忌に石灯籠を奉献する。石灯籠に、初代勘助元亀（長徳院）と4代勘兵衛（本清院）の刻字あり〔岳林寺管理墓地奉献石灯籠〕。
2	己卯	1819		仁孝	家斉	斉樹	6代実俊	この年、米良亀之進嫡子新五良生まれる〔「米良家法名抜書」死亡年齢より推定〕。
3	庚辰	1820		仁孝	家斉	斉樹	6代実俊	3月、これより先、熊本藩日光修復を命ぜられる。米良実俊、日光修復御用銀を滞りなく徴収した功により藩主より御紋付の裃一具を拝領す〔米良家先祖附写〕。
4	辛巳	1821		仁孝	家斉	斉樹	6代実俊	2月、米良実俊、本山御作事に際して人夫出に尽力したことが藩主の耳に達した旨を申し渡される〔米良家先祖附写〕。 10月12～13日、米良実俊、細川斉茲の七百町新地巡覧に同行〔鏡地方における干拓のあゆみ〕。
5	壬午	1822		仁孝	家斉	斉樹	6代実俊	9月24日、米良実俊、七百町新地貝洲加藤神社を勧請して「新地堅固、国土安全、五穀成就」の祈禱と音楽の奏上などがあり、「米良郡代は藩主に代わって拝礼をする」〔鏡地方における干拓のあゆみ〕。
6	癸未	1823		仁孝	家斉	斉樹	6代実俊	10月17日、米良実俊、八代大牟田新地御築立一件につき尽力し、かつこれまでの功により擬作高百石（肥後国合志郡の内富納村および益城郡の内梅木村において百石）を地面に直される〔米良家先祖附写、斉護公御書出扣〕。 11月、米良実俊嫡子亀之進、剣術・射術出精の段を講堂において賞される〔米良家先祖附写〕。
7	甲申	1824		仁孝	家斉	斉樹	6代実俊	閏8月10～11日、米良実俊、藩主斉樹の八代郡の七百町新地巡覧に同行

〔鏡地方における干拓のあゆみ〕。

文政8	乙酉	1825		仁孝	家斉	斉樹	6代実俊	2月、米良実俊、飽田・詫摩御郡代に所替えとなり、上益城助勤兼帯を命ぜられる〔米良家先祖附写〕。7月3日、米良実俊、七百町新地御築立一件につき尽力した功により、五十石（肥後国玉名郡の内柿原村において五十石）加増される〔米良家先祖附写、斉護公御書出扣〕。
9	丙戌	1826		仁孝	家斉	斉樹 斉護	6代実俊 7代亀之進	2月12日、細川斉樹死去〔熊本藩年表稿〕。3月29日、斉樹養子斉護、遺領を継ぐ〔熊本藩年表稿〕。5月、米良実俊、病につき願いの通り役儀御免。御番方となり須佐美権之允（一一〇〇石）組に加えられる。また、多年の精勤を賞せられ藩主より御紋付帷子一を拝領す〔米良家先祖附写〕。10月21日、米良実俊、病気につき隠居（59歳）し、亀之進（7代）が相続する（36歳）。亀之進は御番方横山藤左衛門（一三五六石一斗五升）組に配属される〔米良家先祖附写、斉護公御書出扣〕。11月25日、細川斉護、米良亀之進に対して一五〇石の御書出（領知判物）を発給す〔斉護公御書出扣〕。この年、米良（勘助）四助実明（のちの9代）生まれる（「米良家先祖附写」家督相続・死亡年齢より推定）。
11	戊子	1828		仁孝	家斉	斉護	7代亀之進	7月4日、米良実俊没す（61歳）。法名「良忠院温山義恭居士」。墓所、宗岳寺〔米良家法名抜書、宗岳寺過去帳〕。
12	己丑	1829		仁孝	家斉	斉護	7代亀之進	7月10日、米良実俊妻志保（勘兵衛女）没す（57歳）。法名「桂月院円空慈照大姉」〔米良家法名抜書、宗岳寺過去帳〕。
天保4	癸巳	1833		仁孝	家斉	斉護	7代亀之進	5月29日、米良亀之進嫡子新五良没す（15歳）。法名「孝外院智友童子」。墓所、宗岳寺〔米良家法名抜書、宗岳寺過去帳〕。
7	丙申	1836		仁孝	家斉	斉護	7代亀之進	1月、米良亀之進子勘助（のちの8代）、大塚庄八（一五〇石。居合・小具足・兵法）門弟となる〔米良家先祖附写〕。6月16日、米良亀之進妻（岡田相雪女）没す。法名「夏月院清屋智光大姉」〔米良家法名抜書、宗岳寺過去帳〕。

天保8	丁酉	1837		仁孝	家斉 家慶	斉護	7代亀之進	4月2日、将軍家斉隠居。 9月2日、家慶、将軍となる。
11	庚子	1840		仁孝	家慶	斉護	7代亀之進	9月、米良亀之進子勘助、水足五次郎（百石。槍術）門弟となる〔米良家先祖附写〕。
弘化3	丙午	1846		仁孝 孝明	家慶	斉護	7代亀之進	10月、米良亀之進子勘助（のちの9代）、藩主斉護に初めて御目見得す。居合・小具足・兵法数年出精により、藩主より賞せらる〔米良家先祖附写〕。
嘉永2	己酉	1849		孝明	家慶	斉護	7代亀之進 8代実明	5月、米良亀之進、病気のため59歳にて隠居し、子勘助（8代、のち通称を四助と改名）が相続す（24歳）。勘助は御番方宮村平馬（一二〇〇石）組に配属される〔米良家先祖附写〕。
3	庚戌	1850		孝明	家慶	斉護	8代実明	4月15日、米良勘助（実明）、中村庄右衛門（恕斎）二番組へ組入。「嶋崎在宅米良勘助」とある〔肥後中村恕斎日録 第二巻 自弘化二年至明治三年〕。
6	癸丑	1853		孝明	家慶 家定	斉護	8代実明	6月22日、将軍家慶死去（発喪は7月22日）。 11月23日、家定、将軍となる。
安政3	丙辰	1856		孝明	家定	斉護	8代実明	この年、米良勘助長男亀雄実光（のちの10代）生まれる〔『神風連実記』などの死亡年齢より推定〕。
5	戊午	1858		孝明	家定 家茂	斉護	8代実明	2月、米良勘助弟市右衛門（のちの9代、のちに通称の市右衛門を左七郎に改名）、大塚庄八より居合目録を相伝す〔米良家先祖附写〕。 7月6日、将軍家定死去（発喪は8月8日）。 12月1日、家茂、将軍となる。
6	己未	1859		孝明	家茂	斉護	8代実明	11月2日、米良亀之進没す（69歳）。法名「西渓院秀巌孤泉居士」〔米良家法名抜書、宗岳寺過去帳〕。墓所、岳林寺管理墓地（島崎・小山田霊園）〔米良亀之進墓碑〕。
7 万延1	庚申	1860	3・18	孝明	家茂	斉護 慶順	8代実明	4月17日、細川斉護死去〔熊本藩年表稿〕。 7月12日、慶順、斉護の遺領を継ぐ。〔熊本藩年表稿〕。
2	辛酉	1861	2・19	孝明	家茂	慶順	8代実明	3月1日、米良勘助、嶋田四郎右衛門（一一〇〇石）組御番方三番組に

文久1								配属される〔「御侍帳　万延二年三月朔日」〕〔熊本藩侍帳集成〕。 3月、米良勘助弟市右衛門（左七郎）、江口弥左衛門より体術目録を相伝す〔米良家先祖附写〕。
2	壬戌	1862		孝明	家茂	慶順	8代実明	3月、米良勘助、相州詰となる。弟市右衛門、差添として付く〔米良家先祖附写〕。 3月、米良勘助弟市右衛門、大塚又助（一五〇石）より槍術目録を、水足兵九郎（百石）より兵法目録を相伝す〔米良家先祖附写〕。 8月、米良勘助、熊本へ帰国す〔米良家先祖附写〕。 12月、米良勘助弟市右衛門、相州御備場内での学問・剣術・居合・槍術出精を賞せられ、藩主より白銀三枚拝領す〔米良家先祖附写〕。
4 元治1	甲子	1864	2・20	孝明	家茂	慶順	8代実明	7月、米良勘助、組並として出京を命ぜられ上京の船中、備前牛窓湊より引き返す〔米良家先祖附写〕。 8月、米良勘助、熊本に帰着〔米良家先祖附写〕。 10月20日、米良勘助次男四郎次（亀雄弟）先妻ツル出生（熊本県詫摩郡本庄村、父鳥井繁蔵・母ヤヱの三女）〔米良四郎次北海道・浦河町除籍謄本〕。 11月、米良勘助、小倉に出張す〔米良家先祖附写〕。第一次長州征討への出兵。
2 慶応1	乙丑	1865	4・8	孝明	家茂	慶順	8代実明	1月、米良勘助、小倉より帰国す〔米良家先祖附写〕。 10月、米良勘助弟市右衛門、体術・槍術・居合・兵法数年出精につき講堂において藩主より賞詞される〔米良家先祖附写〕。
2	丙寅	1866		孝明	家茂 慶喜	慶順	8代実明	5月19日、米良勘助次男四郎次（のちの12代）出生（母キト）〔米良四郎次除籍謄本〕。 6月、米良勘助、小倉へ出張す〔米良家先祖附写〕。第二次長州征討への出兵。 7月20日、将軍家茂死去（発喪は8月20日）。 8月20日、米良亀之進後妻水野氏没す。法名「真月院貞誉智光大姉」〔米良家法名抜書、宗岳寺過去帳〕。岳林寺管理墓地米良亀之進墓碑に

								「（正面）米良君亀之進墓　孺人水野氏祔　（裏面）孺人慶応二年八月二十日没」とある〔岳林寺管理墓地墓碑銘〕。 8月、米良勘助、小倉より帰国す〔米良家先祖附写〕。 9月、米良勘助弟市右衛門、先の小倉戦争（第二次長州征討）の折、延命寺赤坂鳥越へ応援のため出陣したところ、苦戦に及び陣払いの仕方良きにつき御紋付裃一具を拝領す〔米良家先祖附写〕。「米良家先祖附写」の明治2年9月の記載は、正しくは慶応2年9月。 12月5日、慶喜、将軍となる。
慶応3	丁卯	1867		孝明 明治	慶喜	慶順	8代実明	11月、米良勘助、組並として出京す〔米良家先祖附写〕。10月14日の大政奉還を受けての京都への出兵。在京中の12月9日に王政復古の大号令。 12月12日、慶喜、将軍職を辞す。
4 明治1	戊辰	1868	9・8	明治		慶順韶邦と改名	8代実明	6月、米良勘助、熊本へ帰国〔米良家先祖附写〕。 7月、米良勘助弟市右衛門、父母生存中の看病等孝行、兄弟たちへの手厚き仕方につき、藩主より御紋付裃一具を拝領す〔米良家先祖附写〕。 11月、米良勘助、足軽十三番隊副士となる〔米良家先祖附写〕。
2	己巳	1869		明治		韶邦	8代実明	2月、米良勘助、東京詰として上京す〔米良家先祖附写〕。 7月、米良勘助、勤務多年にわたり懈怠なきを賞せられ、藩主より御紋付裃一具を与える旨、東京において申し渡される〔米良家先祖附写〕。 8月、米良勘助、熊本へ帰国〔米良家先祖附写〕。同月、米良勘助、足軽十三番隊副士御免〔米良家先祖附写〕。 10月、米良勘助、四助と改名す〔米良家先祖附写〕。 11月、米良四助（実明）、重士となり四番隊に配属せらる〔米良家先祖附写〕。
3	庚午	1870		明治		韶邦 護久	8代実明 9代左七郎	3月、米良四助、病気につき留守隊に召し加えられる〔米良家先祖附写〕。 4月5日、米良四助病死す（45歳）。法名「泉渓院悟菴実明居士」〔米良家先祖附写、米良家法名抜書、宗岳寺過去帳〕。墓所、岳林寺管理墓地（島崎・小山田霊園）破損墓と推定。

年	干支	西暦		年号		藩主	当主	事項
								5月8日、細川韶邦隠居し、護久が継ぐ〔熊本藩年表稿〕。6月、米良市右衛門（9代）、兄四助の遺跡を相続し、六番隊重士となる〔米良家先祖附写〕。7月、米良市右衛門、左七郎と改名す〔米良家先祖附写、有禄士族基本帳〕。10月27日、米良左七郎（市右衛門）、予備兵第二小隊に編入される〔有禄士族基本帳〕。
明治4	辛未	1871		明治		護久	9代左七郎	1月、米良左七郎、予備兵第二小隊として豊後国別府へ出張す〔有禄士族基本帳〕。3月15日、予備兵第二小隊米良左七郎、別府より帰着〔有禄士族基本帳〕。7月、廃藩置県。9月、予備兵第二小隊、解隊す〔有禄士族基本帳〕。
5	壬申	1872		明治			9代左七郎	9月10日、米良四助（8代）三男米良毎雄早世す。法名「露幻禅童子」〔米良家法名抜書〕。岳林寺管理墓地墓碑に「（正面）米良毎雄墓　明治五年申九月十日　（裏面）米良実明三男」とある〔岳林寺管理墓地墓碑銘〕。
7	甲戌	1874		明治			9代左七郎	2月10日、米良左七郎、改正禄高等調を県令へ提出（元高知行一五〇石、改正高二十八石七斗。居所第四大区四小区島崎村三一五番宅地とあり）〔有禄士族基本帳〕。
9	丙子	1876		明治			9代左七郎 10代実光	8月20日、米良左七郎隠居。養子（実は甥）亀雄（10代）が相続する〔有禄士族基本帳〕。10月24日、太田黒伴雄・加屋霽堅ら、熊本鎮台を襲う（神風連の乱）。米良亀雄、熊本鎮台歩兵営襲撃に参加するも負傷す。10月25日、米良亀雄、岩間小十郎宅において同志とともに自刃す（21歳。「有禄士族基本帳」では26日）。法名「大雄院守節義光居士」〔米良家法名抜書、宗岳寺過去帳〕。墓所、本妙寺常題目〔神風連実記、平成肥後国誌〕とあるが、岳林寺管理墓地に墓碑確認〔岳林寺管理墓地墓碑銘〕。

和暦	干支	西暦		時代			当主	事項
明治10	丁丑	1877		明治			10代実光 11代四郎次	5月8日、米良左七郎戦死。法名「儀俊院達道宗意居士」〔米良家法名抜書、宗岳寺過去帳〕。 6月1日、茸山の戦闘。米良佐(左)七戦死す〔丁丑感旧録〕。 6月18日、岳林寺左七郎墓碑に「明治十年六月十八日於鹿児島県下薩摩国伊佐郡高隈山戦死」とある〔岳林寺管理墓地墓碑銘〕。 6月17~20日、米良左七郎、高隅(熊)山(鹿児島県大口市)の戦闘(西南戦争の一戦)で戦死す〔戦袍日記〕。米良左七郎墓所、本妙寺常題目〔平成肥後国誌〕とあるが、岳林寺管理墓地に墓碑確認。 11月3日、米良亀雄弟四郎次、相続戸主となる。戸主となりたる原因不詳〔米良四郎次除籍簿〕。 11月19日、米良亀雄弟四郎次(11代)、亀雄の遺跡を相続する(12歳)〔有禄士族基本帳〕。
12	己卯	1879		明治			11代四郎次	旧4月19日、米良四助(8代)妻キト(片山喜三郎妹)没す。法名「寿仙院彭屋妙算大姉」〔米良家法名抜書、宗岳寺過去帳〕。
17	甲申	1884		明治			11代四郎次	2月29日、米良四郎次(19歳)、鳥井ツル(21歳、熊本県詫摩郡本庄村、父鳥井繁蔵・母ヤヱの三女)と婚姻届出、同受付入籍〔米良四郎次除籍謄本〕。
19	丙戌	1886		明治			11代四郎次	4月27日、米良四郎次後妻チナ出生。チナの母佐山ユキ死亡〔佐山チナ北海道幌泉郡歌別村除籍謄本、米良四郎次除籍謄本〕。 7月14日、米良四郎次長男義陽出生(母ツル)〔米良四郎次除籍謄本〕。
22	己丑	1889		明治			11代四郎次	2月13日、米良四郎次長女栄女出生(母ツル)〔米良四郎次除籍謄本〕。 7月14日、米良四郎次(24歳)、屯田兵に召募し御用船相模丸に乗船し、北海道小樽港手宮埠頭に上陸。翌15日篠路兵村入村(所属、第一大隊第四中隊)〔屯田兵〕。 9月24日、米良四郎次、熊本県飽田郡島崎村二二二番地より札幌郡琴似村大字篠路村字村兵村六五番地へ転籍〔米良四郎次除籍謄本〕。
23	庚寅	1890		明治			11代四郎次	1月8日、春道院(不詳者であるが、10代米良左七郎の妻と推定)死

								亡。法名「春道院自性妙心大姉」〔米良周策家過去帳〕。
明治24	辛卯	1891		明治			11代四郎次	1月17日、米良四郎次次女照出生（母ツル）〔米良四郎次除籍謄本〕。
31	戊戌	1898		明治			11代四郎次	4月21日、米良四郎次長男義陽の妻まつ（父神沢長吉・母まゆの次女。青森県青森市大字蜆貝町四番地・戸主神沢長太郎妹）出生〔米良四郎次除籍謄本〕。
33	庚子	1900		明治			11代四郎次	3月30日、米良四郎次長女栄女、札幌郡篠路村字兵村五七番地・山田尋源との養子協議離縁届出受理（四郎次籍へ復籍）〔米良四郎次除籍謄本〕。
36	癸卯	1903		明治			11代四郎次	12月、米良四郎次長男義陽（18歳）、熊本市松永写真所にて写真撮影か？
38	乙巳	1905		明治			11代四郎次	3月3日、米良四郎次後妻佐山チナ、父田中清兵衛チナの出生届出および認知届出。チナ出生時、母の戸籍に入籍できなかったため、一家創立、戸主となる（父亡田中清兵衛・母亡佐山ユキ）〔佐山チナ除籍謄本〕。 5月5日、米良四郎次三女佐山ハル、北海道幌泉郡歌別村番外地で出生（母佐山チナ）。同居者米良四郎次5月13日届出、同日受付〔佐山チナ除籍謄本〕。
39	丙午	1906		明治			11代四郎次	9月30日、米良四郎次四女佐山ナツ、浦河郡浦河町大字浦河村番外地で出生（母佐山チナ）。チナ届出、10月9日浦河郡浦河町外三ケ村組合戸籍吏受付、同日送付、17日受付〔佐山チナ除籍謄本〕。
43	庚戌	1910		明治			11代四郎次	1月10日、米良四郎次五女佐山アキ、北海道浦河郡浦河町大字浦河村番外地で出生（母佐山チナ）。佐山チナ2月3日届出、同日受付〔佐山チナ除籍謄本〕。 7月29日、米良四郎次孫英男（照の子）出生（父〈空白〉）。浦河郡浦河町西舎村杵臼村組合戸籍吏受付、9月2日届書発送、9月5日受付〔米良四郎次除籍謄本〕。
44	辛亥	1911		明治			11代四郎次	3月13日、米良四郎次四男繁実（のちの12代）出生（母佐山チナ）〔米

								良四郎次除籍謄本〕。「出生事項及び認知事項知ルコト能ハザルニ付其記載省略」〔米良繁実除籍謄本〕。
明治45 大正1	壬子	1912	7・30	明治 大正			11代四郎次	4月17日、米良四郎次、札幌郡琴似村大字篠路村字兵村六五番地より北海道浦河郡浦河町大字浦河村番外地へ転籍〔米良四郎次除籍謄本〕。5月12日、米良四郎次孫美津（栄女の子）出生（父〈空白〉）。同日札幌区戸籍吏受付、同日届書発送、18日受付〔米良四郎次除籍謄本〕。
2	癸丑	1913		大正			11代四郎次	1月13日、米良四郎次六女佐山フユ、北海道浦河郡浦河町大字浦河村番外地で出生（母佐山チナ）。佐山チナ同月21日届出、同日浦河郡浦河町外二ケ村組合戸籍吏受付、同月23日受付〔佐山チナ除籍謄本〕。3月18日、米良四郎次四女ナツ、浦河郡浦河町大字浦河村番外地・戸主幾蔵弟浜崎清蔵と養子縁組届出、同日浦河郡浦河町外二ケ村組合戸籍吏受付、同月31日送付、同年4月1日受付除籍〔佐山チナ除籍謄本〕。
4	乙卯	1915		大正			11代四郎次	1月29日、米良四郎次孫美津（栄女の子）、栄女の夫佐藤政之丈認知届出、札幌区長受付、2月6日送付除籍〔米良四郎次除籍謄本〕。2月2日、米良四郎次長女栄女（27歳）、北海道札幌区北三条西一丁目二番地・佐藤政之丈と婚姻届出、札幌区長受付、同月8日送付除籍〔米良四郎次除籍謄本〕。7月6日、米良四郎次五男繁輔、浦河郡浦河町大字浦河番外地で出生（母佐山チナ）。父米良四郎次届出、同月12日受付入籍〔米良四郎次除籍謄本〕。
6	丁巳	1917		大正			11代四郎次	1月22日、米良四郎次次女照（27歳）、茨城県新治郡高浜町大字高浜八八九番地・戸主久保庭宗重の叔父・久保庭了造と婚姻届出および四郎次孫英男（照の子）の認知届出、高浜町長受付、同月27日送付除籍〔米良四郎次除籍謄本〕。12月4日、米良四郎次七女佐山スエ、北海道浦河郡浦河町大字浦河村五七番地で出生（母佐山チナ）。佐山チナ同月11日届出、同月20日送付、入籍〔佐山チナ除籍謄本〕。
7	戊午	1918		大正			11代四郎次	5月20日午前6時、米良四郎次七女佐山スエ、北海道浦河郡浦河町大字

								浦河村五二番地で死亡。同居者米良四郎次届出、同日受付、同月25日送付〔佐山チナ除籍謄本〕。法名「卒艶妙風孩女」〔米良周策家過去帳〕。
大正9	庚申	1920		大正			11代四郎次	11月5日、米良四郎次八女キク、北海道浦河郡浦河町大字向別村番外地で出生（母佐山チナ）。佐山チナ届出、同月16日受付、大正10年1月10日送付、入籍〔佐山チナ除籍謄本〕。
11	壬戌	1922		大正			11代四郎次	8月30日、米良四郎次孫芳（栄女の三女）出生（父佐藤政之丈、養父米良義陽・養母まつ）〔米良四郎次除籍謄本〕。
13	甲子	1924		大正			11代四郎次	3月8日、米良四郎次六男周策（のちの13代）、浦河郡浦河町大字浦河村番外地で出生（母佐山チナ）。父米良四郎次届出、同月29日受付入籍〔米良四郎次除籍謄本〕。
14	乙丑	1925		大正			11代四郎次	2月15日午前9時、米良四郎次先妻ツル、札幌市北三条西一丁目二番地で死亡（62歳）。長男米良義陽届出、同月16日札幌市長受付、同月19日送付〔米良四郎次除籍謄本〕。
								9月15日、米良四郎次長男義陽（40歳）、神沢まつ（父神沢長吉・母まゆの次女。青森県青森市大字蜆貝町四番地・戸主神沢長太郎妹）と婚姻届出、同日受付入籍〔米良四郎次除籍謄本〕。
昭和2	丁卯	1927		昭和			11代四郎次	7月29日、米良四郎次次女照、久保庭了造と協議離婚届出、高浜町長受付、同年8月2日送付、米良四郎次籍に復籍〔米良四郎次除籍謄本〕。
3	戊辰	1928		昭和			11代四郎次	2月25日、米良四郎次次女照（38歳）、東京市本所区柳島梅森町二六番地・戸主栗崎近之助と婚姻届出、本所区長受付、同年3月1日送付除籍〔米良四郎次除籍謄本〕。
								5月21日、米良四郎次（63歳）、佐山チナ（43歳）と婚姻届出、同日入籍。佐山チナ、幌泉郡幌泉村大字歌別村番外地戸主廃家（5月31日）。米良四郎次四男繁実（18歳）、五男繁輔（14歳）、六男周策（5歳）、父四郎次・母チナ婚姻により嫡出子となる。佐山チナの子、米良四郎次三女ハル（23歳）、五女アキ（19歳）、六女フユ（16歳）、八女キク（9歳）、米良四郎次認知届出により嫡出子となる〔佐山チナ除籍謄本、米

								良四郎次除籍謄本、米良繁実除籍謄本〕。 8月29日、米良四郎次三女ハル、千葉県千葉市千葉五七五番地・戸主中尾真三郎の長男静夫と婚姻届出、同年9月2日幌泉村長受付、同月28日入籍通知により除籍〔米良四郎次除籍謄本〕。
昭和4	己巳	1929		昭和			11代四郎次	3月27日、米良四郎次孫芳（栄女の三女）、米良義陽・まつと養子縁組届出、美幌町長受付、同年4月9日送付入籍〔米良四郎次除籍謄本〕。
5	庚午	1930		昭和			11代四郎次	2月20日午後11時、米良四郎次長男義陽、北海道網走郡美幌町大字美幌村市街地東二条通南二丁目二〇番地で死亡（45歳）。米良四郎次届出、同日美幌町長受付、同月25日送付〔米良四郎次除籍謄本〕。 9月26日、米良四郎次孫芳（栄女の三女）、養母米良まつと協議離縁届出、札幌市長受付、同月30日送付〔米良四郎次除籍謄本〕。
6	辛未	1931		昭和			11代四郎次	10月26日、米良四郎次五女アキ（22歳）、北海道有珠郡壮瞥村字滝之町二五五番地・戸主三橋嘉朗と婚姻届出、壮瞥村長受付、同月31日送付除籍〔米良四郎次除籍謄本、三橋嘉朗除籍謄本〕。 11月13日、米良四郎次長男義陽の妻まつ、青森市大字蜆貝町四番地・戸主神沢長太郎の家籍に入籍届出〔米良四郎次除籍謄本〕。 12月1日、米良四郎次四男繁実、徴兵検査により第一補充兵役へ編入〔米良繁実軍歴〕。
7	壬申	1932		昭和			11代四郎次	7月28日午前6時、米良四郎次五男繁輔、浦河町大字向別村番外地で事故死（18歳）。四郎次届出、同日受付〔四郎次除籍簿〕。法名「謙誉誠心清居士」〔米良周策家過去帳、米良家様似共同墓地墓碑銘（北海道・様似町所在）〕。菩提寺、天台宗等澍院（様似町）。 3月19日、米良四郎次六男周策の妻本田ツキ、様似郡様似村字冬島八二番地で出生（父本田巳三郎・母トミの長女）。父本田巳三郎届出、同月22日受付入籍〔米良周策北海道・浦河町除籍謄本〕。 12月29日、米良四郎次長男義陽の妻まつ、青森市大字蜆貝町四番地・戸主神沢長太郎の家籍に入籍届出により除籍〔米良四郎次除籍謄本〕。
8	癸酉	1933		米良			11代四郎次	6月28日午後3時、米良四郎次、本籍地北海道浦河郡浦河町大字浦河村

							12代繁実	番外地で病死（68歳）。米良繁実届出、同月29日受付〔米良四郎次除籍謄本〕。法名「頓誉良田儀忠居士」〔米良周策家過去帳、米良家様似共同墓地墓碑銘（北海道・様似町所在）〕。菩提寺、天台宗等澍院（様似町）。 6月29日、米良繁実（12代）、父四郎次の家督を相続（23歳）、四郎次戸籍消除〔米良四郎次除籍謄本〕。 8月9日、米良繁実弟周策後妻穴沢位世子、福島県郡山市で出生（父穴沢祐蔵・母キクエの四女）〔米良周策戸籍謄本〕。
昭和9	甲戌	1934		昭和			12代繁実	4月10日、米良四郎次六女フユ（22歳）、浦河郡浦河町大字向別村番外地・戸主佐々木務と婚姻届出、同日除籍〔米良繁実除籍謄本〕。
10	乙亥	1935		昭和			12代繁実	4月25日、戸主米良繁実、本籍地字名改正地番変更により「北海道浦河郡浦河町大字浦河村番外地」から「浦河郡浦河町常盤町二二番地」に更正〔米良繁実除籍謄本〕。
11	丙子	1936		昭和			12代繁実	9月30日、米良四郎次次女照、東京市本所区東駒形四丁目一四番地の一〇・戸主栗崎憲之助の母、戸主米良繁実の姉入籍届出、受付（米良繁実籍へ復籍）〔米良繁実除籍謄本〕。
16	辛巳	1941		昭和			12代繁実	12月8日、太平洋戦争勃発。
18	癸未	1943		昭和			12代繁実	5月23日、米良繁実、臨時召集のため第七師団歩兵第二十八聯隊補充隊（旭川）に応召。要塞建築勤務第九中隊に編入。二等兵（33歳、独身。北海道浦河町役場、色丹村〈現ロシア連邦占領実効支配〉役場を経、本別町役場に勤務のところ召集）〔米良繁実軍歴〕。 5月25日、米良繁実、樺太豊原到着（現在のロシア連邦サハリン州ユジノサハリンスク市）〔米良繁実軍歴〕。 12月1日、米良繁実弟周策（四郎次六男）、召集令状（19歳。当時、北海道様似郡様似町にて姉アキの夫・三橋嘉朗のもとでタクシーの運転手）。横須賀鎮守府に配属〔米良周策軍歴〕。
19	甲申	1944		昭和			12代繁実	1月10日、米良繁実、一等兵に進級〔米良繁実軍歴〕。 7月10日、米良繁実、上等兵に進級〔米良繁実軍歴〕。

年号	干支	西暦					代	事項
								9月25日、米良繁実弟周策、武山海兵団に入団、兼久里浜第二警備隊附、海軍二等水兵〔米良周策軍歴〕。 10月3日、米良繁実弟周策、横須賀海軍通信学校に入学〔米良周策軍歴〕。 11月3日、米良繁実妹キク（25歳）、浦河郡浦河町字西舎四一四番地・山本晃と婚姻届出、同日受付除籍〔米良繁実除籍謄本〕。 12月5日、米良繁実弟周策、海軍一等水兵に進級、第七十三期普通科電信術練習生〔米良周策軍歴〕。
昭和20	乙酉	1945		昭和			12代繁実	1月4日、米良繁実弟周策、第二相模野海軍航空隊入隊、第一一五期普通科飛行機整備術練習生〔米良周策軍歴〕。 1～8月の間（不詳）、米良繁実弟周策、静岡の第十六突撃隊（第十六嵐特別攻撃隊ともいい通称八田部隊と称した）に配属〔米良周策軍歴〕。 9月1日、米良繁実弟周策、海軍上等兵に進級、予備役編入〔米良周策軍歴〕。
21	丙戌	1946		昭和			12代繁実	2月21日、メイラ・シネミ（米良繁実）死亡。埋葬場所「第３４７５特別病院」〔平成7年ソ連邦抑留中死亡者名簿、ソ連邦抑留中死亡者資料に関するお知らせ〕。 2月21日、マイロ・ギエ（ヨ）ネマ（米良繁実）死亡。「ハバロフスク地方第二収容所ソフガワニ地区チシキノ居住区」〔平成3年ソ連邦抑留中死亡者名簿、ソ連邦抑留中死亡者資料に関するお知らせ〕。 2月21日午後4時（午前4時の記載もあり）、メイラ・シネマ（米良繁実）死亡。メイラ・シネマまたはメイラ・シェネミ（米良繁実）、死亡場所、第３４７５病院マスタヴァーヤ分院（2月11日より入院）。死因、第Ⅲ度栄養失調症およびクループ性両肺炎〔ソ連邦抑留中死亡者「個人資料」、ソ連邦抑留中死亡者資料に関するお知らせ〕。 3月6日、マイラ・シネミ（米良繁実）埋葬。ソフガワニ地区チシキノ居住区第３４７５病院マスタヴァーヤ分院の墓地（区画番号№４、墓碑番号№２９２）〔ソ連邦抑留中死亡者「個人資料」〕。

								3月7日午前10時、米良繁実、シベリア抑留先のソ連ムリー第一地区（現ロシア・ハバロフスク州）ポートワニ病院にて死亡（36歳）。北海道札幌地方世話所長報告〔米良繁実除籍謄本〕。伍長米良繁実、ソ連ムリー第一地区ポートワニ病院において栄養失調兼急性肺炎により戦病死。戦病死により二階級特進、伍長〔米良繁実軍歴〕。法名「至誠院実誉勇道居士」〔米良周策家過去帳、米良家様似共同墓地墓碑銘（北海道・様似町所在）〕。菩提寺、天台宗等澍院（様似町）。
昭和24	己丑	1949		昭和			12代繁実 13代周策	3月15日、米良繁実、北海道札幌地方世話所長の死亡報告により除籍〔米良繁実除籍謄本〕。米良周策（26歳）、家督相続（13代）。 11月2日午後2時、米良四郎次次女照、東京都北多摩郡狛江村和泉一六六七番地で死亡（59歳）。同居の親族久保庭武男届出、同月5日北多摩郡狛江村長受付、同月8日送付除籍〔米良繁実除籍謄本〕。
32	丁酉	1957		昭和			13代周策	1月26日、米良周策（34歳）、本田ツキ（父本田巳三郎・母トミの長女。様似郡様似村字冬島八二番地で出生）と婚姻届出。同日、浦河郡浦河町常盤町二二番地に新戸籍編製につき米良繁実戸籍より除籍〔米良繁実除籍謄本、米良周策除籍謄本〕（結婚は昭和28年）。 3月、米良周策長男優樹、様似郡様似町字様似三二一番地で出生（母ツキ）〔米良周策除籍謄本、米良周策戸籍謄本、米良優樹改製原戸籍謄本、米良優樹戸籍謄本〕。
33	戊戌	1958		昭和			13代周策	5月13日午前4時35分、米良四郎次後妻チナ、北海道様似郡様似町字様似四三五番地で死亡（73歳）。米良周策届出、同日同町長受付、同月30日送付除籍〔米良繁実除籍謄本〕。法名「清誉浄願善大姉」〔米良周策家過去帳、米良家様似共同墓地墓碑銘（北海道・様似町所在）〕。菩提寺、天台宗等澍院（様似町）。 5月30日、戸主米良繁実戸籍、全員除籍につき戸籍消除〔米良繁実除籍謄本〕。
34	己亥	1959		昭和			13代周策	5月、米良周策次男優二、様似郡様似町字様似四三五番地で出生（母ツキ）〔米良周策除籍謄本、米良周策戸籍謄本、米良優二戸籍謄本〕。

								11月7日、米良周策長男優樹の妻藤井麻美、札幌市で出生〔米良優樹改製原戸籍謄本〕。
昭和35	庚子	1960		昭和			13代周策	11月、米良周策次男優二の妻岡山恵美子、北海道留萌郡小平村で出生〔米良優二戸籍謄本〕。
38	癸卯	1963		昭和			13代周策	2月23日午前5時、米良四郎次五女アキ、様似郡様似町本町二丁目五八番地で病死（54歳）、夫三橋嘉朗届出〔三橋嘉朗様似郡様似町除籍謄本〕。法名「善乗徳照大姉」〔三橋英朗（アキ次男）家位牌、三橋家様似共同墓地墓碑銘（北海道・様似町所在）〕。菩提寺、天台宗等澍院（様似町）。
42	丁未	1967		昭和			13代周策	9月1日、米良周策、浦河郡浦河町常盤町二二番地より様似郡様似町潮見町九番地に転籍により本戸籍消除〔米良周策除籍謄本〕。
43	戊申	1968		昭和			13代周策	8月31日、米良繁実、勲八等叙勲〔総理府賞勲局　第１２７８４０７号〕。
44	己酉	1969		昭和			13代周策	12月19日午後9時、米良四郎次五女アキ夫三橋嘉朗（明治38年8月19日生）、様似郡様似町本町二丁目五八番地で病死（65歳）、次男三橋英朗届出〔三橋嘉朗除籍謄本〕。法名「一乗徳朗居士」〔三橋英朗家位牌、三橋家様似共同墓地墓碑銘（北海道・様似町所在）〕。菩提寺、天台宗等澍院（様似町）。
53	戊午	1978		昭和			13代周策	10月、米良周策孫（米良優樹長男）直人の妻東緩子出生。
59	甲子	1984		昭和			13代周策	5月、米良周策長男優樹（27歳）、藤井麻美と婚姻届出。札幌市北区に新戸籍編製〔米良周策戸籍謄本、米良優樹改製原戸籍謄本〕。
60	乙丑	1985		昭和			13代周策	11月、米良周策次男優二（26歳）、岡山恵美子と婚姻届出。札幌市豊平区に新戸籍編製〔米良周策戸籍謄本、米良優二戸籍謄本〕。
61	丙寅	1986		昭和			13代周策	5月、米良周策孫（米良優樹長女）涼香の夫千葉大気出生。 6月、米良周策孫涼香（優樹長女）、札幌市西区で出生（母麻美）〔米良優樹改製原戸籍謄本〕。

昭和	63	戊辰	1988		昭和			13代周策	9月、米良周策孫梓（優二長女）、札幌市豊平区で出生（母恵美子）〔米良優二戸籍謄本〕。
平成	64 1	己巳	1989	1・8	昭和 今上			13代周策	3月、米良周策孫直人（優樹長男）、札幌市西区で出生（母麻美）〔米良優樹改製原戸籍謄本〕。
	4	壬申	1992		今上			13代周策	2月28日、米良周策妻ツキ病死（60歳）。法名「浄月院梅誉良香大姉」〔米良周策家過去帳、米良家様似共同墓地墓碑銘（北海道・様似町所在）〕。菩提寺、天台宗等澍院（様似町）。 9月、米良周策孫健太郎（優二長男）、札幌市厚別区で出生（母恵美子）〔米良優二戸籍謄本〕。
	5	癸酉	1993		今上			13代周策	12月、米良周策（70歳）、穴沢位世子と婚姻届出〔米良周策戸籍謄本〕。
	6	甲戌	1994		今上			13代周策	9月、米良周策孫幸菜（優二次女）、札幌市厚別区で出生（母恵美子）〔米良優二戸籍謄本〕。
	9	丁丑	1997		今上			13代周策	3月、米良周策、穴沢位世子と協議離婚〔米良周策戸籍謄本〕。
	11	己卯	1999		今上			13代周策	1月、米良周策長男優樹、妻麻美と協議離婚〔米良優樹改製原戸籍謄本〕。 4月1日、米良周策、北海道様似郡様似町栄町二一二番地の七より、札幌市南区南三二条西一〇丁目四番三－三〇三号へ転出〔札幌市南区米良周策住民票〕。 10月1日、米良周策、札幌市南区南三二条西一〇丁目四番三－三〇三号より札幌市南区（現住所）へ転出〔札幌市南区米良周策住民票〕。
	13	辛巳	2001		今上			13代周策	3月3日、米良周策次男優二、本籍地を様似郡様似町潮見台九番地より札幌市清田区へ改製〔米良優二戸籍謄本〕。
	15	癸未	2003		今上			13代周策	3月1日、米良周策長男優樹、本籍地を札幌市北区に改製〔米良優樹戸籍謄本〕。
	16	甲申	2004		今上			13代周策	7月29日、米良四郎次八女キクの夫山本晃（大正7年6月6日生）、浦河郡浦河町で病死（87歳）。法名「天聖院釈瑞晃居士」。菩提寺、浄土真

								宗大谷派陽高山正信寺（浦河町）。墓所、浦河町営西舎共同墓地。
平成18	丙戌	2006		今上			13代周策	4月8日、佐藤誠氏により、米良家に初めて米良家系譜がもたらされる。
19	丁亥	2007		今上			13代周策	2月4日、米良四郎次五女アキの孫近藤健が、米良家として初めて堀部安兵衛従弟の後裔佐藤紘氏と東京で対面。
20	戊子	2008		今上			13代周策	8月30日、近藤健、平成19年9月に同人誌『随筆春秋』28号に発表していたエッセイ「介錯人の末裔」が、日本エッセイストクラブ編集『2008年版ベスト・エッセイ集』（文藝春秋刊）に収録、刊行される。このエッセイは、2代米良市右衛門の堀部弥兵衛介錯にまつわる話を、13代米良周策のエピソードを交えて綴ったもの。 9月6日、熊本（当時）の自衛官高久直広氏により、岳林寺管理墓地（島崎・小山田霊園）に米良家5墓碑発見。その後、熊本の史家眞藤國雄氏により測量調査が行われる。 9月30日、岳林寺住職工藤元峰氏により、米良周策・山本キクを施主として永代供養が執り行われる。
21	己丑	2009		今上			13代周策	2月14日、近藤健と堀部安兵衛従弟の後裔佐藤紘氏が、306年ぶりに東京高輪にある泉岳寺並びに熊本藩細川家下屋敷があった大石良雄外十六人忠烈の跡を訪れる。
22	庚寅	2010		今上			13代周策	2月7日、近藤健が、もりいくすお・佐藤誠氏の引き合わせにより、堀部安兵衛および不破数右衛門介錯人荒川十太夫（松山藩士）後裔池田元氏と、東京中野区の萬昌院功運寺で対面、同寺にある吉良上野介の墓前に参る。 11月19日、この日より21日まで、2泊で佐藤誠氏と熊本訪問。熊本の史家眞藤國雄氏のご案内により、米良家墓地および米良家ゆかりの地を訪ねる。
23	辛卯	2011		今上			13代周策	8月、米良周策孫（米良優樹長男）直人（23歳）、東緩子と婚姻届出。
24	壬辰	2012		今上			13代周策	12月、米良周策孫（米良優樹長女）涼香（26歳）、千葉大気と婚姻届出

								（結婚式は平成25年2月）。 12月、米良周策曾孫咲樹音（直人長女）、札幌市手稲区で出生（母緩子）。
平成25	発巳	2013		今上			13代周策	6月1日、四百年にわたる米良家の事跡を綴った『肥後藩参百石 米良家』（近藤健・佐藤誠共著）が上梓される。

米良家系譜

［佐藤 誠・近藤 健］

身 分：熊本藩士
家 紋：左三つ巴（「肥陽諸士鑑」より）
菩提寺：曹洞宗泰雲山宗岳寺（熊本市中央区上林町三―四六）

※横二重線は夫婦関係、縦二重線は養子関係を示す。また、夫婦の間に生まれた子であることが史料的に明確である場合のみ、夫婦間の二重線から線を引いた。

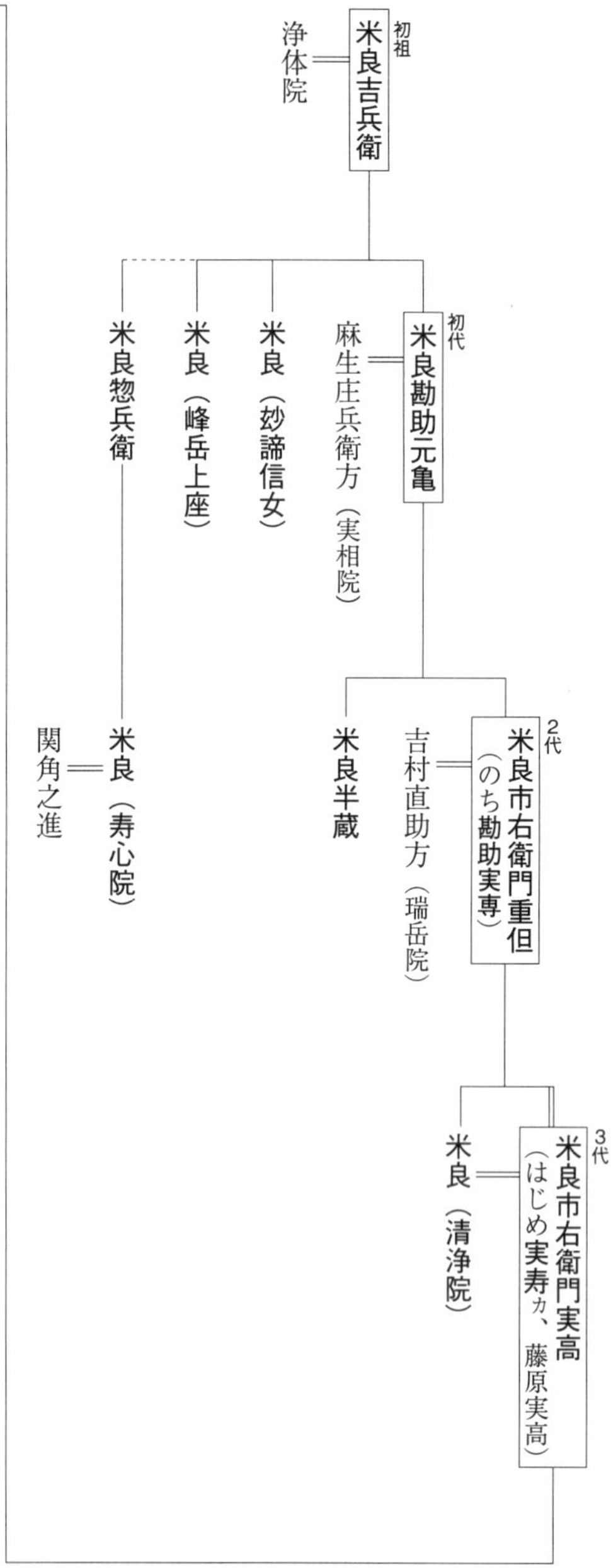

奥村方 ＝ 4代 米良勘兵衛 ＝ 八木田方（清寿院）

米良左五之丞 ＝ 的場公や

米良源治（左源次）

米良権之助
斎藤家へ養子（斎藤芝山）

米良左八良（郎カ）
道家家へ養子（道家左八郎）

米良敦平

5代 米良茂十郎

米良志保 ＝ 6代 米良四助実俊

岡田相雪方（夏月院）＝ 7代 米良四助（のち亀之進） ＝ 水野方（真月院）
四助以前に亀之丞と称していた可能性あり

米良シサ ＝ 余田八之丞

米良胤

米良新五良

8代 米良勘助（のち四助）実明 ＝ 片山キト
勘助以前に亀之丞と称していた可能性あり

9代 米良市右衛門（のち左七郎） ＝ 春道院カ

米良寿キ ＝ 神山語七

米良ウタ ＝ 成田源兵衛

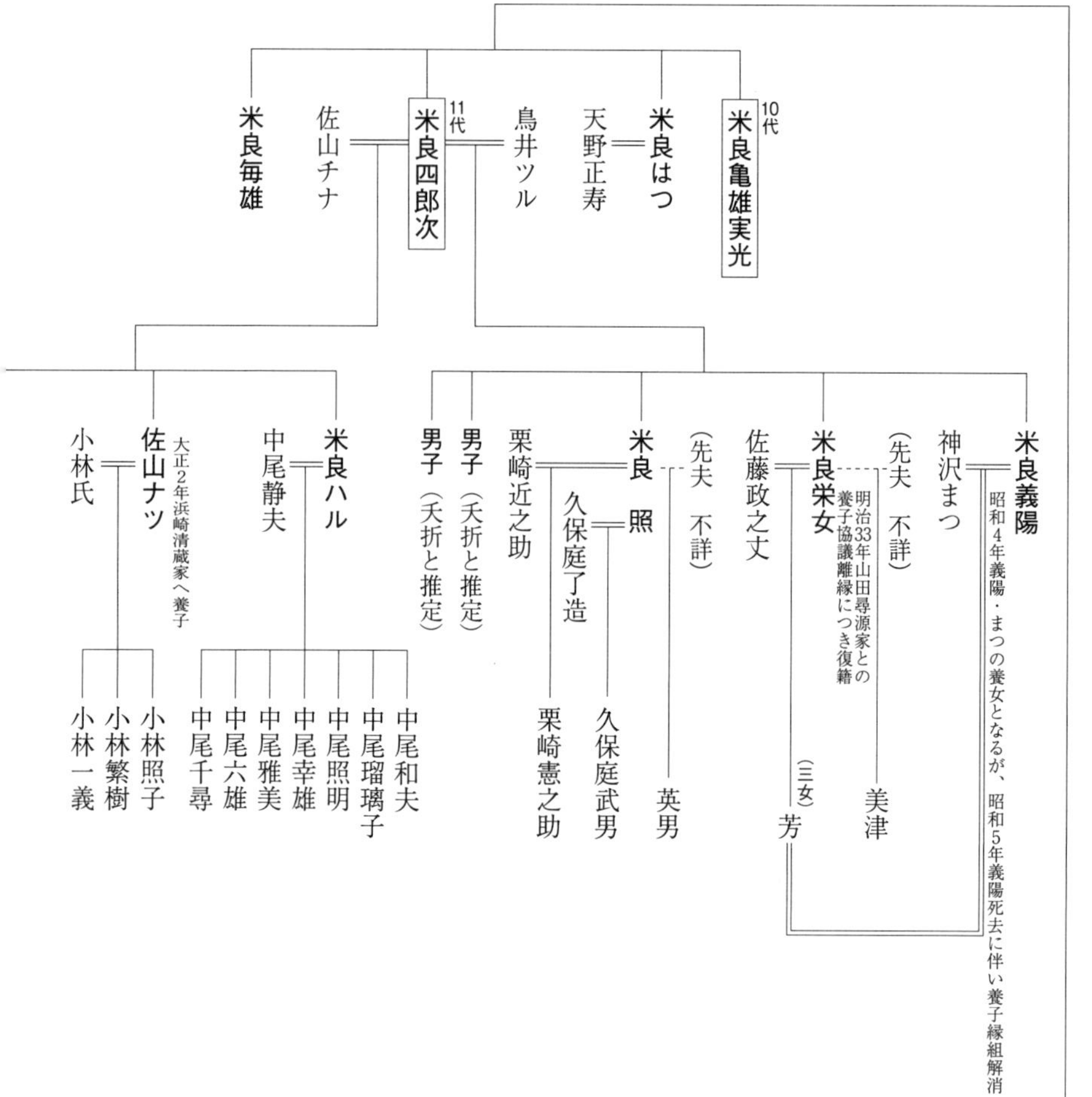

【不詳者】

①米良惣右衛門
②米良七兵衛
③米良勘吾（涼月宗清童子）
④清安院夏月玅賢大姉
⑤春道院自性妙心大姉

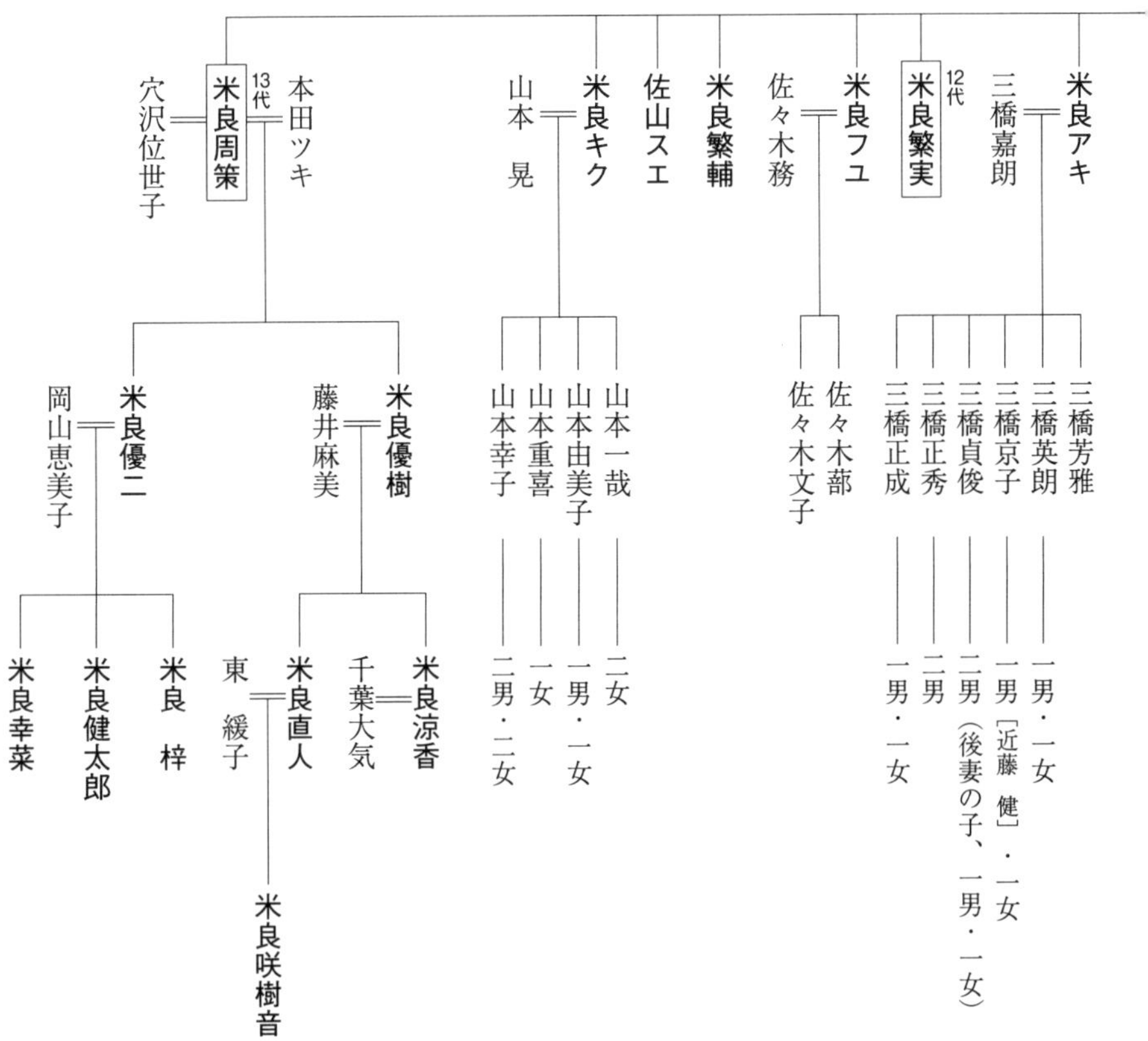
米良アキ
三橋嘉朗
三橋芳雅
三橋英朗　一男・一女
三橋京子　一男［近藤 健］・一女
三橋貞俊　二男（後妻の子、一男・一女）
三橋正秀　二男
三橋正成　一男・一女
12代 米良繁実
米良フユ
佐々木務
佐々木蔀
佐々木文子
米良繁輔
佐山スエ
米良キク
山本 晃
山本一哉　二女
山本由美子　一男・一女
山本重喜　一女
山本幸子　二男・二女
13代 米良周策
本田ツキ
穴沢位世子
米良優樹
藤井麻美
米良涼香
千葉大気
米良直人
東 緩子
米良咲樹音
米良優二
岡山恵美子
米良 梓
米良健太郎
米良幸菜

米良家歴代当主概略

［佐藤　誠・近藤　健］

（――は不詳）

代	名前	法名	生年	没年	備考
初祖	米良吉兵衛	別峯院殿椿翁堅松居士 椿翁堅松居士（宗岳寺過去帳）	――	寛永7（1630）9・22（米良家先祖附写） 寛文7（1667）9・22（米良家法名抜書）	
	妻	浄体院天誉妙光大姉	――	元禄10（1697）4・10	
	子　男子　米良勘助元亀				初代
	子　女子	妙諦信女	――	寛文13（1673）10・27	
	子　男子	峰岳上座	――	貞享2（1685）8・20	
	子　男子	嶺光院玉潤元水居士	――	正徳4（1714）7・28	一族の米良物兵衛カ
	子　長女	寿心院隆岸智清大姉	――	享保元（1716）11・18	夫＝関角之進
初代	米良勘助元亀	長徳院齢岳元亀居士	――	正徳5（1715）1・26	
	妻	実相院真如元性大姉 真如玄照大姉（宗岳寺過去帳）	――	宝永8（1711）1・23	麻生方 小笠原旧臣麻生庄兵衛女

	子　男子　米良市右衛門重但（のち勘助実専）				二代
	子　男子　米良半蔵	義石元仁居士	—	享保16（1731）8・4	
二代	米良市右衛門重但（のち勘助実専）	浄徳院殿要道宗賢居士	寛文2（1662）	享保20（1735）4・14（74歳）	
	妻	瑞岳院秋月涼江大姉	—	延享4（1747）9・16	吉村直助女
	養子　米良市右衛門実高（はじめ実寿カ、藤原実高）				三代
	子　女子				三代米良実高妻
三代	養子　米良市右衛門実高（はじめ実寿カ、藤原実高）	香林院瑞翁怡泉居士	—	安永9（1780）5・24	父河方安右衛門
	妻	清浄院心蓮普香大姉	—	明和8（1771）6・25	二代米良実専女
	子　長男　米良勘兵衛				四代
	子　男　米良左五之丞	俊良院清雲玄英居士 清雲玄英居士（宗岳寺過去帳）	享保21または元文元（1736）	寛政10（1798）1・22（63歳）	
	妻　的場公や	清竜院浄雲智水大姉	延享4（1747）	文化12（1815）3・24（69歳）	的場半之丞方

	子　米良四助実俊				六代
	子　三男　米良源治（左源次）	覚林院悟峯良水居士	元文5（1740）	文化10（1813）6・16（74歳）	
	子　四男　米良権之助	―	寛保3（1743）	文化5（1808）10・21（66歳）	斎藤権之助方へ養子（斎藤家六代、斎藤芝山）
	子　男　米良左八良（左八郎ヵ）	―	延享4（1747）	享和3（1803）2月（57歳）	道家方へ養子（道家家五代）
	子　男　米良敦平	本源自性童子	―	明和8（1771）5・25	
四代	米良勘兵衛	本清院霜屋真了居士	享保19（1734）	天明6（1786）10・16（53歳）	
	先妻	―	―	―	奥村方（病弱につき離縁）
	後妻	清寿院普恩慈了大姉	―	天明3（1783）10・16	八木田勝助伯母
	養子　男　米良茂十郎				五代
	子　女　米良志保（シヲ）				六代米良実俊妻
五代	養子　米良茂十郎	大林院椿翁宗寿居士ヵ	宝暦14または明和元（1764）	寛政10（1798）5・9（35歳）	
六代	米良四助実俊	良忠院温山義恭居士	明和5（1768）	文政11（1828）7・4（61歳）	
	妻　米良志保（シヲ）	桂月院円空慈照大姉	安永2（1773）	文政12（1829）7・10（57歳）	四代米良勘兵衛女

	子　嫡子　米良四助（のち亀之進）				七代
七代	米良四助（のち亀之進）	西渓院秀巌孤泉居士	寛政3（1791）	安政6（1859）11・2（69歳）	四助以前に亀之丞と称していた可能性あり
	先妻	夏月院清屋智光大姉	—	天保7（1836）6・16	岡田相雪女
	後妻	真月院貞誉智光大姉	—	慶応2（1866）8・20	水野氏長女
	子　長女　米良シサ	—	—	—	夫＝余田八之丞
	子　次女　米良胤	水泡童女	—	文化14（1817）11・4	
	子　嫡子　米良新五良	孝外院智友童子	文政2（1819）	天保4（1833）5・29（15歳）	
	子　次男　米良勘助（のち四助）実明				八代
	子　男　米良市右衛門（のち左七郎）				九代　＊以下の子は生年不詳につき、長幼の序列は確かではない。
	子　次女　米良寿キ	—	—	—	夫＝神山語七
	子　女　米良ウタ	—	—	—	夫＝成田源兵衛
八代	米良勘助（のち四助）実明	泉渓院悟菴実明居士	文政9（1826）	明治3（1870）4・5（45歳）	勘助以前に亀之丞と称していた可能性あり
	妻　片山キト	寿仙院彭屋妙算大姉	—	明治12（1879）旧4・19	片山喜三郎妹

	子　長男　米良亀雄実光				十代
	子　女　米良はつ	―	―	―	夫＝天野正寿
	子　次男　米良四郎次				十一代
	子　三男　米良毎雄	露幻禅童子	―	明治5（1872）9・10	
九代	米良市右衛門（のち左七郎）	儀俊院達道宗意居士	―	明治10（1877）6・18（岳林寺墓碑） 明治10・5・8（米良家法名抜書）	
	妻　春道院カ	春道院自性妙心大姉	―	明治23（1890）1・8	
十代	米良亀雄実光	大雄院守節義光居士	安政3（1856）	明治9（1876）10・25（21歳）	
十一代	米良四郎次	頓誉良田儀忠居士	慶応2（1866）5・19	昭和8（1933）6・28（68歳）	
	先妻　鳥井ツル	―	元治元（1864）10・20	大正14（1925）2・15（62歳）	父鳥井繁蔵・母ヤヱ（熊本県詫摩郡本庄村）三女
	後妻　佐山チナ	清誉浄願善大姉	明治19（1886）4・27	昭和33（1958）5・13（73歳）	父田中清兵衛・母佐山ユキ
	子　長男　米良義陽	―	明治19（1886）7・14	昭和5（1930）2・20（45歳）	母ツル 妻＝神沢まつ
	子　長女　米良栄女	―	明治22（1889）2・13	―	母ツル 先夫＝（不詳） 後夫＝佐藤政之丈

子 次女 米良照	―	明治24（1891）1・17	昭和24（1949）11・2（59歳）	母ツル 先夫＝（不詳） 後夫＝久保庭了造 後夫＝栗崎近之助
子 次男	―	―	―（夭折か）	母ツル
子 三男	―	―	―（夭折か）	母ツル
子 三女 米良ハル	―	明治38（1905）5・5	―	母チナ 夫＝中尾静夫
子 四女 佐山ナツ	―	明治39（1906）9・30	―	母チナ 夫＝小林氏
子 五女 米良アキ	善乗徳照大姉	明治43（1910）1・10	昭和38（1963）2・23（54歳）	母チナ 夫＝三橋嘉朗
子 四男 米良繁実				母チナ 十二代
子 六女 米良フユ	―	大正2（1913）1・13	―	母チナ 夫＝佐々木務
子 五男 米良繁輔	謙誉誠心清居士	大正4（1915）7・6	昭和7（1932）7・28（18歳）	母チナ
子 七女 佐山スエ	卒艶妙風孩女	大正6（1917）12・4	大正7（1918）5・20（2歳）	母チナ
子 八女 米良キク		大正9（1920）11・5		母チナ 夫＝山本　晃
子 六男 米良周策				母チナ 十三代

十二代	米良繁実	至誠院実誉勇道居士	明治44（1911）3・13	昭和21（1946）2・21（ソ連邦抑留中死亡者名簿及び個人資料） 昭和21・3・7（36歳）（除籍謄本）	
十三代	米良周策		大正13（1924）3・8		
	先妻　本田ツキ	浄月院梅誉良香大姉	昭和7（1932）3・19	平成4（1992）2・28（60歳）	父本田巳三郎・母トミ長女
	後妻　穴沢位世子		昭和8（1933）8・9		父穴沢祐蔵・母キクエ四女（協議離婚）
	子　長男　米良優樹		昭和32（1957）3		母ツキ
	妻　藤井麻美		昭和34（1959）11		父藤井昭吉・母光子長女（協議離婚）
	長女　米良涼香		昭和61（1986）6		母麻美
	夫　千葉大気		昭和61（1986）5		父千葉進・母正子次男
	長男　米良直人 妻　東　緩子 長女　米良咲樹音		平成元（1989）3 昭和53（1978）10 平成24（2012）12		母麻美 父東芳樹・母町枝　次女
	子　次男　米良優二		昭和34（1959）5		母ツキ
	妻　岡山恵美子		昭和35（1960）11		父岡山幸二・母敬子長女
	長女　米良　梓		昭和63（1988）9		母恵美子

長男　米良健太郎		平成4（1992）9		母恵美子
次女　米良幸菜		平成6（1994）9		母恵美子

【米良家不詳者】

	名前	法名	生年	没年	備考
1	米良惣右衛門	—	—	—	「松山三郎四郎組自分　五人扶持弐拾石」（「御侍帳　元禄初年比カ」）〔熊本藩侍帳集成〕。 「十二番津田治左衛門組　五人扶持弐拾石」（「御侍帳　元禄五年比カ」）〔肥後細川家侍帳〕。 三代道家平蔵氏一（御側鉄炮十五挺頭御番方御小姓組一番。二百石）は、米良惣右衛門の子とある（「肥陽諸士鑑」）〔熊本藩侍帳集成〕。 ※年代的に初代米良勘助元亀と同一人物か。そう仮定すると、前述の禄高は、家督相続前の別禄と考えられる。また、初祖吉兵衛の子米良惣兵衛とも推定される。

2	米良七兵衛	―	―	―	没年、法名不詳〔米良家法名抜書〕 嫡子米良勘吾（法名＝涼月宗清童子）〔米良家法名抜書、宗岳寺過去帳〕
3	米良勘吾	涼月宗清童子	明和4（1767）。死亡年齢より推定〔米良家法名抜書〕	天明2（1782）壬寅10・10（16歳）〔米良家法名抜書〕	父米良七兵衛。墓は甲佐手永辺場村〔米良家法名抜書〕
4	―	清安院夏月妙賢大姉	文化5（1808）。死亡年齢より推定〔米良家法名抜書〕	寛政12（1800）4・29（22歳）〔米良家法名抜書〕	友岡山三郎の母〔米良家法名抜書〕 友岡山三郎（才右衛門）は、友岡弥太郎家の十代（二百石）。友岡家は青龍寺以来の細川家家臣で、六代才右衛門は、御側鉄炮十五頭御小姓組御小姓役で、屋敷は手取とある。
5	―	春道院自性妙心大姉	―	明治23（1890）1・8（年齢不詳）〔米良周策家過去帳〕	※「米良家法名抜書」に記載がなく、明治22年の十一代米良四郎次渡道以降（最初の冬）の死亡につき、死亡場所は四郎次の屯田兵村兵屋である札幌郡琴似村大字篠路村字兵村六五番地と推定。九代米良左七郎の妻か。

米良家歴代事跡

〔佐藤 誠・近藤 健〕

初祖 米良吉兵衛

細川忠利に仕官し、細川家御奉行所御役人・御代官などを勤める〔米良家先祖附写〕。

▼寛永七年（一六三〇）九月二十二日 病死す。法名「別峯院殿椿翁堅松居士」〔米良家先祖附写〕。宗岳寺過去帳には「椿翁堅松居士」とある〔「米良家法名抜書」では寛文七年没〕。

妻 元禄十年（一六九七）四月十日没す〔米良家法名抜書〕。法名「浄体院天誉妙光大姉」〔米良家法名抜書〕。

子 **米良勘助元亀**〔初代〕

子 **女子** 寛文十三（正しくは延宝元）年（一六七三）十月二十七日没す。法名「妙諦信女」〔「米良家法名抜書」に「宗岳寺過去帳に妹とこれ有り。全別峯院殿御女にて宦女成るべし」とある〕〔米良家法名抜書、宗岳寺過去帳〕。

子 **男子** 貞享二年（一六八五）八月二十日菊池にて没す。黄檗（おうばくしゅう）宗僧。法名「峰岳上座」〔米良家法名抜書、宗岳寺過去帳〕。

子 **男子** 一族の**米良惣兵衛**カ。正徳四年（一七一四）七月二十八日没す。法名「嶺光院玉潤元水居士」〔米良家法名抜書〕。

惣兵衛長女、享保元年（一七一六）十一月十八日没す。法名「寿心院隆岸智清大姉」。「法念寺過去帳に関氏奥と之有り。惣兵衛殿長女にて関角之進へ嫁す。当時角之進へ向合御時、兎角角之進加役の由、角之進不持に附、依りて家を廃す。文化五辰（一八〇八）七月」〔米良家法名抜書〕。関角三〔幕末・明治初年の当主〕

家の七代に新左衛門（角之進）とあり。鉄炮頭、郡奉行などを勤める。二百石（「御家中知行附」）〔熊本藩侍帳集成〕。

初代　米良勘助元亀

『新熊本市史　別編　第一巻　絵図・地図』の「手取・千反畑・向寺原・竹部之絵図」の頁に、「同（＝牧奥右衛門組。牧貞右衛門組ともある）米良勘介（助カ）」という書き込みがある。絵図の作成年代が、明暦元年（一六五五）から寛文二年（一六六二）であることから、勘助の屋敷が手取にあり、牧奥右衛門組（牧貞右衛門組）に属していたことがわかる。

「御侍帳　元禄五年比カ」には、御使番が三組（続団右衛門組、堀次郎右衛門組、柏原要人組）あり、柏原要人（千石）組には三五〇石から五人扶持二十石まで二十四人の名があるところ、「三百石　米良勘丞（助カ）」〔肥後細川家侍帳〕と記されている。

▼承応元年（一六五二）　歩御小姓となる〔米良家先祖附写〕。

▼寛文元年（一六六一）　御扶持方御切米加増され、歩御小姓組脇となる〔米良家先祖附写〕。

▼寛文六年（一六六六）十二月　知行百石を拝領する〔米良家先祖附写〕。

▼寛文七年（一六六七）春　新組となる〔米良家先祖附写〕。その後、たびたび加増され、都合三百石となる〔米良家先祖附写〕。

▼延宝三年（一六七五）九月　この月より御積書米良甚（勘カ）助、御近習にて段々取立、御勝手方御用専ら相勤由（「度支年譜」永青文庫蔵）〔熊本藩年表稿〕。

▼元禄九年（一六九六）二月　新組組脇となる（御次の間のご奉公や定御供を三十五年間勤める）〔米良家先祖附写〕。

▼元禄十四年（一七〇一）十一月　願いにより隠居し、子市右衛門（のち勘助）重但（二代）が家督相続〔米良家先祖附写〕。

▼正徳五年（一七一五）一月二十六日　没す。法名「長徳院齡岳元亀居士」〔米良家法名抜書、宗岳寺過去帳〕。

妻　麻生氏（小笠原旧臣麻生庄兵衛方より嫁ぐ）。宝永八年（一七一一）一月二十三日没す。法名「実相院真如元性大姉」〔米良家法名抜書〕。宗岳寺過去帳には「真如玄照大姉」とある。

子　米良市右衛門重但（のち**勘助実専**）（二代）〔米良家法名抜書、米良家先祖附写〕

子　米良半蔵　享保十六年（一七三一）八月四日没す。法名「義石元仁居士」〔米良家法名抜書〕。

二代　米良市右衛門重但（のち勘助実専）

米良市右衛門重但は、通称の市右衛門を後に勘助と、諱の重但を実専に改めている。

「御侍帳　享保八年写」には「三百石　米良勘助」〔熊本藩侍帳集成〕とある。

▼寛文二年（一六六二）　生まれる〔「御預人一途之御控帳」にある重但の堀部弥兵衛金丸介錯時の年齢より推定〕。

▼元禄十四年（一七〇一）十一月　父の家督を相続し、御番方に召し加えられ、御小姓組となる〔米良家先祖附写〕。

▼元禄十五年（一七〇二）　江戸参勤の供を命ぜられ、江戸に上る〔米良家先祖附写〕。藩主綱利、二月二十五日熊本発、四月三日江戸着〔「本藩年表」〕〔熊本藩年表稿〕。

▼元禄十五年十二月十四日　赤穂城主浅野内匠頭長矩旧臣四十七名、本所の吉良邸に討ち入る〔冨森助右衛門筆記ほか〕。

▼元禄十五年十二月十五日　浅野長矩旧臣大石内蔵助良雄以下十七名、細川家に御預けとなる〔御預人一途之御控帳、細川家記続編七〕。

▼元禄十六年（一七〇三）二月四日　細川家下屋敷において赤穂義士（大石良雄以下十七名）切腹す。重但、堀部弥兵衛金丸の介錯を勤める〔米良家先祖附写、御預人一途之御控帳、細川家記続編七〕。四十二歳〔御預人一途之御控帳〕。

▼元禄十六年　御使番・御奉行所目附となる。この間、江戸御供三度、使者一度、大坂詰三度、長崎出張一度を勤める〔米良家先祖附写〕。

▼宝永四年（一七〇七）一月　宝永四年正月より佐々牛

右衛門、米良勘助が受込として（水道を）掘ったものという〔「肥後国誌」〕。水道を設けた理由は、元禄年間の火事（元禄二年十月に高田原で九十三カ所九十三屋敷が消失）による大被害のためとされるから、出町の水道と同じく消火用の水道となる。現在の熊本市水道町の語源となった〔新熊本市史〕。水道＝五代細川綱利の宝永四年一月に佐々牛右衛門、米良勘助が担当して、三宮神社脇の水呑の水道口から立田山の南麓の小磧（おぜき）の横穴を貫き、白川の右岸を西に走って子飼（こかい）交叉点から水道は二手に分れて、一つは旧市電通りを通っていた〔平成肥後国誌〕。

▼宝永五年（一七〇八）三月十日　坪井竹屋町より出火、千二百余軒類焼、死人・怪我人が多く出たため、草葉町、広町が出来る。なおこの節、小磧より水をとり水道丁、声取坂に打ち出す。宣紀（のぶのり）時代にこの水道止めとなる（「肥後国誌」に、佐々牛右衛門、米良勘助等之に当り、のち之を新屋敷水道端を経て世継（よつぎ）神社附近より高田原、山崎町を経て御花畑へと改む）（「本藩年表」永青文庫蔵、「官職制度考」肥後文献叢書、「肥後近世史年表」生田宏著、圭室諦成校訂）〔熊本藩年表稿〕。

▼享保二年（一七一七）七月　御鉄炮拾挺頭を命ぜられる〔米良家先祖附写〕。

▼享保三年（一七一八）長崎へ囚人を護送するため海陸警護を勤める〔米良家先祖附写〕。

▼享保四年（一七一九）江戸御留守詰となる〔米良家先祖附写〕。

▼享保四年十月　御作事奉行加役を命ぜられる〔米良家先祖附写〕。

▼享保四年十一月　御鉄炮二拾挺頭を命ぜられる〔米良家先祖附写〕。

▼享保五年（一七二〇）肥後へ帰国す〔米良家先祖附写〕。

▼享保七年（一七二二）十二月　願いにより河方安右衛門の弟（のち市右衛門実高）を養子とすることを許される〔米良家先祖附写〕。

▼享保九年（一七二四）江戸参勤の供を命ぜられ、江戸に上る〔米良家先祖附写〕。藩主宣紀、一月二十七日熊本発、三月一日江戸着（「本藩年表」）〔熊本藩年表稿〕。

▼享保十一年（一七二六）十一月　病気につき御作事奉行加役御免を願い出るも慰留され、藩主宣紀より紋付

羽織を拝領す〔米良家先祖附写〕。

▼享保十二年（一七二七）四月　御鉄炮三拾挺頭を命ぜられる〔米良家先祖附写〕。

▼享保十四年（一七二九）十二月　病気につき御作事奉行加役御免〔米良家先祖附写〕。

▼享保二十年（一七三五）二月　病気につき役儀御免。御番方に加えられる〔米良家先祖附写〕。

▼享保二十年四月十四日　没す。七十四歳（「御預人一途之御控帳」の堀部弥兵衛金丸介錯時の年齢より推定）。法名「浄徳院殿要道宗賢居士」〔米良家先祖附写、米良家法名抜書、宗岳寺過去帳〕。

妻　**吉村直助**方より嫁す。延享四年（一七四七）九月十六日没す。法名「瑞岳院秋月涼江大姉」〔米良家法名抜書、宗岳寺過去帳〕。

子　**女子**　**米良実高**（三代）**妻**。

三代　米良市右衛門実高（はじめ実寿カ）

米良市右衛門実高は、河方安右衛門（五百石）の弟である。養父三代米良実専が養子にしたい旨を願い出、享保七（一七二二）年十二月に許可される〔米良家先祖附写〕。「肥陽諸士鑑（ひようしょしかがみ）」（宝永五年～安永年間）の米良市右衛門の項に、「（左三つ巴紋）御奉行目附御鉄炮頭　屋敷手取」とある。禄高三百石の知行地は、

百石　飽田柿原
五拾石　合志住吉
五拾石　下玉名中村
八拾六石九斗七升四合弐勺八才　上益城古閑
拾三石弐升五合七勺弐才　同　上田口

の記述がある〔熊本藩侍帳集成〕。

▼享保二十年（一七三五）七月　実専の遺跡を相続し御番方に加えられ、組並の御奉公に就く〔米良家先祖附写〕。

▼元文四年（一七三九）三月　江戸参勤の節の久住（くじゅう）人馬奉行を命ぜられる。その他、御番御目附を勤む〔米良家先祖附写〕。藩主宗孝、三月三日熊本発、四月九日江戸着（「本藩年表」）〔熊本藩年表稿〕。

▼宝暦三年（一七五三）一月　南関御番を命ぜられる

〔米良家先祖附写〕。

▼宝暦三年十一月　御番方組脇を命ぜられる〔米良家先祖附写〕。

▼宝暦五年（一七五五）八月十九日　閉門を命ぜられ、同年晦日まで御番なし〔米良家先祖附写〕。

▼宝暦六年（一七五六）十月　願いにより組脇御免、御留守居御番方に加えられる。閉門日数三十日〔米良家先祖附写〕。

▼宝暦七年（一七五七）二月二十二日　隠居〔米良家先祖附写、重賢公御書出扣〕。

▼安永九年（一七八〇）五月二十四日　没す。法名「香林院瑞翁怡泉居士」〔米良家法名抜書、宗岳寺過去帳〕。

妻　二代**米良実専女**。明和八年（一七七一）六月二十五日没す。法名「清浄院心蓮普香大姉」〔米良家法名抜書〕。

子　**長男米良勘兵衛**（四代）〔米良家法名抜書、米良家先祖附写〕。

子　**米良左五之丞**　寛政十年（一七九八）一月二十二日没す（六十三歳）。法名「俊良院清雲玄英居士」（「米良家法名抜書」に「宗岳寺天年和尚俊良院贈」とある）。宗岳寺過去帳には「清雲玄英居士」。「米良家法名抜書」死亡年齢より享保二十一（または元文元）年（一七三六）生まれと推定。

　左五之丞妻は的場公や（的場半之丞方より嫁す）。公やは、六代米良実俊の母。文化十二年（一八一五）三月二十四日没す（六十九歳）。法名「清竜院浄雲智水居士（大姉カ）」〔米良家法名抜書〕。宗岳寺過去帳には「清竜院浄雲智水大姉」とある。「米良家法名抜書」死亡年齢より延享四年（一七四七）生まれと推定。

子　**米良源治**（**左源次**）　明和三年（一七六六）二月十日、米良勘兵衛弟左源次（二十七歳）、下益城岩下村で不届者を討ち果たす手討事件を起こす。翌十一日、勘兵衛が奉行所へ届け出るもお咎めなしの沙汰〔手討達之扣〕。文化十年（一八一三）六月十六日没す（七十四歳）。法名「覚林院悟峯良水居士」。「終身家にあり。おおよそ病臥三年」〔米良家法名抜書、宗岳寺過去帳〕とある。「米良家法名抜書」死亡年齢より元文五年（一七四〇）生まれと推定。

子　**四男米良権之助**　寛保三年（一七四三）、米良権之

助生まれる（『肥後先哲偉蹟』死亡年齢より推定）。「米良家法名抜書」に本清院（四代勘兵衛）五男とあるが、正しくは香林院（三代実高）四男。また、『肥後先哲偉蹟』には米良市右衛門第三子という記述もあるが、第四子が正しい。米良権之助、宝暦七年（一七五七）斎藤権之助方へ養子（十五歳）〔米良家法名抜書、肥後先哲偉蹟〕。斎藤権之助（幕末・明治初年の当主）家の六代左太郎（権之助・権助、二百石）。寛政六年（一七九四）十二月〜享和三年（一八〇三）十月、高橋町奉行・後作事頭に転〔肥後読史総覧（上）〕。斎藤芝山、名は高寿、権之助と称し、芝山と号す。世禄二百石、境野凌雲と共に犬追物を興し、その師範となりて子弟を誘導す。一藩為に風靡せり。又川尻作事頭、高瀬町奉行等を勤めて恵政あり。文化五年（一八〇八）十月二十一日没す。年六十六歳。墓は手取本町蓮政寺にあり〔肥後先哲偉蹟〕。

権之助の末妹は、財津三左衛門の母〔米良家法名抜書〕。財津三左衛門は、財津源之進（幕末・明治初年の当主）家の七代（一五〇石）〔「文政三年・十席以上名録」〕〔熊本藩侍帳集成〕。日田山左右、名は永晟、三左衛門と称す。元財津氏晩年日田山左右と改称す。藩に仕へ食禄一五〇石。祖父以来八代御城附なりしが其孝心を賞せられ、番士となりて熊本に出さる。後天守方目附、同支配頭を勤む。又藩の旧記に精しく藩譜採要十三冊を撰す。安政二年（一八五五）八月十三日没す。享年七十五歳。墓は寺原寿昌寺〔肥後人名辞典〕。

子　米良左八良（郎カ）〔米良家法名抜書〕。延享四年（一七四七）生〔「道家家先祖附」死亡年齢より推定〕。「米良家法名抜書」に本清院（四代勘兵衛）四男とあるが、正しくは香林院（三代実高）五男。米良左八郎、宝暦十二年（一七六二）道家家名跡相続（十六歳）〔道家家先祖附〕。道家方へ養子〔米良家法名抜書〕。道家左八郎は、道家重三郎（幕末・明治初年の当主）家の五代。道家左八郎、宝暦十三年（一七六三）正月、御番方（十七歳）〔道家家先祖附〕。道家左八郎、寛政元年（一七八九）八月から同四年二月八代郡代、同四年二月から同六年六月上益城郡代。一五〇石〔肥後読史総覧（上）〕。道家左八郎、享和三年（一八〇三）二月没す（五十七歳）〔道家家先祖附〕。

六代道家伊八（平蔵）については、「文化五年（一八〇八）三月　是月跡部喜善、道家平蔵を討果し自害（「本藩年表」永青文庫蔵）」〔熊本藩年表稿〕とあり、さらに「文化九年（一八一二）三月二十日　跡部平蔵弟喜善、道家平蔵を討果し切腹〔肥後近世史年表〕〕」〔熊本藩年表稿〕と記されている。

また、三代道家平蔵氏一〔御側鉄炮十五挺頭御番方御小姓組一番。二百石〕は、米良惣右衛門の子とある〔「肥陽諸士鑑」〕〔熊本藩侍帳集成〕。

米良惣右衛門については、「松山三郎四郎組自分五人扶持弐拾石」〔「御侍帳　元禄初年比カ」〕〔熊本藩侍帳集成〕のほかに、「十二番津田治左衛門組　五人扶持弐拾石」〔「御侍帳　元禄五年比カ」〕〔肥後細川家侍帳〕の記述がある。

この米良惣右衛門は、年代的にも初代米良勘助元亀と同一人物ではないかとの推定も成り立つ。そう仮定すると上述の禄高は、家督相続前に受けた別禄と考えられる。また初祖吉兵衛の男子米良惣兵衛との関係も推定の範囲に入ってくるが、それらを立証する史料は今のところ現れていない。

八代道家清熊〔角左衛門〕は、維新後、権大参事に任ぜられている。

子　米良敦平　明和八年（一七七一）五月二十五日没す。法名「本源自性童子」〔米良家法名抜書、宗岳寺過去帳〕。

四代　米良勘兵衛

「御国中御侍以呂波寄」〔享保二年～宝暦三年〕の項に「二百石　一番与　米良勘兵衛」〔熊本藩侍帳集成〕とある。勘兵衛は、御番方の一番組に所属していたことが確認できる。当時、御番方は十二番まであった。

▼享保十九年（一七三四）　生まれる〔「米良家先祖附写」隠居年齢より推定〕。

▼宝暦七年（一七五七）二月二十二日　三代米良実高隠居し、嫡子勘兵衛〔四代〕に三百石のうち二百石の相続が認められ、御番方に列す〔米良家先祖附写、重賢公御書出扣〕。

▼明和三年（一七六六）八月　八代城附を命ぜられる〔米良家先祖附写〕。

▼明和六年（一七六九）二月一日　細川重賢、米良勘兵

衛に対して二百石（肥後国飽田・益城・玉名三郡の内においで二百石）の御書出（領地判物）を発給する〔重賢公御書出扣〕。

▼安永八年（一七七九）十二月　隠居（四十六歳）し、養子茂十郎（五代、十六歳）相続し八代御番頭の支配となる〔米良家先祖附写〕。

▼天明六年（一七八六）九月　米良茂十郎（五代）知行返上により、先代勘兵衛に五人扶持が与えられる〔米良家先祖附写〕。

▼天明六年十月十六日　病死（五十三歳）。法名「本清院霜屋真了居士」〔米良家先祖附写、米良家法名抜書、宗岳寺過去帳〕。

先妻　**奥村氏**方より嫁し、病弱につき離縁〔米良家法名抜書〕。

後妻　八木田勝助伯母　天明三年（一七八三）十月十六日没す。法名「清寿院普恩慈了大姉」〔米良家法名抜書〕。八木田勝助は、八木田小（幕末・明治初年の当主）家の八代（二百石）〔熊本藩御書出集成〕。

子　**米良茂十郎**（五代）〔米良家法名抜書、米良家先祖附写〕

子　**米良志保（シヲ）**（六代実俊妻）

五代　米良茂十郎

▼宝暦十四（または明和元）年（一七六四）　生まれる〔「米良家先祖附写」家督相続年齢より推定〕。

▼安永八年（一七七九）十二月　米良勘兵衛隠居（四十六歳）し、養子茂十郎（五代、十六歳）家督相続。茂十郎、八代御番頭の支配となる〔米良家先祖附写〕。

▼安永九年（一七八〇）一月十一日　八代城の御城附を命ぜられる〔米良家先祖附写〕。

▼天明六年（一七八六）六月二十八日　知行返上を親類を通して願い出て許される〔米良家先祖附写〕。「宝暦六年以後御知行被召上候家々（抄）付　世禄断絶例」に「天明六年六月廿八日　高弐百石　米良茂十郎」〔熊本藩侍帳集成〕とある。

▼天明六年九月　先代勘兵衛に五人扶持が与えられる〔米良家先祖附写〕。

▼寛政十年（一七九八）五月九日　死去か〔「米良家法名

抜書、宗岳寺過去帳」にある大林院椿翁宗寿居士カ）。三十五歳（「米良家先祖附写」家督相続年齢より推定）。妻子の有無不詳。

六代　米良四助実俊

米良四助実俊、父は四代米良勘兵衛弟左五之丞、母は的場公や。妻は、勘兵衛女。「文政三年正月調　士席以上名録」に「御郡代　御郡方御奉行触　高百石之御擬作八代　米良四助」〔熊本藩侍帳集成〕、また同出典に「御郡代所附　八代　米良四助・坂本庄左衛門」〔熊本藩侍帳集成〕とある。

▼明和五年（一七六八）　生まれる（「米良家先祖附写」隠居・死亡年齢より推定）。

▼天明六年（一七八六）十一月　養父勘兵衛に下されていた扶持を賜り、御留守居御中小姓に召し出される〔米良家先祖附写〕。

▼寛政九年（一七九七）十月　御穿鑿役を命ぜられる〔米良家先祖附写〕。

▼享和二年（一八〇二）五月　御穿鑿本役を命ぜられ、足給として十五石を拝領す〔米良家先祖附写〕。

▼文化四年（一八〇七）十二月　精勤につき今まで下されていた足給に加え合力米を拝領し、さらに五石の足給を賜る〔米良家先祖附写〕。

▼文化九年（一八一二）五月　精勤につき擬作高百石を賜り、知行格となる〔米良家先祖附写〕。

▼文化九年九月　小国・久住郡代を命ぜられる〔米良家先祖附写〕。

▼文化十年（一八一三）六月　西本願寺、宗意調につき肥後国に使僧派遣す。実俊、これに尽力した功により、藩主斉樹より御紋付帷子一を拝領す〔米良家先祖附写〕。西本願寺の宗意調査については、「文化八年（一八一一）　是年　一向寺宗意惑乱の儀あり、本願寺使僧肥後に下向す（「本藩年表」）」〔熊本藩年表稿〕、また、「文化九年十一月　是月　真宗西派宗意惑乱の儀にて本願寺使僧下国教化（「肥後近世史年表」）」〔熊本藩年表稿〕とある。

▼文化十二年（一八一五）二月　御囲籾一件並びに久住町火災の諸役作事、北里手永湯田村・公料津江若林

村境論に尽力した功により、藩主斉樹より小袖一・銀五枚を拝領す〔米良家先祖附写〕。久住町火災については、「文化十年　是年　久住町焼失〔「年々覚頭書」熊本大学架蔵〕」〔熊本藩年表稿〕とある。

▼文化十三年（一八一六）七月　八代御郡代に所替え〔米良家先祖附写〕。

▼文化十四年（一八一七）八月　御郡代定役となる〔米良家先祖附写〕。

▼文政元年（一八一八）八月　小国・久住阿蘇山変動による災害凶作に対して救恤に尽力した功により、藩主斉樹より帷子一を拝領す〔米良家先祖附写〕。

▼文政元年十月十六日　四代米良勘兵衛三十三回忌に石灯籠を奉献する。石灯籠に、初代勘助元亀〔長徳院〕と四代勘兵衛〔本清院〕の刻字あり〔岳林寺管理墓地〔島崎・小山田霊園〕奉献石灯籠〕。

▼文政三年（一八二〇）三月　これより先、熊本藩日光修復を命ぜられる。実俊、日光修復御用銀を滞りなく徴収した功により、藩主斉樹より御紋付の裃一具を拝領す〔米良家先祖附写〕。日光修復については、「文政二年八月三十日　幕府、細川越中守および松平隠岐守に日光山霊廟修覆課金を命ず、本藩支出七万四〇九六両、大坂御才覚諸役間出銀のほか町在に課金す〔「肥後近世史年表」、「徳川実紀」国史大系、吉川弘文館刊〕」〔熊本藩年表稿〕とある。

▼文政四年（一八二一）二月　本山御作事に際して人夫を出すのに尽力したことが藩主斉樹の耳に達した旨を申し渡される〔米良家先祖附写〕。本山御作事については、「文政二年　是年　本山作事御用懸湯川彦之允〔「度支年賦」永青文庫蔵〕」〔熊本藩年表稿〕とある。

▼文政四年十月十二・十三日　細川斉茲の七百町新地築立て巡覧の案内をする〔鏡地方における干拓のあゆみ〕。

▼文政五年（一八二二）九月二十四日　七百町新地貝洲加藤神社を勧請して「新地堅固、国土安全、五穀成就」の祈禱と音楽の奏上等があり、米良郡代は藩主に代わって拝礼をした〔鏡地方における干拓のあゆみ〕。

▼文政六年（一八二三）十月十七日　八代大牟田新地御築立一件につき尽力し、また、高嶋新地を買い上げて壇手普請を郡にて行うよう命ぜられても心配りした功により、擬作高百石〔肥後国合志郡のうち富納村及び益城郡のうち梅木村において百石〕を地面に直される〔米

良家先祖附写、斉護公御書出扣）。

八代大牟田新地については、「文政二年九月二十四日　八代大牟田新地は先年工事中止のところ、昨年十一月八日再工事をゆるされ、今年二月九日より着手し、是日竣工す、耕地三三〇町余を得、世にこれを四百町開と称す（「肥後近世史年表」、「本藩年表」）」（熊本藩年表稿）とある。

高嶋新地については、「文政三年　是年　八代高島沖新開九九町六反余築立、費用七百貫目、この新開は最初長岡山城着手のところ、度々破損し、其効なく本藩にて施工す（「肥後近世史年表」）」（熊本藩年表稿）と記されている。

▼文政七年（一八二三）閏八月十日　藩主斉樹の新地巡覧の案内を行う。

「文政七年閏八月十日、藩主斉樹は八代郡の新地御覧のため下益城から八代へ下り、七百町新地の築合から歩いて奉行に尋ねながら、所々に立ち止まっては新地の広さを眺めてご満悦でした。石垣の孫鞘まで見て堅牢にでき上がっているのを見て安心のようすが窺われました。

江道のお立場では、奉行、目附、郡代衆にお賞めの言葉がありました。この樋門の丈夫なのを見て米良四助にお尋ねがあり、米良は、この穀樋の仕法は国内には無く、先年鹿子木謙之助が備前岡山領津田新田にあった穀樋の仕法を習って帰り、四百町新地以来ずっと据えつけて来たことを説明しました。

そして縦道を上って、緒方藤左衛門宅に宿泊しました。

翌十一日五つ時（午前八時）、お供揃って駕籠に乗り百町新地の縦塘から歩いて、七百町の横道を通り左右に実る稲田を眺めながら、百町新地の質問をして、沢村大夫が答えながら行くうちに、大牟田尻新地（四百町）の塘で貝洲の馬場頭に小憩場が設けてあったので、ここで休みながら、三新地を一望に見渡し、

『ささて芽出度い。これより見渡せば沖塘の江湖も知らず、海も見えず全て古田同様になった。芽出度い芽出度い。』と斉樹は喜びました。

そして米良四助を呼んで、『この新地は古田同様であるが、どの新地もかようか。』と尋ねました。米良は『鹿子木父子の一方ならぬ働きによるものです。』

と答えました。

斉樹は重ねて『芽出度い、芽出度い。』と喜んだのでした。

米良郡代は『ここに壇を築いて松を植えよう。そしてめでたの松と唱えよう。』と言うと鹿子木も同意して、松を植えたのでした。

この木は後世『めでたの松』と伝承されてきました」〔鏡地方における干拓のあゆみ〕。

▼文政八年（一八二五）二月　飽田・詫摩御郡代に所替えとなり、上益城助勤兼帯を命ぜられる〔米良家先祖附写〕。

▼文政八年七月三日　七百町新地御築立一件につき尽力した功により、五十石（肥後国玉名郡のうち柿原村において五十石）加増される〔米良家先祖附写、斉護公御書出扣〕。七百町新地については、「文政四年　是年　勘定頭渡辺直右衛門に七百町新地御用掛を命ず〔「度支年譜」〕」〔熊本藩年表稿〕とある。

▼文政九年（一八二六）五月　病につき願いの通り役儀御免。御番方となり須佐美権之允（一一〇〇石）組に加えられる。また、多年の精勤を賞せられ藩主斉護より御紋付帷子一を拝領す〔米良家先祖附写〕。

▼文政九年十月二十一日　病気につき隠居（五十九歳）し、亀之進（七代）が相続する（三十六歳）。亀之進は御番方横山藤左衛門（一三五六石一斗五升）組に配属される〔米良家先祖附写、斉護公御書出扣〕。

▼文政十一年（一八二八）七月四日　没す（六十一歳）。法名「良忠院温山義恭居士」〔米良家法名抜書、宗岳寺過去帳〕。

妻　**米良志保**（**シヲ**）（四代勘兵衛女）　文政十二年（一八二九）七月十日没す（五十七歳）。法名「桂月院円空慈照大姉」〔米良家法名抜書、宗岳寺過去帳〕。「米良家法名抜書」死亡年齢より安永二年（一七七三）生まれと推定。

子　**嫡子米良亀之進**（七代）〔米良家法名抜書、米良家先祖附写〕

七代　米良四助（のち亀之進）

米良四助は、通称の四助を後に亀之進に改めている。

分限帳などから類推すると、四助を称する以前に亀之丞と名乗っていた可能性がある。

「御知行取以呂波世勢　天保弐年出来」には、「新　百石　米良亀之允（進カ）」〔熊本藩侍帳集成〕、「肥後御家中新旧御知行附」には「（知行新知ト唱　家筋）百五十石　米良亀之進」〔肥後細川家侍帳〕、「弘化二年写　御家中御知行高附」では、「新　百石　米良四助」〔肥後細川家侍帳〕となっている。また、「文久二年写　肥後世襲士籍」には「百五拾石　米良亀之丞（進カ）」〔熊本藩侍帳集成〕との記載がある。

▼寛政三年（一七九一）　生まれる〔「米良家先祖附写」家督相続・隠居年齢より推定〕。

▼享和三年（一八〇三）三月　句読習書出精につき、藩主斉茲より金子二百疋を下さる旨を講堂において申し渡される〔米良家先祖附写〕。

▼文化五年（一八〇八）九月　藩主斉茲に御目見得す〔米良家先祖附写〕。

▼文政元年（一八一八）六月　犬追物等芸術出精を賞詞される〔米良家先祖附写〕。

▼文政六年（一八二三）十一月　剣術・射術出精の段を講堂において賞せらる〔米良家先祖附写〕。

▼文政九年（一八二六）十月二十一日　実俊、病気につき隠居（五十九歳）し、亀之進（七代）が相続する（三十六歳）。亀之進は御番方横山藤左衛門（一三五六石一斗五升）組に配属される〔米良家先祖附写、斉護公御書出扣〕。

▼文政九年十一月二十五日　細川斉護、米良亀之進に対して一五〇石の御書出（領知判物）を発給す〔斉護公御書出扣〕。

▼嘉永二年（一八四九）五月　病気のため五十九歳にて隠居し、次男勘助（八代）が相続す（二十四歳）〔米良家先祖附写〕。

▼安政六年（一八五九）十一月二日　没す（六十九歳）。法名「西渓院秀巌孤泉居士」〔米良家法名抜書、宗岳寺過去帳〕。墓所、岳林寺管理墓地（島崎・小山田霊園）〔米良亀之進墓碑〕。

先妻　岡田相雪女　天保七年（一八三六）六月十六日没す。法名「夏月院清屋智光大姉」〔米良家法名抜書、宗岳寺過去帳〕。

後妻　水野氏長女　慶応二年（一八六六）八月二十日没す。法名「真月院貞誉智光大姉」〔米良家法名抜書、宗岳寺過去帳〕。米良亀之進墓碑に「（正面）孺人水野氏祔（左側面）孺人慶応二年八月二十日没」とある〔島崎・小山田霊園米良亀之進墓碑〕。

子　長女米良シサ　夫は余田八之丞〔米良家法名抜書〕。余田八之丞は、余田策郎（幕末・明治初年の当主）家の九代、八之允ヵ。八之允は、御番方八番牧多門助組。三百石〔「弘化二年写・御家中御知行高附」〕〔肥後細川家侍帳（四）〕。

子　次女米良胤　文化十四年（一八一七）十一月四日早世す。法名「水泡童女」〔米良家法名抜書、宗岳寺過去帳〕。

子　嫡子米良新五良　天保四年（一八三三）五月二十九日没す（十五歳）。法名「孝外院智友童子」〔米良家法名抜書、宗岳寺過去帳〕。「米良家法名抜書」死亡年齢より文政二年（一八一九）生まれと推定。

子　次男米良勘助（のち四助）実明（八代）

子　米良市右衛門（のち左七郎）（九代）

子　次女米良寿キ　夫は神山語七〔米良家法名抜書〕。

子　米良ウタ　夫は成田源兵衛〔米良家法名抜書〕。成田源兵衛は、成田十左衛門（幕末・明治初年の当主）家の七代、左五右衛門ヵ。四百石〔熊本藩御書出集成〕。

八代　米良勘助（のち四助）実明

米良勘助は、七代米良亀之進の次男である。通称の勘助は後に四助と改められるが、分限帳などから類推すると、勘助を称する以前に亀之丞と名乗っていた可能性がある。

「御家中知行高附」に「百五十石　米良勘助」〔熊本藩侍帳集成〕、「御侍帳　万延二年三月朔日」には「嶋田四郎右衛門（一一〇〇石）組　百五拾石　御番方三番組　米良勘助」〔熊本藩侍帳集成〕と記されている。

▼文政九年（一八二六）　生まれる〔「米良家先祖附写」家督相続・死亡年齢より推定〕。

▼天保七年（一八三六）一月　大塚庄八（一五〇石）門弟となり、居合序書を相伝〔米良家先祖附写〕。

▼天保七年一月　大塚庄八門弟となり、小具足陰之位並びに陽之位を口伝〔米良家先祖附写〕。

▼天保七年一月　大塚庄八門弟となり、兵法一拍子を引渡される〔米良家先祖附写〕。

▼天保十一年（一八四〇）九月　水足五次郎（百石）門弟となり槍術目録を相伝〔米良家先祖附写〕。

▼弘化三年（一八四六）十月　藩主斉護に初めて御目見得す。居合・小具足・兵法数年出精により、藩主より賞せらる〔米良家先祖附写〕。

▼嘉永二年（一八四九）五月　亀之進、病気のため五十九歳にて隠居し、次男勘助（八代）が相続す（二十四歳）。勘助は御番方宮村平馬（二二〇〇石）組に配属される〔米良家先祖附写〕。

▼嘉永三年（一八五〇）四月十五日　中村庄右衛門（恕斎）二番組へ組入。「鶴崎在宅米良勘助」とあることからこの時期、勘助は豊後細川家領鶴崎に赴任していたことがわかる〔肥後中村恕斎日録　自弘化二年至明治三年　第二巻〕。

▼文久元年（一八六一）三月一日　嶋田四郎右衛門（一一〇〇石）組御番方三番組に配属される〔「御侍帳　万延二年三月朔日」熊本藩侍帳集成〕。

▼文久二年（一八六二）三月　相州詰となる。弟市右衛門（のちの九代）差添として付く〔米良家先祖附写〕。「肥後藩国事史料」に「嘉永六年（一八五三）十一月十四日　本藩相模沿岸警備の命を受く」〔熊本藩年表稿〕とある。ペリー来航は、嘉永六年三月。

▼文久二年八月　熊本へ帰国す〔米良家先祖附写〕。

▼元治元年（一八六四）七月　組並として出京を命ぜられ上京の船中、備前牛窓湊より引き返す〔米良家先祖附写〕。以下、「熊本藩年表稿」からの引用。「元治元年七月十五日　京都不穏の報により備頭溝口蔵人に上京を命ず〔「改訂肥後藩国事史料」〕」とあり、四日後の十九日に京都で禁門の変（蛤御門の変）が勃発。二十三日には、征長の勅許が下る。「二十七日　征長につき藩主代として弟を小倉に出張させること、長岡護美上京猶予のこと、上京途中の藩兵を防長追討に転ずること等を幕府に申請する〔「改訂肥後藩国事史料」〕」、「元治元年七月　是月　長州勢不穏につき、溝口蔵人（三千石）組出京の処、船中より引返〔「本藩年表」〕」。

▼元治元年八月　熊本に帰着〔米良家先祖附写〕。

▼元治元年十一月　小倉に出張す（米良家先祖附写）。第一次長州征討。「改訂肥後藩国事史料」に「元治元年十一月十七日　備頭溝口蔵人の兵小倉に向う」（熊本藩年表稿）とある。

▼元治二年（一八六五）一月　小倉より帰国す（米良家先祖附写）。

▼慶応二年（一八六六）六月　小倉へ出張す（米良家先祖附写）。第二次長州征討。以下、「熊本藩年表稿」の記述。「慶応二年六月二日、溝口蔵人に征長軍を率いて至急出張を命ず（「改訂肥後藩国事史料」）」。「六月六日、征長軍の部署を定め一番手出発（「改訂肥後藩国事史料」）」。「溝口蔵人に出軍心得を達す」（「改訂肥後藩国事史料」）」。「六月十一日、一番手備頭溝口蔵人出発す（「改訂肥後藩国事史料」）」。「六月十七日、小倉戦争、熊本勢一六〇〇人程到着（「徳川実記」）」、「六月　是月　長岡監物、征長の非なる所以を諭し、第二軍帥の任を辞すことを請う（「改訂肥後藩国事史料」）」。「七月二十六日、長藩兵、小倉兵を攻む、本藩小倉兵を援けて之を破る、然るに他藩来援せず、幕軍又傍観す、九州軍総指揮小笠原壱岐守長行も又小倉を脱出す（「改訂肥後近世史年表」）」。

▼慶応二年八月　小倉より帰国す（米良家先祖附写）。以下、「熊本藩年表稿」の記載。「慶応二年七月二十七日、細川勢防戦、三十日国許へ退却（「徳川実記」）」。「七月三十日、去る二十日将軍家茂薨去の内報、小倉の熊本陣営に達す、肥後・久留米・柳河諸藩の兵相つぎて小倉を去り、本藩は八月九日迄に帰藩す（「肥後近世史年表」、「改訂肥後藩国事史料」）」。「八月八日、長州出兵より熊本帰着、十日御花畑で御祝（「天明誌」）」。

▼慶応三年（一八六七）十一月　組並として出京す（米良家先祖附写）。「熊本藩年表稿」に「慶応三年十一月十三日　溝口孤雲（蔵人）、藩主代として熊本を発し、上京の途につく。二十日京都着（「改訂肥後藩国事史料」）」とある。十月十四日の大政奉還による上京と思われる。十二月九日には王政復古の大号令が発せられる。

▼慶応四年（一八六八）六月　熊本へ帰国（米良家先祖附写）。

▼明治元年（一八六八）十一月　足軽十三番隊副士となる（米良家先祖附写）。

▼明治二年（一八六九）二月　東京詰として上京す〔米良家先祖附写〕。

▼明治二年七月　勤務多年にわたり懈怠なきを賞せられ、藩主韶邦より御紋付　裃　一具を与える旨、東京において申し渡される〔米良家先祖附写〕。

▼明治二年八月　熊本へ帰国。足軽十三番隊副士御免〔米良家先祖附写〕。

▼明治二年十月　四助と改名す〔米良家先祖附写〕。

▼明治二年十一月　重士となり四番隊に配属せらる〔米良家先祖附写〕。

▼明治三年（一八七〇）三月　病気につき留守隊に召し加えられる〔米良家先祖附写〕。

▼明治三年四月五日　病死す〔四十五歳〕。法名「泉渓院悟菴実明居士」〔米良家先祖附写、米良家法名抜書、宗岳寺過去帳〕。墓所、岳林寺管理墓地（島崎・小山田霊園）か〔破損墓碑より推定〕。

妻　片山キト　片山喜三郎妹。明治十二年（一八七九）旧四月十九日没す。法名「寿仙院彭屋妙算大姉」〔米良家法名抜書、宗岳寺過去帳〕。片山喜三郎は、片山伝四郎（幕末・明治初年の当主）家の七代（「御家中知行附」）〔熊本藩侍帳集成〕。

子　長男米良亀雄実光（十代）

子　米良はつ　夫八代天野正寿〔米良家法名抜書〕。天野正寿は、はじめ徳太郎と称する。六代天野善次（幕末・明治初年の当主。須佐美権之允組　八代御城付　二百石）の長男。明治六年八月十四日家督相続。居所は、八代　第四十二大区一小区長丁六拾六番宅地〔有禄士族基本帳〕。

子　次男米良四郎次（十一代）

子　三男米良毎雄　明治五年（一八七二）九月十日没す。法名「露幻禅童子」〔米良家法名抜書〕。墓所、岳林寺管理墓地〔島崎・小山田霊園米良毎雄墓碑〕。

九代　米良市右衛門（のち左七郎）

八代米良勘助の遺跡を弟市右衛門が相続する。通称の市右衛門はのちに左七郎と改名した。

▼安政五年（一八五八）二月　大塚庄八より居合目録を

相伝す〔米良家先祖附写〕。

▼文久元年（一八六一）三月　江口弥左衛門より体術目録を相伝す〔米良家先祖附写〕。

▼文久二年（一八六二）三月　兄米良勘助、相州詰となる。差添として付く〔米良家先祖附写〕。大塚又助（一五〇石）より兵法目録を、水足平九郎（百石）より槍術目録を相伝す〔米良家先祖附写〕。

▼文久二年十二月　相州御備場内での学問・剣術・居合・槍術出精を賞せられ、藩主慶順（よしゆき）（のち韶邦（よしくに））より白銀三枚拝領す〔米良家先祖附写〕。

▼慶応元年（一八六五）十月　体術・槍術・居合・兵法数年出精につき講堂において藩主慶順より賞詞せらる〔米良家先祖附写〕。

▼慶応二年（一八六六）九月　先の小倉戦争の折、延命寺赤坂鳥越へ応援のため出陣したところ、苦戦に及び陣払いの仕方良きにつき藩主韶邦より御紋付裃一具を拝領す〔米良家先祖附写〕。この赤坂口の攻防（第二次長州征討小倉口の戦い）は慶応二年七月二十七日であるので、「米良家先祖附写」の明治二年九月という記載は、誤りである。

▼慶応四年（一八六八）七月　父母生存中の看病など孝行、兄弟たちへの手厚き仕方につき、藩主韶邦より御紋付裃一具を拝領す〔米良家先祖附写〕。

▼明治三年（一八七〇）六月　兄四助実明の遺跡を相続し、六番隊重士となる〔米良家先祖附写〕。

▼明治三年七月　左七郎と改名す〔米良家先祖附写、有禄士族基本帳〕。

▼明治三年閏十月二十七日　予備兵第二小隊に編入される〔有禄士族基本帳〕。

▼明治四年（一八七一）一月　予備兵第二小隊として豊後国別府へ出張す〔有禄士族基本帳〕。

▼明治四年三月十五日　別府より帰着〔有禄士族基本帳〕。

▼明治四年七月　廃藩置県。

▼明治四年九月　予備兵第二小隊解隊す〔有禄士族基本帳〕。

▼明治七年（一八七四）二月十日　改正禄高等調を県令へ提出（元高知行一五〇石、改正高二八石七斗。居所、第四大区四小区島崎村三二五番宅地とある）〔有禄士族基本帳〕。

▼明治九年（一八七六）八月二十日　隠居。養子（実は

甥）亀雄（十代）が相続する〔有禄士族基本帳〕。

▼明治十年（一八七七）五月八日　戦死す。法名「儀俊院達道宗意居士」〔米良家法名抜書、宗岳寺過去帳〕。

▼明治十年六月一日　茸山の戦闘。米良佐七（左七郎カ）戦死す〔丁丑感旧録〕。

▼明治十年六月十七日から二十日までの間　一番中隊伍長米良左七郎、高隅（熊）山（鹿児島県大口市）の戦闘（西南の役の一戦）で戦死す〔戦袍日記〕。

▼明治十年六月十八日　岳林寺墓碑に「明治十年六月十八日於鹿児島県下薩摩国伊佐郡高隈山戦死」とある〔島崎・小山田霊園米良左七郎墓碑〕。

▼墓所、本妙寺常題目〔平成肥後国誌〕〔現岳林寺管理墓地島崎・小山田霊園〕〔米良左七郎墓碑〕。

妻　春道院カ

▼明治二十三年（一八九〇）一月八日没。法名「春道院自性妙心大姉」〔米良周策家過去帳〕。

十代　米良亀雄実光

▼安政三年（一八五六）生まれる〔『神風連実記』などの死亡年齢より推定。母キト〕。

▼明治九年（一八七六）八月二十日　米良左七郎、隠居。養子（実は甥）亀雄（二十一歳。十代）が相続する〔有禄士族基本帳〕。

▼明治九年十月二十四日　太田黒伴雄・加屋霽堅ら、熊本鎮台を襲う（神風連の乱）。亀雄、熊本鎮台歩兵営襲撃に参加するも負傷す。

▼明治九年十月二十五日　岩間小十郎宅において同志とともに自刃す（二十一歳）〔「有禄士族基本帳」では二十六日〕。法名「大雄院守節義光居士」〔米良家法名抜書、宗岳寺過去帳〕。墓所、本妙寺常題目〔現岳林管理墓地島崎・小山田霊園〕〔島崎・小山田霊園米良亀雄墓碑〕。

十一代　米良四郎次

▼慶応二年（一八六六）五月十九日　生まれる〔母キト〕

（米良四郎次除籍謄本）。
▼明治十年（一八七七）十一月三日　相続戸主となる。戸主となりたる原因不詳（米良四郎次除籍謄本）。
▼明治十年十一月十九日　亀雄の遺跡を相続する（十二歳）（有禄士族基本帳）。
▼明治十七年（一八八四）二月二十九日（十九歳）　鳥井ツル（二十一歳、熊本県詫摩郡本庄村、父鳥井繁蔵・母ヤヱの三女）と婚姻届出、同受付入籍（米良四郎次除籍謄本）。
▼明治二十二年（一八八九）七月十四日（二十四歳）屯田兵に召募し御用船相模丸に乗船し、北海道小樽港手宮埠頭に上陸。翌十五日篠路兵村入村。所属は第一大隊第四中隊（屯田兵）。
▼明治二十二年九月二十四日　熊本県飽田郡島崎村二二二番地より札幌郡琴似村大字篠路村字兵村六五番地へ転籍（米良四郎次除籍謄本）。
▼明治四十五年（一九一二）四月十七日　札幌郡琴似村大字篠路村字兵村六五番地より北海道浦河郡浦河町大字浦河村番外地へ転籍（米良四郎次除籍謄本）。
▼昭和三年（一九二八）五月二十一日（六十三歳）　佐山チナ（四十三歳）と婚姻届出、同日入籍。佐山チナ、幌泉郡幌泉村大字歌別村番外地戸主廃家。米良四郎次四男繁実（十八歳）、五男繁輔（十四歳）、六男周策（五歳）、父四郎次・母チナ婚姻により嫡出子となる。佐山チナの子、四郎次三女ハル（二十三歳）、五女アキ（十九歳）、六女フユ（十六歳）、八女キク（九歳）、米良四郎次認知届出により嫡出子となる（米良四郎次除籍謄本、佐山チナ除籍謄本、米良繁実除籍謄本）。
▼昭和八年（一九三三）六月二十八日午後三時　本籍地北海道浦河郡浦河町大字浦河村番外地で病死（六十八歳）。四男米良繁実届出、同月二十九日受付（米良四郎次除籍謄本）。法名「頓誉良田儀忠居士」（米良周策家過去帳、米良家様似共同墓地墓碑銘（北海道・様似町所在））。
▼昭和八年六月二十九日　米良四郎次戸籍消除（米良四郎次除籍謄本）。
▼菩提寺、天台宗厚沢寺（通称等澍院、様似町）。

先妻　鳥井ツル

▼元治元年（一八六四）十月二十日　出生（熊本県詫摩

郡本庄村父鳥井繁蔵・母ヤヱの三女）〔米良四郎次除籍謄本〕。

▼大正十四年（一九二五）二月十五日午前九時　札幌市北三条西一丁目二番地で死亡（六十二歳）。長男米良義陽届出、同月十六日札幌市長受付、同月十九日送付〔米良四郎次除籍謄本〕。

後妻　佐山チナ

▼明治十九年（一八八六）四月二十七日　北海道幌泉郡幌泉村大字歌別村番外地で出生。母佐山ユキ死亡〔佐山チナ除籍謄本〕。

▼明治三十八年（一九〇五）三月三日　分娩を介抱した る父田中清兵衛、チナ（二十歳）の出生届出及び認知届出（この時点で父田中清兵衛はすでに死亡している）、同日受付。チナは出生時、母の戸籍に入籍できなかったため、同日、一家創立、幌泉郡幌泉村大字歌別村番外地戸主となる（父亡田中清兵衛・母亡佐山ユキ）〔佐山チナ除籍謄本〕。

▼昭和三年（一九二八）五月二十一日（四十三歳）　幌泉郡幌泉村大字歌別村番外地戸主廃家の上、米良四郎次（六十三歳）と婚姻届出、同日入籍〔米良四郎次除籍謄本、米良繁実除籍謄本〕。廃家届出、浦河町長受付、五月三十一日送付。北海道浦河郡浦河町大字浦河村番外地米良四郎次と婚姻届出、浦河町長受付、五月三十一日送付全戸除籍〔佐山チナ除籍謄本〕。

▼昭和八年（一九三三）六月二十九日　夫米良四郎次死亡により婚姻解消〔米良繁実除籍謄本〕。

▼昭和三十三年（一九五八）五月十三日午前四時三十五分　北海道様似郡様似町字様似四三五番地で死亡（七十三歳）。米良周策届出、同日同町長受付、同月三十日送付除籍〔米良繁実除籍謄本〕。法名「清誉浄願善大姉」〔米良周策家過去帳、米良家様似共同墓地墓碑銘（北海道・様似町所在）〕。菩提寺、天台宗厚沢寺（通称等澍院、様似町）。

子　長男米良義陽

▼明治十九年（一八八六）七月十四日　出生（母ツル）〔米良四郎次除籍謄本〕。

▼明治三十六年（一九〇三）十二月（十八歳）　熊本市松永写真所にて写真撮影か？

▼大正十四年（一九二五）九月十五日（四十歳）　神沢まつ（父神沢長吉・母まゆの次女。明治三十一年（一八九

八）四月二十一日生まれ。青森県青森市大字蜆貝町四番地戸主神沢長太郎妹）と婚姻届出、同日受付入籍〔米良四郎次除籍謄本〕。

▼昭和五年（一九三〇）二月二十日午後十一時　北海道網走郡美幌町大字美幌村市街地東二条通南二丁目二〇番地で死亡（四十五歳）。米良四郎次届出、同日美幌町長受付、同月二十五日送付〔米良四郎次除籍謄本〕。

▼昭和六年（一九三一）十一月十三日　義陽妻まつ、青森市大字蜆貝町四番地戸主神沢長太郎の家籍に入籍届出〔米良四郎次除籍謄本〕。

▼昭和七年（一九三二）十二月二十九日　まつ、米良四郎次戸籍より除籍〔米良四郎次除籍謄本〕。

子　長女米良栄女

▼明治二十二年（一八八九）二月十三日　出生（母ツル）〔米良四郎次除籍謄本〕。

▼明治三十三年（一九〇〇）三月三十日　札幌郡篠路村字兵村五七番地、山田尋源との養子協議離縁届出受理（米良四郎次籍へ復籍）〔米良四郎次除籍謄本〕。

▼明治四十五年（一九一二）五月十二日　米良四郎次孫美津（栄女の子）、出生（父〔空白〕）。同月十四日札幌区戸籍吏受付、同日届書発送、十八日受付〔米良四郎次除籍謄本〕。

▼大正四年（一九一五）一月二十九日　米良四郎次孫美津（栄女の子）、栄女の夫佐藤政之丈認知届出、札幌区長受付、二月六日送付除籍〔米良四郎次除籍謄本〕。

▼大正四年二月二日（二十七歳）　北海道札幌区北三条西一丁目二番地佐藤政之丈と婚姻届出、札幌区長受付、同月八日送付除籍〔米良四郎次除籍謄本〕。

▼大正十一年（一九二二）八月三十日　米良四郎次孫芳（栄女の三女）、出生（父佐藤政之丈、養父米良義陽・養母まつ）〔米良四郎次除籍謄本〕。

▼昭和四年（一九二九）三月二十七日　米良四郎次孫芳（八歳、栄女の三女）、札幌市北三条西一丁目二番地戸主佐藤政之丈三女（芳）、米良義陽・まつと養子縁組家組、佐藤政之丈妻栄女届出、美幌町長受付、同年四月九日送付入籍〔米良四郎次除籍謄本〕。

▼昭和五年（一九三〇）九月二十六日　米良四郎次孫芳（栄女の三女）、養父米良義陽死亡により、養母米良まつと佐藤政之丈妻栄女協議離縁届出、札幌市長受付、

同月三十日送付〔米良四郎次除籍謄本〕。

＊栄女の子　美津、三女芳（佐藤政之丈との子）

子　次女米良照

▼明治二十四年（一八九一）一月十七日　出生（母ツル）〔米良四郎次除籍謄本〕。

▼明治四十三年（一九一〇）七月二十九日　米良四郎次孫英男（照の子）、出生（父〔空白〕）。浦河郡浦河町西舎(にしちゃ)村杵臼(きねうす)村組合戸籍吏受付、九月二日届書発送、九月五日受付〔米良四郎次除籍謄本〕。

▼大正六年（一九一七）一月二十二日（二十七歳）　茨城県新治郡高浜町大字高浜八八九番地戸主久保庭宗重の叔父、久保庭了造と婚姻届出および四郎次孫英男（照の子）の認知届出、高浜町長受付、同月二十七日送付除籍〔米良四郎次除籍謄本〕。

▼昭和二年（一九二七）七月二十九日（三十七歳）　久保庭了造と協議離婚届出、高浜町長受付。同年八月二日送付、米良四郎次籍に復籍〔米良四郎次除籍謄本〕。

▼昭和三年（一九二八）二月二十五日（三十八歳）　東京市本所区柳島梅森町二六番地戸主栗崎近之助と婚姻届出、本所区長受付、同年三月一日送付除籍〔米良四郎次除籍謄本〕。

▼昭和十一年（一九三六）九月三十日（四十六歳）　東京市本所区東駒形四丁目一四番地の一〇戸主栗崎憲之助の母、戸主米良繁実の姉入籍届出、受付〔米良繁実籍へ復籍〕〔米良繁実除籍謄本〕。

▼昭和二十四年（一九四九）十一月二日午後二時　東京都北多摩郡狛江(こまえ)村和泉一六六七番地で死亡（五十九歳）。同居の親族久保庭武男届出、同月五日北多摩郡狛江村長受付、同月八日送付除籍〔米良繁実除籍謄本〕。

＊照の子　英男、久保庭武男（久保庭了造との子）、栗崎憲之助（栗崎近之助との子カ）

子　次男　不詳（母ツル）

子　三男　不詳（母ツル）

子　三女米良ハル

▼明治三十八年（一九〇五）五月五日　本村大字大泉村番外地（北海道幌泉郡幌泉村大字歌別村番外地附近）で出生（母佐山チナ）。同月十三日同居者米良四郎次届出、同日受付〔佐山チナ除籍謄本〕。

▼昭和三年（一九二八）五月二十一日（二十四歳）　父四郎次・母チナ婚姻により嫡出子となる〔米良四郎次除

籍謄本）。父北海道浦河郡浦河町大字浦河村番外地米良四郎次、認知届、浦河町長受附。五月三十一日送付除籍（佐山チナ除籍謄本）。

▼昭和三年八月二十九日（二十四歳）千葉県千葉市千葉五七五番地戸主中尾真三郎の長男静夫と婚姻届出、同年九月二日幌泉村長受付、同月二十八日入籍通知により除籍（米良四郎次除籍謄本）。

＊ハルの子　長男中尾和夫、長女中尾瑠璃子、次男中尾照明、三男中尾幸雄、四男中尾雅美、五男中尾六雄、六男中尾千尋

子　四女佐山ナツ

▼明治三十九年（一九〇六）九月三十日　北海道浦河郡浦河町大字浦河村番外地で出生（母佐山チナ）。佐山チナ届出。同年十月九日浦河郡浦河町外三ケ村組合戸籍吏受付、同月十七日受付（佐山チナ除籍謄本）。

▼大正二年（一九一三）三月十八日（八歳）浦河郡浦河町大字浦河村番外地戸主幾蔵弟浜崎清蔵と養子縁組届出、同日浦河郡浦河町外二ケ村組合戸籍吏受付、同月三十一日送付、同年四月一日受付除籍（佐山チナ除籍謄本）。

＊小林氏と婚姻。

＊ナツの子　長女小林照子、長男小林繁樹、次男小林一義

子　五女米良アキ

▼明治四十三年（一九一〇）一月十日　北海道浦河郡浦河町大字浦河村番外地で出生（母佐山チナ）。佐山チナ二月三日届出、同日受付（佐山チナ除籍謄本）。

▼昭和三年（一九二八）五月二十一日（十九歳）幌泉郡幌泉村大字歌別村番外地戸主佐山チナ子、父米良四郎次認知届、入籍。父四郎次・母チナ婚姻により嫡出子となる（米良四郎次除籍謄本）。父北海道浦河郡浦河町大字浦河村番外地米良四郎次、認知届、浦河町長受付。五月三十一日送付除籍（佐山チナ除籍謄本）。

▼昭和六年（一九三一）十月二十六日（二十二歳）北海道有珠郡壮瞥村字滝之町二五五番地戸主三橋嘉朗と婚姻届出、壮瞥村長受付、同月三十一日送付除籍（米良四郎次除籍謄本、三橋嘉朗北海道有珠郡壮瞥村除籍謄本）。

▼昭和三十八年（一九六三）二月二十三日午前五時　北海道様似郡様似町本町二丁目五八番地で病死（五十四歳）。夫三橋嘉朗届出、同日受付除籍（三橋嘉朗北海道

様似郡様似町除籍謄本〕。　法名「善乗徳照大姉」〔三橋英朗（ひであき）（アキ次男）家位牌、墓碑銘〔様似町所在〕〕。菩提寺、天台宗厚沢寺〔通称等澍院、様似町〕。

▼昭和四十四年（一九六九）十二月十九日午後九時　アキ夫三橋嘉朗〔明治三十八年八月十九日生〕、様似郡様似町本町二丁目五八番地で病死〔六十五歳〕。次男三橋英朗届出、同月二十日受付、除籍〔三橋嘉朗除籍謄本〕。法名「一乗徳朗居士」〔三橋英朗家位牌、墓碑銘〔様似町所在〕〕。菩提寺、天台宗厚沢寺〔通称等澍院、様似町〕。

＊アキの子　長男三橋芳雅〔夭折〕、次男三橋英朗、長女三橋京子、三男三橋貞俊、四男三橋正秀、五男三橋正成

子　四男米良繁実〔十二代〕

子　六女米良フユ

▼大正二年（一九一三）一月十三日　北海道浦河郡浦河町大字浦河村番外地で出生〔母佐山チナ〕。母佐山チナ同月二十一日届出、同日浦河郡浦河町外二ケ村組合戸籍吏受付、同月二十三日受付〔佐山チナ除籍謄本〕。

▼昭和三年（一九二八）五月二十一日〔十六歳〕　幌泉郡幌泉村大字歌別村番外地戸主佐山チナ子、父米良四郎次認知届、入籍。父四郎次・母チナ婚姻により嫡出子となる〔米良四郎次除籍謄本、米良繁実除籍謄本〕。父北海道浦河郡浦河町大字浦河村番外地米良四郎次、認知届、浦河町長受付。五月三十一日送付除籍〔佐山チナ除籍謄本〕。

▼昭和九年（一九三四）四月十日〔二十二歳〕　浦河郡浦河町大字向（むこうべつ）別村番外地戸主佐々木務と婚姻届出、同日除籍〔米良繁実除籍謄本〕。

＊フユの子　長男佐々木蔀（しとみ）、長女佐々木文子

子　五男米良繁輔

▼大正四年（一九一五）七月六日　浦河郡浦河町大字浦河番外地で出生〔母佐山チナ〕。父米良四郎次届出、同月十二日受付入籍〔米良四郎次除籍謄本〕。

▼昭和三年（一九二八）五月二十一日〔十四歳〕　父四郎次・母チナ婚姻により嫡出子となる〔米良四郎次除籍謄本〕。

▼昭和七年（一九三二）七月二十八日午前六時　浦河町大字向別村番外地で事故死〔十八歳〕。四郎次届出、同日受付〔米良四郎次除籍謄本〕。法名「謙誉誠心清居

士」〔米良周策家過去帳、米良家様似共同墓地墓碑銘〔北海道・様似町所在〕〕。菩提寺、天台宗厚沢寺〔通称等澍院、様似町〕。

子　七女佐山スエ

▼大正六年（一九一七）十二月四日　北海道浦河郡浦河町大字浦河村五七番地で出生〔母佐山チナ〕。佐山チナ同月十一日届出、浦河町長受付、同月二十日送付、入籍〔佐山チナ除籍謄本〕。

▼大正七年（一九一八）五月二十日午前六時　北海道浦河郡浦河町大字浦河村五二番地で死亡〔二歳〕。同居者米良四郎次届出、同日浦河町長受付、同月二十五日送付〔佐山チナ除籍謄本〕。法名「卒艶妙風孩女」〔米良周策家過去帳〕。

子　八女米良キク

▼大正九年（一九二〇）十一月五日　北海道浦河郡浦河町大字向別村番外地で出生〔母佐山チナ〕。佐山チナ届出、同月十六日受付、大正十年一月十日送付、入籍〔佐山チナ除籍謄本〕。

▼昭和三年（一九二八）五月二十一日〔九歳〕　幌泉郡幌泉村大字歌別村番外地戸主佐山チナ子、父米良四郎次認知届、入籍。父四郎次・母チナ婚姻により嫡出子となる〔米良四郎次除籍謄本、米良繁実除籍謄本〕。父北海道浦河郡浦河町大字浦河村番外地米良四郎次、認知届、浦河町長受付、五月三十一日送付除籍〔佐山チナ除籍謄本〕。

▼昭和十九年（一九四四）十一月三日〔二十五歳〕　浦河郡浦河町字西舎（にしちゃ）四一四番地山本晃と婚姻届出、同日受付除籍〔米良繁実除籍謄本〕。

▼平成十六年（二〇〇四）七月二十九日　キク夫山本晃〔大正七年六月六日生〕、浦河郡浦河町で病死〔八十七歳〕。法名「天聖院釈瑞晃居士」。菩提寺、浄土真宗大谷派陽高山正信寺〔浦河町〕。墓所、浦河町営西舎共同墓地。

＊キクの子　長男山本一哉、長女山本由美子、次男山本重喜、次女山本幸子

子　六男米良周策〔十三代〕

十二代　米良繁実

▼明治四十四年（一九一一）三月十三日　出生〔母佐山

チナ）〔米良四郎次除籍謄本〕。繁実の除籍謄本には「出生事項及認知事項知ルコト能ハザルニ付其記載省略」とあり出生事項に関する記載がない〔米良繁実除籍謄本〕。

▼昭和三年（一九二八）五月二十一日　父四郎次・母チナ婚姻により嫡出子となる〔米良四郎次除籍謄本、米良繁実除籍謄本〕。

▼昭和六年（一九三一）十二月一日　徴兵検査により第一補充兵役へ編入〔米良繁実軍歴〕。

▼昭和八年（一九三三）六月二十九日（二十三歳）父四郎次の家督を相続。四郎次戸籍消除〔米良四郎次除籍謄本〕。同日受付〔米良繁実除籍謄本〕。

▼昭和十年（一九三五）四月二十五日　本籍地字名改正地番変更により「北海道浦河郡浦河町大字浦河村番外地」から「浦河郡浦河町常盤町二二番地」に更正〔米良繁実除籍謄本〕。

▼昭和十八年（一九四三）五月二十三日　臨時召集のため第七師団歩兵第二十八聯隊補充隊（旭川）に応召。要塞築勤務第九中隊に編入。二等兵（三十三歳、独身。北海道・浦河町役場、色丹村〔現ロシア連邦占領実効支配〕役場を経、本別町役場に勤務）〔米良繁実軍歴〕。

▼昭和十八年五月二十五日　樺太豊原着（現在のロシア連邦サハリン州ユジノサハリンスク市）〔米良繁実軍歴〕。

▼昭和十九年（一九四四）一月十日　一等兵に進級〔米良繁実軍歴〕。

▼昭和十九年七月十日　上等兵に進級〔米良繁実軍歴〕。

▼昭和二十一年（一九四六）二月二十一日　メイラ・シネミ（米良繁実）死亡。埋葬場所「第３４７５特別病院」〔平成七年ソ連邦抑留中死亡者名簿、ソ連邦抑留中死亡者資料に関するお知らせ〕。

▼昭和二十一年二月二十一日　マイロ・ギエ（ヨ）ネマ（米良繁実）死亡。「ハバロフスク地方第二収容所ソフガワニ地区チシキノ居住区」〔平成三年ソ連邦抑留中死亡者名簿、ソ連邦抑留中死亡者資料に関するお知らせ〕。

▼昭和二十一年二月二十一日午後四時（「午前四時」との記載もある）　メイラ・シネマ（米良繁実）死亡。メイラ・シネマまたはメイラ・シェネミ（米良繁実）死亡場所、第３４７５病院マスタヴァーヤ分院（二月十一日より入院）。死因、第Ⅲ度栄養失調症及びクループ性両肺炎〔ソ連邦抑留中死亡者「個人資料」、ソ連邦抑留

中死亡者資料に関するお知らせ〕。

▼昭和二十一年三月六日　マイラ・シネミ〔米良繁実埋葬。埋葬場所は、ソフガワニ地区チシキノ居住区第３４７５病院マスタヴァーヤ分院の墓地〔区画番号No.4、墓碑番号No.292〕〔ソ連邦抑留中死亡者「個人資料」〕。

▼昭和二十一年三月七日午前十時　米良繁実、シベリア抑留先のソ連ムリー第一地区〔現ロシア・ハバロフスク州〕ポートワニ病院にて死亡〔三十六歳〕。北海道札幌地方世話所長報告〔米良繁実除籍謄本〕。ソ連ムリー第一地区ポートワニ病院において栄養失調兼急性肺炎により戦病死。戦病死により二階級特進、伍長〔米良繁実軍歴〕。法名「至誠院実誉勇道居士」〔米良周策家過去帳、米良家様似共同墓地墓碑銘〔北海道・様似町所在〕〕。

▼昭和二十四年〔一九四九〕三月十五日　北海道札幌地方世話所長の死亡報告により除籍〔米良繁実除籍謄本〕。菩提寺、天台宗厚沢寺〔通称等澍院、様似町〕。

▼昭和三十三年〔一九五八〕五月三十日　戸主米良繁実戸籍、全員除籍につき戸籍消除〔米良繁実除籍謄本〕。

▼昭和四十三年〔一九六八〕八月三十一日　勲八等叙勲〔総理府賞勲局　第１２７８４０７号〕。

十三代　米良周策

▼大正十三年〔一九二四〕三月八日　出生〔母佐山チナ〕。父米良四郎次届出、同月二十九日受付入籍〔米良四郎次除籍謄本、米良繁実除籍謄本、米良周策除籍謄本、米良周策戸籍謄本〕。

▼昭和三年〔一九二八〕五月二十一日　父四郎次・母チナ婚姻により嫡出子となる〔米良四郎次除籍謄本、米良繁実除籍謄本〕。

▼昭和十八年〔一九四三〕十二月一日　召集令状〔十九歳〕。当時、北海道様似郡様似町にて姉アキの夫、三橋嘉朗のもとでタクシーの運転手〕。横須賀鎮守府に配属〔米良周策軍歴〕。

▼昭和十九年〔一九四四〕九月二十五日　武山海兵団に入団、兼久里浜第二警備隊付。海軍二等水兵〔米良周策軍歴〕。

▼昭和十九年十月三日　横須賀海軍通信学校へ入学〔米良周策軍歴〕。

▼昭和十九年十二月五日　海軍一等水兵に進級。第七三期普通科電信術練習生〔米良周策軍歴〕。

▼昭和二十年（一九四五）一月四日　第二相模野海軍航空隊入隊。第一一五期普通科飛行機整備術練習生〔米良周策軍歴〕。

▼昭和二十年一～八月の間（不詳）　静岡の第十六突撃隊（第十六嵐特別攻撃隊ともいい通称八田部隊と称した）に配属〔米良周策軍歴〕。

▼昭和二十年九月一日　海軍上等兵に進級。予備役編入〔米良周策軍歴〕。

▼昭和二十四年（一九四九）三月十五日（二十六歳）　米良繁実除籍〔米良繁実除籍謄本〕により弟周策相続、現当主。

▼昭和三十二年（一九五七）一月二十六日（三十四歳）　本田ツキ（父本田巳三郎・母トミの長女。様似郡様似村字冬島八二番地で出生）と婚姻届出。同日、浦河郡浦河町常盤町二二番地に新戸籍編製につき米良繁実戸籍より除籍〔米良繁実除籍謄本、米良周策除籍謄本、米良周策戸籍謄本〕。

▼昭和四十二年（一九六七）九月一日　浦河郡浦河町常盤町二二番地から様似郡様似町潮見町九番地に転籍により浦河町戸籍消除〔米良周策除籍謄本、米良周策戸籍謄本〕。

▼平成四年（一九九二）二月二十八日午前十一時五十八分　妻ツキ病死（六十歳）〔米良周策戸籍謄本〕。

▼平成五年（一九九三）十二月九日（七十歳）　穴沢位世子と婚姻届出〔米良周策戸籍謄本〕。

▼平成九年（一九九七）三月十三日　後妻位世子と協議離婚〔米良周策戸籍謄本〕。

▼平成十一年（一九九九）四月一日　北海道様似郡様似町栄町二一二番地の七より札幌市南区南三三条西一〇丁目四番三―三〇三号へ転出〔米良周策住民票〕。

▼平成十一年十月一日　札幌市南区南三三条西一〇丁目四番三―三〇三号より札幌市南区（現住所）へ転出〔米良周策住民票〕。

先妻　本田ツキ

▼昭和七年（一九三二）三月十九日　様似郡様似村字冬島八二番地で出生（父本田巳三郎・母トミの長女）。父本田巳三郎届出、同月二十二日受付入籍〔米良周策除

籍謄本、米良周策戸籍謄本〕。

▼昭和三十二年（一九五七）一月二十六日　米良周策と婚姻届出。様似郡様似町字冬島八二番地・本田巳三郎戸籍より入籍〔米良周策除籍謄本、米良周策戸籍謄本〕。

▼平成四年（一九九二）二月二十八日午前十一時五十八分　病死（六十歳）。同月二十九日米良周策届出除籍〔米良周策戸籍謄本〕。法名「浄月院梅誉良香大姉」〔米良周策家過去帳、米良家様似共同墓地墓碑銘（北海道・様似町所在）〕。菩提寺、天台宗厚沢寺（通称等澍院、様似町）。

後妻　穴沢位世子

▼昭和八年（一九三三）八月九日　福島県郡山市で出生（父穴沢祐蔵・母キクエの四女）〔米良周策戸籍謄本〕。

▼平成五年（一九九三）十二月九日　米良周策と婚姻届出〔米良周策戸籍謄本〕。

▼平成九年（一九九七）三月十三日　米良周策と協議離婚届出につき除籍〔米良周策戸籍謄本〕。

子　長男米良優樹（母ツキ）

▼昭和三十二年（一九五七）三月　様似郡様似町字様似三二一番地で出生（母ツキ）〔米良周策除籍謄本、米良周策戸籍謄本、米良優樹改製原戸籍謄本、米良優樹戸籍謄本〕。

▼昭和五十九年（一九八四）五月　**藤井麻美**と婚姻届出。札幌市北区に新戸籍編製〔米良周策戸籍謄本、米良優樹改製原戸籍謄本〕。

▼昭和六十一年（一九八六）六月　周策孫**涼香**（優樹長女）、札幌市西区で出生（母麻美）〔米良優樹改製原戸籍謄本〕。

▼平成元年（一九八九）三月　周策孫**直人**（優樹長男）、札幌市西区で出生（母麻美）〔米良優樹改製原戸籍謄本〕。

▼平成十一年（一九九九）一月　妻麻美と協議離婚届出につき除籍〔米良優樹改製原戸籍謄本〕。

▼平成十五年（二〇〇三）三月一日　本籍を札幌市北区に改製〔米良優樹戸籍謄本〕。

▼平成二十三年八月　周策孫直人（優樹長男）、**東緩子**と婚姻届出。

▼平成二十四年十二月　周策孫涼香（優樹長女）、**千葉大気**と婚姻届出（結婚式は平成二十五年二月）。

▼平成二十四年十二月　周策曾孫**咲樹音**（直人長女）、札幌市手稲区で出生（母緩子）。

子　次男米良優二（母ツキ）

▼昭和三十四年（一九五九）五月　様似郡様似町字様似四三五番地で出生（母ツキ）〔米良周策除籍謄本、米良周策戸籍謄本、米良優二戸籍謄本〕。

▼昭和六十年（一九八五）十一月　**岡山恵美子**と婚姻届出。札幌市豊平区に新戸籍編製〔米良周策戸籍謄本、米良優二戸籍謄本〕。

▼昭和六十三年（一九八八）九月　周策孫**梓**（優二長女）、札幌市豊平区で出生（母恵美子）〔米良優二戸籍謄本〕。

▼平成四年（一九九二）九月　周策孫**健太郎**（優二長男）、札幌市厚別区で出生（母恵美子）〔米良優二戸籍謄本〕。

▼平成六年（一九九四）九月　周策孫**幸菜**（優二次女）、札幌市厚別区で出生（母恵美子）〔米良優二戸籍謄本〕。

▼平成十三年（二〇〇一）三月　本籍地を様似郡様似町潮見台九番地より札幌市清田区に改製〔米良優二戸籍謄本〕。

［付録］エッセイ

介錯人の末裔

近藤　健

メラ爺は、亡祖母の弟、つまり私の大叔父である。姓が米良なので、いつしかメラ爺と呼ぶようになった。

爺は北海道の小さな町役場を定年退職してから、山の監視員などをして悠々と暮らしていた。

私が様似（さまに）町の実家にいたころ、爺はいつも突然やってきた。

「オイ！　キョーコ、小樽の姉に会ってきたどォ」

ドタドタと入ってきてソファーに座るなり、

「いやー、たまげだ。すっかりババアだァー」

「なーに、自分だっていいジジイだべさ……」

台所から出てきた母を無視して、

「そうだなァー、最後に会ったのは……満州事変の三、四年後だったがなァ。ざっと四十年つうどごだな」

長姉は明治生まれで、爺とは十九も歳が離れていた。

私が結婚してからは、家族で帰省すると、毎日爺が顔を出す。

「――なにーッ、おめだち釣りもしたごどねえのが。たまげだもンだな、東京は」

さっそく近くの漁港へ出かけた。妻と小学生の娘には初めての海釣りだった。

しばらく糸を垂れていたが、時間帯が悪かったせいか、まるで釣れる気配がない。

「サガナは、港の周りを回遊してるがら、そのうち釣れる」

爺は断言した。八月下旬の北海道の岸壁は、少々肌寒さを感じる。気づくと爺の姿がなかった。心配して見回すと、反対側の岸壁をよじ登る爺の姿があった。

「エサ、まいてきたどォー」

下腹をさすりながら爺が戻ってきた。岸壁の外側には消波ブロックが積まれており、腹が冷えた爺はそこで用を足してきたのだ。その後、面白いほどチガが釣れ出し、妻の竿にはサバまでかかった。ふとサバ味噌が私の頭をよぎった。


現在、私の手元に、すっかり色褪せた新聞の切り抜きがある。「討ち入りの日、マチの話題に」という見出しで、五十代の爺が神妙な顔つきで巻物を読む姿がある。このメラ爺の祖先が、赤穂事件にかかわっていた。吉良邸討ち入り後、大石内蔵助以下十七名は、高輪の熊本藩邸にお預けになっていた。義士切腹の際、堀部弥兵衛の介錯を行ったのが米良市右衛門で、爺はその直系の子孫に当たる。

実はこの話、昭和三十年代に初めてわかったことだった。それまで、細川家にかかわる家系だということはわかっていた。その判明した経緯が興味深い。

昭和三十三年、私の曾祖母が亡くなった。続いて祖父が脳溢血で倒れ、その看病をしていた祖母がこれまた急死。爺にとっては、母親と姉を相次いで亡くしたことになる。たて続けの不幸に、これは何かあるに違いないと、神憑り(かみがかり)の婆さんの神託を仰いだ。

お告げは、謎めいていた。

「獣を殺める者がいる。倒れている。それは壁にくっついている。だから悪いことが起きたのだ」

何とも要領を得ないお告げに、みな頭を抱え込んだ。家中探したが見当がつかない。そのうち、米良家に何年も開かれていない神棚があることに気がついた。

恐る恐る開けてみると、中から真白い雌雄のキツネの置き物が一対と古文書が出てきた。古文書には何が書いてあるのか、誰も読めない。当時、町内きっての碩学であった収入役に読んでもらって、右の一件が明らかになった。

米良家には、女は神棚に触ってはいけないという家訓があり、父親が亡くなってから数十年、神棚は閉ざされていた。爺は、役場に勤める傍ら狩猟を行う。神棚は壁にくっついており、中から出てきたキツネは雌が倒れていた。お告げが解けた。

それから毎年討ち入りが近づくたびに爺が引っ張り出され、地方のテレビに出演したり、新聞の取材があったり、爺はすっかり街のスターになってしまった。

父親の影響もあってか、爺は何かにつけ「……そこらの民、百姓とはわけがちがう」、「俺は九州男児だ」というのが口癖で、この一件以来その頻度が倍増した。

「あれ、シュッちゃん、生まれ、浦河だべさ。道産子でしょ」

母が混ぜ返すと、

「黙れ、無礼者！　細かいことはいうな」

父親が熊本なのだから、当然自分も九州男児なのである。だが、九州男児がいかなるものか、爺にもよくわからなかった。

そのころ、細川家直系の細川護熙（もりひろ）氏が総理大臣になった。首相がニュースに出るたびに、テレビの前に平伏して「ハッ、ハーッ、トノー」とやっていたが、残念なことに細川政権は短命に終わった。

そんな爺も妻を亡くし、軽い脳梗塞を患ってからは、コケシのようにおとなしくなった。やむなく、札幌から迎えにきた息子に従い故郷を離れた。


平成十七年、私は偶然にも近世史家の佐藤誠氏の知遇を得た。佐藤氏は東京在住の義士研究家である。さっそく私は、米良家に埋もれていた古文書を借り受け、佐藤氏に披見した。佐藤氏はこの文書を翻刻するとともに、系譜を作成してくれた。その家系図の第十三代当主米良周策という文字に、電話口の爺は声を震わせ喜んだ。

その後、爺の伯父が神風連（しんぷうれん）の乱（明治九年に熊本で起こった不平士族の反乱）で自刃し、翌年さらにその叔父が西南戦争で戦死した後、爺の父親が屯田兵として北海道に渡ったという経緯がわかった。爺の父親は慶応生まれで、爺は五十九歳のときの子であった。

そんな佐藤氏から、今年（平成十九年）になって思いもかけない誘いを受けた。堀部安兵衛のご子孫にお引き合わせしましょうというのだ。安兵衛は弥兵衛の子で、親子で討ち入りに参加している。

私は約束の一時間以上も前から、ホテルのロビーで落ち着かない時間を過ごしていた。「すべてオマエに任せだ。よろしく頼む」と爺は暢気なものである。

会ってまず、なんと挨拶したらよいものか。十年、二十年ぶりの再会ならまだしも、三百年ぶりの対面である。しかも、首を刎（は）ねた相手との再会と思うと複雑な気持ちになる。

「元禄十六年の切腹の節は、御役目とはいえ貴殿の父上の首を刎ね……どうもすいませんでした……」

何やらおかしい。かといって「父君は、見事な最期でありました」と適当なことをいうわけにもいかない。そうしている間に、佐藤氏がにこやかに現れた。紹介されたのは、目の前のソファーにいた初老の男性だった。かなり前からこの男性の存在には気づいていたが、この人ではないと安心していたのだ。安兵衛の武勇伝もあって、私は三、四十代のガッチリとした人を想像していたのだ。不意打ちを食らった私は、

「あッ、どうもその節は、あの、お役目とはいえ、どうも……」

何日も思い悩んだ米良家名代の口上は、通夜のお悔やみとなった。

「いえ、いえ、こちらこそ大変お世話になりました」

と満面の笑みでいわれたときには、救われる思いがした。現代の安兵衛殿は、博学多才で上品な人であった。その後、しばらく歓談したのだが、その間も何となく落ち着かない。この目の前の人から、よろしくお願い申しますと首を差し出されたら、はたして今の私に斬れるだろうか、などという妄念が頭を掠めていたとき、

「……数年前、とうとう私もクビを斬られましてね」

といわれ、ギョッとした。何のことはない、定年退職の話だった。こちらもいつ何どき背後からバッサリとやられかねない身、うかうかとはしていられないサラリーマンである。

ホテルが皇居に隣接していたこともあり、記念写真を撮りましょうと、佐藤氏は私たちを江戸城松の廊下跡に案内してくれた。

実は今回の対面、私の都合で二度も日程を変更していた。結局、二月四日に落ち着いたのだが、この二月四日こそまさに三〇四年前の介錯の日だったのである。そのあまりにもでき過ぎた偶然に、私たちは顔を見合わせた。

その夜、爺に電話した。

「オマエはいい仕事をした。何かしてやりたいが……オマエ、さっぱり遊びに来ねえな。どうなってんだ……」

話があらぬ方向へ進み始めた。

「オレももう八十四だ。そろそろ逝ぐどォ」

考えてみると、忙しさにかまけて爺にはもう十年近くも会っていない。近々に参上仕(つかまつ)らねば、と改めて思った次第である。

追記
平成二十三年三月、北海道室蘭市に転勤になった私は、ことあるごとに札幌の爺のもとを訪ねている。

「ジジ、元気でいたか」

「イヤ、まもなくだ」

爺、米寿を迎え、ますます盛んである。

付記
このエッセイは、同人誌『随筆春秋』二十八号（平成十九年九月発行）に発表しておりましたが、日本エッセイストクラブ編『二〇〇八年版ベスト・エッセイ集』に選出・収録され、平成二十年八月三十日に文藝春秋より刊行されました。また、平成二十三年十月の文庫化に伴い、加筆しております。

参考文献

【史料】

「米良家文書」（「米良家先祖附写」、「米良家法名抜書」）米良周策氏蔵
「米良周策家過去帳」米良周策家蔵
「米良家先祖附」永青文庫蔵・熊本大学附属図書館寄託
「米良四郎次除籍謄本」（北海道・浦河町）
「佐山チナ除籍謄本」（北海道・えりも町）
「米良繁実除籍謄本」（北海道・浦河町）
「米良周策除籍謄本」（北海道・浦河町）
「米良周策戸籍謄本」（北海道・様似町）
「米良優樹改製原戸籍謄本」（札幌市北区）
「米良優樹戸籍謄本」（札幌市北区）
「米良優二戸籍謄本」（札幌市清田区）
「千葉大気戸籍謄本」（札幌市南区）
「三橋嘉朗除籍謄本」（北海道・有珠郡壮瞥村）
「三橋嘉朗除籍謄本」（北海道・様似町）
「米良家墓碑銘」　熊本市西区・岳林寺管理墓地所在
「米良家様似共同墓地墓碑銘」北海道・様似町営様似共同墓地所在
※以上が米良家にかかわる基本史料である。
「御預人一途之御控帳」（細川家義士御預記録）東京大学史料編纂所架蔵謄写本

「熊本県賊徒　九年十二月三日処刑人名　西村条太郎所持」熊本県立図書館蔵
「熊本賊徒本陣並隊名簿」熊本県立図書館蔵
「高麗門連招魂碑　碑銘」熊本市中央区・安国寺所在
「宗岳寺人別帖」熊本市中央区・宗岳寺蔵
「手討達之扣」熊本県立図書館寄託・上妻文庫
「道家家先祖附」永青文庫蔵・熊本大学附属図書館寄託
「天野家先祖附」永青文庫蔵・熊本大学附属図書館寄託
「冨森助右衛門筆記」赤穂市立歴史博物館蔵（本書では東京大学史料編纂所架蔵影写本を使用。後出『忠臣蔵　第三巻』所収）
「風説秘記」熊本県立図書館寄託・上妻文庫
「細川家記　続編　綱利七」東京大学史料編纂所架蔵謄写本
「有禄士族基本帳」熊本県立図書館蔵
「読売新聞」明治九年十一月二十六日版
平成三年提供の「ソ連邦抑留中死亡者名簿」（厚生労働省、平成三年名簿）
平成七年提供の「ソ連邦抑留中死亡者名簿」（厚生労働省、平成七年名簿）
平成十七年提供のソ連邦抑留中死亡者「個人資料」（厚生労働省、平成十七年個人資料）
「ソ連邦抑留中死亡者資料に関するお知らせ」（厚生労働省、二〇〇九年）

【史料集】（刊行年順、以下同じ）
武藤厳男・宇野東風編『肥後文献叢書　第四巻』隆文館、一九一〇年
武藤厳男編『肥後先哲偉蹟』隆文館、一九一一年
侯爵細川家編纂所編『改訂肥後藩国事史料』一九一七年（復刻版：鳳文書館、一九九〇年）

荒木精之編『神風連烈士遺文集』第一出版協会、一九四四年
宇野東風編『硝煙弾雨 丁丑感旧録』一九二七年（復刻版：文献出版、一九七七年）
永島福太郎・小田基彦校訂『熊野那知大社文書 五』続群書類従完成会、一九七七年
松本寿三郎編『肥後細川家侍帳（二）』細川藩政史研究会、一九七八年
松本寿三郎編『肥後細川家侍帳（四）』細川藩政史研究会、一九七九年
『肥後国誌 上巻』（復刻版）青潮社、一九八四年
熊本女子大学郷土文化研究所編『熊本県史料集成 3 白川県下区画便覧』国書刊行会、一九八五年
古閑俊雄著、高野和人編『戦袍日記』青潮社、一九八六年
赤穂市史編さん室編『忠臣蔵 第三巻』（史実史料編）赤穂市、一九八七年
松本寿三郎編『熊本藩侍帳集成』細川藩政史研究会、一九九六年
松本寿三郎編『熊本藩御書出集成（二）』細川藩政史研究会、一九九九年
甲斐利雄編、猪飼隆明監修『一神官の西南戦争従軍記——熊本隊士安藤経俊「戦争概略晴雨日誌」』熊本出版文化会館、二〇〇七年
人間文化研究機構国文学研究資料館編『史料叢書 第十巻 藩の文書管理』名著出版、二〇〇八年
熊本県立大学文学部日本語日本文学科編『雑花錦語集（抄） 第四編 巻二一～二三』熊本県立大学、二〇〇八年
「恕斎日録」刊行会編『肥後 中村恕斎日録 第一巻 自弘化二年至明治三年』熊本出版文化会館、二〇〇九年

【自治体史】

西米良村史編さん委員会編『西米良村史』西米良村役場、一九七三年
赤穂市史編さん室編『忠臣蔵 第一巻』（史実本文編）赤穂市、一九八九年
熊本市史編纂委員会編『新熊本市史 通史編 第三巻 近世Ⅰ』熊本市、二〇〇一年
熊本市史編纂委員会編『新熊本市史 通史編 第五巻 近代Ⅰ』熊本市、二〇〇一年

熊本市史編纂委員会編『新熊本市史　別編　第一巻　絵図・地図』熊本市、二〇〇一年
鏡町教育委員会編『鏡地方における干拓のあゆみ』鏡町教育委員会、二〇〇三年

【著作など】

黒龍会編『西南記伝』（全六巻）原書房、一九六九年
小早川秀雄『血史熊本敬神党』隆文館、一九一〇年
福本日南『清教徒神風連』実業之日本社、一九一一年
中武安正『菊池氏を中心とせる米良史』私家版、一九二一年
石原醜男『神風連血涙史』大日社、一九三五年（復刻版：大和学芸図書、一九七七年）（一九八一年復刊）
徳富猪一郎『蘇峰自伝』中央公論社、一九三五年
荒木精之『誠忠神風連』第一芸文社、一九四三年
徳富猪一郎（蘇峰）『近世日本国民史　九四　神風連の事変篇』時事通信社、一九六二年
東京大学史料編纂所編『読史備要』（復刊）講談社、一九六六年
荒木精之『神風連実記』新人物往来社、一九七一年
細川藩政史研究会編『熊本藩年表稿』熊本大学附属図書館、一九七四年
斎藤　茂『赤穂義士実纂』同頒布会、一九七五年
宮本常一『宮本常一著作集　二二』未来社、一九七六年
木村邦舟著、影山正治監修『神風連・血史』（復刻版）不二歌道会九州連合会、一九七六年
渡辺京二『神風連とその時代』葦書房、一九七七年（のち洋泉社MC新書・二〇〇六年、洋泉社新書y・二〇一一年）
豊田　武『日本史小百科　7　家系』近藤出版社、一九七八年
『文藝春秋　臨時増刊号　読者の手記　シベリア強制収容所』文藝春秋、一九八二年
川口恭子編『細川家家臣略系譜』熊本藩政史研究会、一九八三年

松本雅明編『肥後読史総覧 上巻』鶴屋百貨店、一九八三年
伊藤 廣『屯田兵物語』北海道教育社、一九八四年
札幌市教育委員会編『さっぽろ文庫 33 屯田兵』北海道新聞社、一九八五年
「角川日本地名大辞典」編纂委員会編『角川日本地名大辞典 43 熊本県』角川書店、一九八七年
鎌田 浩『熊本藩の法と政治』創文社、一九八八年
木村礎・藤野保・村上直編『藩史大事典 第7巻 九州編』雄山閣、一九八八年
上妻博之著、花岡興輝監修『新訂 肥後文献解題』舒文堂河島書店、一九八八年
阿蘇品保夫『菊池一族』新人物往来社、一九九〇年
高田泰史編『平成肥後国誌』平成肥後国誌刊行会、一九九八年
日本歴史学会編『日本史研究者辞典』吉川弘文館、一九九九年
竹内誠編『徳川幕府事典』東京堂出版、二〇〇三年
米原 謙『徳富蘇峰――日本ナショナリズムの軌跡』中央公論新社・中公新書、二〇〇三年
戦後強制抑留史編纂委員会編『戦後強制抑留史 三』独立行政法人平和祈念事業特別基金、二〇〇五年
吉川弘文館編集部編『日本史必携』吉川弘文館、二〇〇六年
小川原正道『西南戦争――西郷隆盛と日本最後の内戦』中央公論新社・中公新書、二〇〇七年

【論文など】

近藤 健「介錯人の末裔」(『随筆春秋』二十八号、二〇〇七年/日本エッセイストクラブ編『二〇〇八年版ベスト・エッセイ集』文藝春秋、二〇〇八年/日本エッセイストクラブ編『二〇〇八年版ベスト・エッセイ集』文春文庫、二〇一〇年〔加筆訂正〕)
厚生労働省ホームページ「旧ソ連邦及びモンゴル抑留中死亡者名簿」http://www.mhlw.go.jp/topics/bukyoku/syakai/soren/

村山常雄氏ホームページ「シベリア抑留中死亡者名簿」 http://yokuryu.huu.cc/

協力者（敬称略、50音順）

【個人】
飯尾義明／石瀧豊美／上杉　太／木曽こころ／工藤元峰／工藤征英／近藤京子／笹原恵子／笹原昭仁（故人）
佐藤　紘／眞藤國雄／島田真祐／高久直広／高野和人／千葉涼香／千葉大気／德冨香穂里／中尾和夫／中村　元
原野一誠／細川護熙／堀田雪心／松本寿三郎／丸屋健児／三橋英朗／米良周策／米良孝毅／米良直人／米良優樹
米良優二／矢野英樹／山本キク／山本重喜／山本達二／吉田健三
【団体】
赤穂大石神社／赤穂市教育委員会／赤穂市立歴史博物館／（財）永青文庫／岳林寺（熊本市）
北九州市小倉北区役所総務企画課／熊本県立図書館／熊本市歴史文書資料室／熊本出版文化会館／札幌市文化資料室
（財）島田美術館／（財）神風連資料館／青潮社／宗岳寺（熊本市）／東京大学史料編纂所
人間文化研究機構国文学研究資料館／細川藩政史研究会

あとがき

米良家の歴史にかかわって八年になる。平成十七年七月、佐藤誠氏からメールをもらったのが始まりである。それは同時に眞藤國雄氏との親交のスタートでもあった。

米良家の史料に基づき、佐藤氏の手により明治初年までの系譜が作成された。筆者は、米良家の除籍謄本から、明治初年以降現在までの系譜を作った。この二つの系譜を繋ぐ史料が、眞藤氏によってもたらされた。熊本県立図書館蔵の「有禄士族基本帳」である。結果、米良家四百年、十七代（本書の代数のカウントでは現当主周策は十三代だが、初祖吉兵衛から周策の曾孫咲樹音（さきね）までを数えると十七代となる）に及ぶ系譜が一本の線で繋がった。

その後、筆者は米良家歴代の事跡を系譜に書き加える作業に没頭した。一年半後、系譜は畳二枚ほどの大きさに広がった。さらに佐藤氏の勧めで、米良家の通期の歴史を文章にしはじめた。それが本書執筆のきっかけである。

眞藤氏から数多くの史料がもたらされ、佐藤氏により翻刻され、素人にもわかりやすく解説が加えられた。だが、きちんとした歴史的な背景を踏まえ、その中で先人の事跡を捉えるという作業は、素人の手には極めて難物であった。あまりの困難さに、半ば投げ出しそうになったこともあったが、周りからの支えで何とか書き継いできた。途中、二年のブランクはあるが、八年の歳月を経たことになる。

本書の初期の原稿、神風連の乱の項を目にした眞藤氏から、次のようなメールをもらったことがある。

「私は今、瞼(まぶた)を熱くして感動の真っ只中にいます。私のこの感動は、近藤さんの手によって歴史が甦り、時空を超えて一族に誇りをもたらすであろう予感です。先祖のお墓に香華(こうげ)を手向(たむ)けるよりも、はるかに感動的な先祖の供養だと思います……」

過分なお言葉である。この眞藤氏の「祖先の供養」という言葉に、ハッとした。筆者は知らずしらずのうちに祖先の声なき声に耳を傾け、古文書の行間から微かに聞こえるその声を細大漏らさず拾い上げることに没頭してきた。いつの間にか「ご先祖様のご指名を受けた」という思いで、作業を進めるようになっていた。

米良家の家系調査の過程で、佐藤・眞藤両氏はもちろん、眞藤氏から紹介された福岡の山本達二氏からも様々な資料がもたらされた。山本氏は、神風連の乱で参謀格であった小林恒太郎の後裔(こうえい)である。

筆者の会社の元上司である上杉太氏（横浜市在住）は、米良家の墓の探索のため、わざわざ熊本を訪ね、多大なるご尽力をたまわった。また、上杉氏から紹介を受けた神風連資料館館長補佐の笹原恵子さんからも、数多くのご助言をいただいた。

熊本の自衛官（当時）高久直広氏は、岳林寺墓域（常題目）に米良家の墓碑を探し当てた。宗岳寺過去帳調査にあたっては、住職との橋渡しの労をとってくれた。また、シベリア抑留死亡者調査の過程で、厚生労働省から提供されたロシア語原文資料の翻訳先のご教示を得た。

平成二十二年十一月十九日、筆者はかねてからの念願かなって、佐藤氏とともに熊本を訪ねる機会を得た。曾祖父四郎次が明治二十二年（一八八九）に熊本を発ってから、一二〇年の時を経ての訪問となった。

佐藤氏とともに訪ねた島田美術館では、島田真祐(しんすけ)館長から、「米良家のことを調べに、来るべき人が来た。ようやくその時期が来た」という感慨深いお言葉をいただいた。

また、眞藤氏のご案内で、米良家の墓やゆかりの地をくまなく訪ね歩くことができた。笹原さんご夫妻とも有意義な時間を持つことができた。みなそれぞれに初対面の間柄である。インターネット社会の賜物であり、ご先祖が取り持ってくれた奇縁である。しかし、残念なことに、笹原さんのご主人が平成二十三年十月に急逝された。亡くなられたのは二十四日の夜のことで、奇しくも神風連決起の時刻に重なるという。心からご冥福をお祈り申し上げる次第である。

平成二十四年九月、本書第三校目の校正過程で、曾祖父米良四郎次の姉はつの嫁ぎ先が、天野家六代当主の長男であることが判明した。眞藤氏のご教示である。

その後、改めて天野家の史料に当たられていた眞藤氏から、続報がもたらされた。天野家初代当主の祖父に当たる天野半之助と、眞藤氏の祖、上田家初代当主のさらに二代前の中根左源次が同一人物だというのだ。中根左源次については、左源太として、江戸中期の逸話集『常山紀談拾遺』巻四、「源君御扈従中根左源太勘気御免の事」に記されている。左源次は、もと徳川家康の御小姓であったが、仲間同士の喧嘩がもとで退身。その後、天野半之助を名乗っているというのだ。眞藤氏の深い探究心には、ただただ敬服するばかりである。

筆者はかねてから、眞藤氏とはどこかで繋がっているのではないかと密かに思っていた。そうでなければ、これほど長きにわたるご厚誼の説明がつかないのだ。祖先の血を遡上してゆく作業は、まさに「縁」を辿る作業であることを思い知らされた出来事であった。眞藤氏よりのメールを眺めながら、「これでやっと繋がった」という思いを新たにしたのである。

米良家は最盛期でも三百石、途中知行を返上することもあったが、一五〇石で明治維新を迎えている。その間、様々な時代の困難に遭遇しては奇跡とも言える幸運に助けられ、四百年を経て現在に至っている。

古文書を眺めていると、その時代を生きた人々の人生模様が浮かび上がってくる。その事跡に光を当ててやることが、不遇にして死んでいった者たちへの鎮魂になればと願ってやまない。

本書は、多くの方々のご協力で完成を見た。とりわけ佐藤誠氏と眞藤國雄氏、高久直広氏は、米良家の恩人と言わねばなるまい。この三氏には感謝を重ねても、し尽くせない思いがある。

さらにもう一人、花乱社の別府大悟氏の強い熱意に背中を押されなければ、本書は成らなかった。最後の最後にスタッフの宇野道子さんとともに米良家の総仕上げをしていただいた、という思いがある。別府さんとのご縁を取り持っていただいたのは、福岡地方史研究会会長で福本日南研究家の石瀧豊美氏である。また、装丁を担当されたデザイン・プールさんは、タキシードのようなモダンなカバーに気品あるカマーバンドの帯を巻いてくださった。フォーマルな装いに紋付という粋な計らいをしていただいた。

ここに記せなかった方々が大勢いる。末筆ながら、心より感謝の意を表したい。

近藤　健

近藤　健（こんどう・けん）

1960年，北海道様似郡様似町生まれ。1983年，龍谷大学法学部法律学科卒業。同年，北日本石油㈱に入社。2012年，宅地建物取引主任。

2003年，「随筆春秋」（東京）同人。2012年，室蘭文芸協会会員。

エッセイでの主な受賞歴：2003年４月，「祝電」で第８回随筆春秋賞（最優秀賞）。2004年８月，「昆布干しの夏」で第10回小諸・藤村文学賞（優秀賞）。2009年１月，「妻の生還」で第４回文芸思潮エッセイ賞（優秀賞）。

日本エッセイスト・クラブ編『ベスト・エッセイ集』（文藝春秋刊）収録作品：05年版「警視総監賞」，06年版「昆布干しの夏」，08年版「介錯人の末裔」，09年版「増穂の小貝」，11年版「風船の女の子」。

佐藤　誠（さとう・まこと）
1972年，東京都西多摩郡生まれ。1997年，立正大学大学院文学研究科史学専攻修士課程修了。専攻は日本近世史。
著作：『新訂 堀部金丸覚書』（2001年，私家版），『史料集「青氈文庫」所蔵文書』（共著，2008年，日本史史料研究会）ほか。
論文：「藩祖の遺品と祖霊社――赤穂藩森家を例に」（2009年，『隣人』22号），「堀部弥兵衛とその周辺――堀部（甚之丞）家文書に見る赤穂事件」（2011年，『隣人』24号）ほか。

肥後藩参百石米良家（ひごはんさんびゃくこくめらけ）
堀部弥兵衛の介錯人米良市右衛門とその族譜（ほりべやへえのかいしゃくにんめらいちえもんとそのぞくふ）

❖

2013年６月１日　第１刷発行

❖

著　者　近藤　健・佐藤　誠
発行者　別府大悟
発行所　合同会社花乱社
〒810-0073 福岡市中央区舞鶴 1-6-13-405
電話 092(781)7550　FAX 092(781)7555
http://www.karansha.com
印　刷　シナノ書籍印刷株式会社
製　本　島田製本株式会社
ISBN978-4-905327-26-4

暗闇に耐える思想
松下竜一講演録

12年に及ぶ電力会社との闘いの中で彼は何を問うたのか――。一人の生活者として発言・行動し続けた記録文学者が，現代文明について，今改めて私たちに問いかける。
▷Ａ５判／160ページ／並製／定価1470円

野村望東尼（ぼうとうに）　ひとすじの道をまもらば
谷川佳枝子著

高杉晋作，平野国臣ら若き志士たちと共に幕末動乱を駆け抜けた歌人望東尼。無名の民の声を掬い上げる慈母であり，国の行く末を憂えた“志女”の波乱に満ちた生涯。
▷Ａ５判／368ページ／上製／定価3360円

筑前竹槍一揆研究ノート
石瀧豊美著

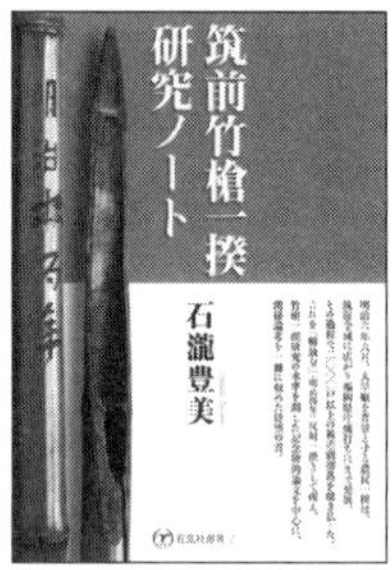

明治６年６月，大旱魃を背景に筑前全域に広がり，福岡県庁焼打ちにまで発展した竹槍一揆を，「解放令」（明治４年）反対一揆として捉えた画期的論考を中心に集成。
▷Ａ５判／160ページ／並製／定価1575円

修験道文化考　今こそ学びたい共存のための知恵
恒遠俊輔著

厳しい修行を通して祈りと共存の文化を育んできた修験道。エコロジー，農耕儀礼，相撲，阿弥陀信仰などに修験道の遺産を尋ね，その文化の今日的な意義を考える。
▷四六判／192ページ／並製／定価1575円

葉山嘉樹・真実を語る文学
楜沢 健 他著・三人の会編

世界文学へと繋がる不思議な作品を紡ぎ出したプロレタリア作家・葉山嘉樹。その魅力と現代性に焦点を当てた講演「だから，葉山嘉樹」他主要な作家・作品論を集成。
▷Ａ５判／184ページ／並製／定価1680円

薩摩塔の時空　異形の石塔をさぐる
井形 進 著

九州西側地域のみに約40基が分布。どこで造られ，誰が，何のためにそこに安置したのか――その謎解きに指針を与え，中世における大陸との交渉の新たな姿を提示する。
▷Ａ５判／176ページ／並製／定価1680円